浙江省哲学社会科学规划课题（22NDQN208YB）
国家社科重点基金"中国创新型都市圈发展的路径设计与规划导控研究"（12AZD100）资助

新型城镇化与新型城乡空间研究丛书

中国创新型都市圈的特征与演化路径研究

——基于南京都市圈的实证分析

朱 凯 著

商务印书馆
The Commercial Press

图书在版编目（CIP）数据

中国创新型都市圈的特征与演化路径研究：基于南京都市圈的实证分析/朱凯著. —北京：商务印书馆，2022
（新型城镇化与新型城乡空间研究丛书）
ISBN 978-7-100-21527-5

Ⅰ.①中… Ⅱ.①朱… Ⅲ.①城市群-区域经济发展-研究-南京 Ⅳ.①F299.275.31

中国版本图书馆 CIP 数据核字（2022）第 141696 号

权利保留，侵权必究。

新型城镇化与新型城乡空间研究丛书
中国创新型都市圈的特征与演化路径研究
——基于南京都市圈的实证分析
朱凯 著

商 务 印 书 馆 出 版
（北京王府井大街 36 号 邮政编码 100710）
商 务 印 书 馆 发 行
北京市白帆印务有限公司印刷
ISBN 978 - 7 - 100 - 21527 - 5
审图号：苏 S（2022）15 号

2022 年 12 月第 1 版　　开本 787×1092　1/16
2022 年 12 月北京第 1 次印刷　印张 14 1/4
定价：85.00 元

丛 书 总 序

在人类社会漫长而无限的时空演进场景中，城镇的出现虽然历史悠久，但是其主导、引导人类社会的发展进程和城镇化成为人类社会演进的主旋律和主推力，却是最近两三百年的事情。然而，在这数百年波澜壮阔的城镇化发展进程中，人类社会发展变化的节奏、速度和程度，远远超过了此前数千年。一方面，城镇化的发展推动了人类社会的快速发展，另一方面则是人类社会迭次涌现的新技术、新制度、新观念等，不断改变着城镇化的模式和方向，新型城镇化模式也由此而阶段性地出现，并随之改变着城乡空间的类型、功能、图景和关系。

从全球层面来看当下的世界新型城镇化模式，其中既包括全球新技术革命带来的城镇化方式的创新，也包括由于中国快速崛起、中国城镇化迅猛推进带来的全球城镇化重心的转移，也就是中国特色城镇化模式。从中国城镇化演进历程来看其正在迈入的新型城镇化阶段，我们看到的是中国最近30多年快速城镇化所达到的城镇化水平超过50%的现实基础、所累积的复杂的资源环境与社会问题，以及所面临的老龄化、机动化和国际环境变化带来的挑战。这与30多年前中国城镇化水平在20%以下时的处境大不相同，也与10多年前中国城镇化水平跨越30%门槛时面临的形势有本质区别。如果说，中国在达到城镇化水平50%以前，还可以借鉴、甚至照搬与模仿西方工业化、城市化高峰时期的理论、模式、经验来指导中国城镇化发展的话，现在我们面临的许多问题，是西方既往城镇化"教材"所没有的，我们只能依靠对自身特点、经验、教训的深刻解读和对未来的超前预判和分析，来设计出适合中国发展的新型城镇化路径，这是我们面临的重要理论问题，也是中国学术界的历史责任，需要极大的创新勇气和艰苦的探索才可能找到答案。

和新型城镇化相对应，世界和中国城乡空间的变革也日新月异，这其中既包括新的城乡关系，也包括新的城乡空间类型、功能、景观，以至于新的城乡空间需求和理念，以及新的城乡空间研究视角和规划模式。仅就中国而言，计划经济、传统产业时期的城乡空间规划与建设理念和模式，与改革开放以来的市场经济、外向型产业和观念多元化变革时期的城乡空间规划与建设的理念和模式截然不同，物质空间为本时期与以人为本时代的城乡空间规划与建设的模式也不同，加上新技术带来的空间变革，一个新型城乡空间关系、空间类型、空间建设与规划模式涌现的新时代正在来临，需要我们察微知著、详加研判。

城镇化模式与城乡空间类型的创新既有阶段性质变，也有连续性的渐变，学术研究要遵循事物发展客观具有的"承前启后"的因果链条。因此，本丛书所指的"新"，其历史起点定格在20世纪70年代全球化和新技术革命开启的新阶段以后，特别是中国改革开放以来，既包括对已经走过的30多年所积累的与传统阶段相比有所不同的"新型"的既往式总结，也包括当下进入新世纪第二个十年、中国城镇化进入加速发展后期以及迈向成熟期之时，对即将面临的"新"时期的预见性展望。希望通过对已经走过的30多年新实践诸如开发区建设、新城开发、都市圈与城市群等培育进行系统总结和提炼，构筑当代"中国特色城镇化模式"的科学起点，通过对正在成为共识的"以人为本"新阶段所蕴含的新型城镇化的新趋势、新型城乡空间的新类型等进行基于国情现实的预判，改变长期的"拿来主义"倾向，重新确立基于发展自信的文化自信，在面向未来、寻求新路的同时更加对准中国历史原点，逐步建立起未来真正意义上"中国特色城镇化模式"的科学内涵与理论构架。

本丛书是一个动态扩展的开放式学术专著集成平台，围绕"新型城镇化和新型城乡空间"这一总的方向，立足时代前沿、扎根中国实践、进行理论探索。丛书既包括对中国城镇发展与规划进行探索的中青年学术骨干的著作，也包括不断涌现的"80后"年轻学人的学术专著，预计"90后"新学人的专著出现也为时不远。欢迎学术同人、社会各界对丛书进行指导和支持，也欢迎对本丛书有兴趣的高水平学术新作不断充实进来，汇集涓涓细流，形成推动中国城乡空间与规划研究的新力量。

本丛书前六本在东南大学出版社已经出版。由于各方面情况的变化，自2021年起，新系列在商务印书馆继续出版。

王兴平

东南大学建筑学院教授、博士生导师

2013年于东南大学建筑学院

2021年修改

序

当今，当创新成为社会源动力的观点已被人们普遍接受时，创新也自然成为研究的主题而在社会各界广泛开展。都市圈作为现代城市新的空间组织形式和城镇化后半场进程中生产要素集聚的空间载体，也是学界、政界的关注对象和研究热点。朱凯博士将两者有机结合起来，开展创新型都市圈的研究是十分有意义的，而以南京都市圈为实证案例，也是十分有实践价值的。南京都市圈建立二十多年来以其卓有成效的协调共享经验为各界所熟悉，南京都市圈规划也是国家第一个批准的都市圈规划，因此，研究具有现实性。

本书是朱凯博士在其博士论文的基础上写成的，体现了研究的学术性。例如，重视对创新型城市与创新型都市圈、传统制造型都市圈与创新型都市圈等概念的辨析，明确指出"创新型都市圈是一个创新区域"，"是一种系统性、全面性绝佳的功能与空间组织形式"，"是传统都市圈的升级版"；重视总结、对比和评析国内外都市圈的相关研究成果；重视理论与实践的互动，以普适性的理论引导实践，以典型性实践来验证其理论；重视对过程和演进的研究，如对中国创新思想、创新政策、创新战略的整理，对南京都市圈创新活动的梳理等；以及构建研究框架，明确理论支撑，应用逻辑分析，着意路径演化等等，都反映了作者严谨的学术思路和朴实的研究作风。

本书主要分为对创新型都市圈的整体研究和对南京都市圈的实证研究两个部分，其主要研究内容可概括为，前者：①认识创新型都市圈的两种视角（自上而下的宏观管理、自下而上的中微观生产和生活）；②依据区域发展理论和创新理论，确定集聚和扩散、聚变和裂变两对逻辑关系；③推演形成创新型都市圈四大基本特征和与特征相对应的"核心（城市）—网络（快速交通、公共服务、创新载体）"表征假说；④以中国第一批创新型城市试点所在都市圈为研究样本，从研究都市圈宏观发展的"路径—人口—土地"规模序列格局规律中，确立南京都市圈案例的典型性。后者：①立足"空间"和"网络"视角，对都市圈不同空间单元的经济社会发展和人口承载效率差异进行判断，颇有新意地提出了南京都市圈经济社会活动一体化基础的"统合圈、分合圈、辅合圈"圈层式结构；②依据快速交通带来的通勤时间的变化及新时空结构，公共服务设施配置由"城市网"走向"区域网"，提出"市区通勤区"概念及反映的跨城职居现象，从而使创新人才流动和活动由传统城市层面扩展到都市圈层面，实现"就业—居住—公共服务"三大需求的平衡；③梳理了都市圈的创新载体分布特点与规律及其创新空间拓展方向，证实了三大"网络"表征的架构及创新空间体系与公共服务"区域网"的耦合过程，是促进创新型都市圈实现以创新活动为代表的经济社会活动一体化目标的过程，也是都市圈层面要素集聚和扩散及创新空间聚变与裂变式拓展的集中反映。

综观全书，主题鲜明，层次清晰，内容丰富，分析入理，颇有创新，是研究都市圈的又一新作，对指导南京都市圈的创新发展也有现实意义。

创新活动蓬勃发展，创新研究层出不穷，而都市圈研究在新形势下更是方兴未艾。本书只是整体的"创新—空间"两大主题研究的一部分，有待更多有志者，特别是年轻一代持续探索和勇于实践！

是为序！

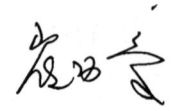

内 容 简 介

党的十六届五中全会明确提出建设创新型国家的重大战略思想，自此创新发展正式上升为国家战略，历经党的十八大、十九大，作为重要精神之一，其地位日益巩固。研究提出创新型都市圈的概念，并与创新型城市和传统制造型都市圈进行比较，结合国内外相关研究进展，认为创新型都市圈作为一种都市圈类型，从自上而下的宏观管理视角看，是创新国家建设到创新城市建设的重要组成部分，而从自下而上的中微观生产与生活视角看，则是以创新人才为代表的要素流通及其带来的城市创新发展协调互动的重要区域承载形式。针对创新型都市圈这一研究对象，本书的研究主要包括以下内容：

创新型都市圈特征的逻辑分析与演绎。研究以区域发展理论和创新理论为依托，借助创新发展的周期性和创新空间拓展的梯度性，确立创新型都市圈研究的集聚与扩散、聚变与裂变两对逻辑关系，推演形成了创新型都市圈的四大基本特征，即：以核心城市为创新核心和原始创新源所在地、借助城际和区际快速交通充当以创新人才为代表的各类发展要素的流通骨架、依托创新载体积蓄创新能力、配套公共服务予以保障，并进一步演绎了与特征相对应的"核心—网络"表征假设。其中，"核心"表征是承载高首位创新能力和担当"创新核心"角色的都市圈核心城市，三大"网络"表征依次为快速交通网络、公共服务网络和创新载体网络。

创新型都市圈的特征实践考察、绩效检验以及"核心"表征验证。研究梳理了国内外都市圈发展实践并进行比较，验证创新型都市圈特征的逻辑分析结论；进而以中国第一批创新型城市试点所在都市圈为研究样本，得出样本都市圈宏观发展格局规律——"经济—人口—土地"规模序列格局，确立了南京都市圈作为实证案例的典型性，并基于创新载体建设格局和创新型都市圈发展的核心要素——创新人才所关注的通勤时效和公共服务两大微观诉求，从绩效评价视角检验了创新型都市圈的特征，同时也验证了核心城市南京市在都市圈内部的创新核心地位及其对应的"核心"表征。

南京都市圈的基础空间结构判断与演化路径梳理。立足"空间"和"网络"视角，研究将宏观层面的要素"规模"序列格局过渡到"效率"梯度空间，对都市圈内不同空间单元的经济社会发展和人口承载效率差异情况进行判断，提出了南京都市圈具有包括创新活动在内的经济社会活动一体化基础的圈层式结构，并明确了各圈层对应的空间单元名录和作用。其中，统合圈单元强调单元整体在整个南京都市圈的统领地位和辐射作用；分合圈单元强调不同单元个体与统合圈的紧密关联以及对于其若干功能的潜在分担作用；辅合圈单元强调对于南京都市圈整体性的强化，并具有转化为分合圈的可能。进一步结合南京都市圈在交通和公共服务领域所表现出的创新型都市圈特征以及对应的创新人才诉求，基于南京都市圈的基础空间结构，提出了创新型都市圈具有的供创新人才跨城职居潜质的"二元时间位、一元空间位"的新时空结构，明确了依托南京都市圈检验创新型都市圈三大"网络"表征及其关联关系的演化路径。

南京都市圈的三大"网络"表征及其关联关系检验。研究首先从创新人才在交通领域的通勤时效诉求出发，解析快速交通建设带来的城际时空关系条件变化，以及以南京市为中心的都市圈可达性变化情况，在明确了快速交通"高速高频"特点之后，基于可达性评价结论对南京都市圈基础空间结构中不同圈层所涉及的空间单元目录进行校核；其次从创新人才的公共服务配置诉求出发，针对南京都市圈目前的"城市网"式公共服务配置现状，结合不同城市自身的可达性条件，提出了都市圈空间组织的"神经元链接模式"，以此结合校核后的基础空间结构，引导同城化趋势下都市圈层面公共服务的"区域网"式配置，为构建新型时空关系条件下的都市圈创新空间体系提供保障；最后基于南京都市圈的创新载体建设进展，梳理了都市圈的创新载体分布特点与规律及其带来的创新空间拓展方向，证实都市圈层面创新载体网络完善所成就的创新空间体系与公共服务"区域网"的耦合性，由此亦肯定了南京都市圈的创新型都市圈演化路径。

目　录

丛书总序 ··· iii
序 ··· v
内容简介 ··· vii

第一章　绪论 ··· 1
　　第一节　创新型都市圈形成的时代背景 ··· 1
　　第二节　创新型都市圈的概念及研究评述 ··· 7
　　第三节　创新型都市圈研究的总体框架 ··· 17

第二章　创新型都市圈特征的逻辑分析与演绎 ··· 27
　　第一节　相关基础理论借鉴 ·· 27
　　第二节　创新型都市圈特征的逻辑分析 ··· 34
　　第三节　"核心—网络"表征假设演绎及其检验框架 ··························· 40

第三章　国内外都市圈的发展实践考察与比较 ··· 46
　　第一节　国内都市圈的发展实践考察 ·· 46
　　第二节　国际都市圈（区域）的发展实践考察 ···································· 57
　　第三节　基于空间结构的国内外都市圈发展实践比较 ························· 70
　　第四节　创新型都市圈特征的国内外实践考察小结 ···························· 79

第四章　创新型都市圈的实证选择及其特征绩效检验 ····························· 81
　　第一节　样本都市圈的"经济—人口—土地"规模序列格局比较 ······ 81
　　第二节　南京都市圈发展格局及创新型都市圈 特征的典型性 ············ 93

第三节　南京都市圈的创新型都市圈特征绩效检验 …………… 104

第五章　南京都市圈的基础空间结构及其演化路径 …………… 113
　　第一节　南京都市圈内部空间的经济社会与人口承载效率梯度 …… 113
　　第二节　基于效率梯度的南京都市圈基础空间结构判断 ………… 129
　　第三节　南京都市圈的创新型都市圈演化路径 …………………… 133

第六章　南京都市圈的基础空间结构校核：时空关系条件 …… 138
　　第一节　南京都市圈的城际时空关系条件 ………………………… 138
　　第二节　时空关系条件影响下的都市圈可达性变化 ……………… 143
　　第三节　基于交通可达性的基础空间结构校核 …………………… 147

第七章　南京都市圈的空间组织模式引导：公共服务网络 …… 154
　　第一节　公共服务的"城市网"式配置特点 ……………………… 154
　　第二节　空间组织的"神经元链接模式"架构 …………………… 157
　　第三节　基于"神经元链接模式"的公共服务"区域网"引导 … 166

第八章　南京都市圈的创新空间体系检验：创新载体网络 …… 172
　　第一节　创新载体的空间分布特点与规律 ………………………… 172
　　第二节　基于创新载体网络的创新空间体系检验 ………………… 182
　　第三节　"网络"表征关系的创新空间体系检验小结 …………… 189

第九章　结论与展望 ……………………………………………… 190

参考文献 …………………………………………………………… 196

附录 ………………………………………………………………… 202
　　附表1　南京都市圈各建制镇人口密度梯队划分结果 …………… 202
　　附表2　南京都市圈各建制镇"镇区化"率梯队划分结果 ……… 204
　　附表3　都市圈内各评价单元名录及与南京市中心的通勤时间区间列表
　　　　　　……………………………………………………………… 206
　　附表4　都市圈内各评价单元名录及其到对应地级市中心的通勤时间区间列表 ………………………………………………………… 208

附件 1　南京市高新技术企业空间分布调查问卷…………………………210

附件 2　南京市高新技术企业员工调查问卷…………………………………211

附件 3　××市创新人才就业空间偏好调查问卷……………………………212

后记………………………………………………………………………………215

第一章 绪 论

在经济全球化、知识经济化和城市区域化、区域一体化并存的21世纪，都市圈以其发展的综合性和开放性作为创新资源配置和创新活动开展的空间载体，相比单一城市节点，更有利于承载并体现区域乃至国家竞争力。基于现时期企业在广域范围内配置资源的能力和效率越来越高、创新成果向其他空间扩散速度不断加快等发展条件，单个城市之间的竞合亦正逐步发展为多个城市组成的都市圈之间的竞合，而创新活动也从原来的研发环节走向全产业链的各个环节，所有这些都迫使单个城市再也无法完成全部的创新活动，诸多的创新环节迫切需要更广阔的空间范围予以承载和链接。

与此同时，自上而下以创新理念为指导，促进各级地区的发展转型，正在成为各级政府制定地方发展战略、贯彻国家创新发展理念的新的出发点；自下而上将创新发展的理念由创新主体推及创新载体、由创新型城市拓展至创新型区域，亦成为呼应国家战略、整合地方资源的重要趋势。在此过程中，创新型都市圈作为一种创新型区域，依托其作为创新组织与发展的载体，正是落实国家创新战略和统筹创新主体、载体和城市的系统性和全面性绝佳的功能与空间组织形式。

第一节 创新型都市圈形成的时代背景

长期以来，城市以其相对系统的经济、社会和环境功能，成为每个区域、国家乃至世界发展进程中最为闪亮的角色，由此在判断一个地区是否具有影响力时，往往需要看该地区是否存在有竞争力的城市。伴随都市圈概念在世界范围内的兴起，人们开始逐渐认识到城市与区域发展已不再是单个城市的发展，各类经济社会活动事实上已经无法在某个或某一特定城市内部独立完成。为适应全球化和国际化浪潮，通过城市间竞合关系协调，单个城市向连片的城市区域发展，且多是以中心城市为核心整合与引领其周边一定区域范围内的城镇，从而扩大单个城市、区域乃至整个国家的国际影响力与知名度。现阶段，智慧城市、智能城市、低碳城市等现代城市转型的新兴理念和国际城市、全球城市等现代城市能级提升的定位导向不断涌现（倪鹏飞等，2011；朱孔来等，2010），都市圈自身的发展方式转型和能级提升诉求也变得日渐迫切，集中体现在两个方面：其一是强化对人性关怀的追求，其二是高效实现对城市及其所在区域诸多发展要素的科学、全面整合。在现阶段的实践领域，创新作为支撑经济社会进步的源动力，其发展的区域协同（石忆邵，2008）与系统化（刘顺忠等，2002）要求使得传统依靠单个城市来实现国家创新与转型发展的道路无法延续，而随着都市圈作为一种后发崛起的特定区域类型渐趋发展成型，在传统都市圈基础上构建形成以科技创新为源动力的创新型都市圈，并成为时下关注对象亦是必然（图1-1）。

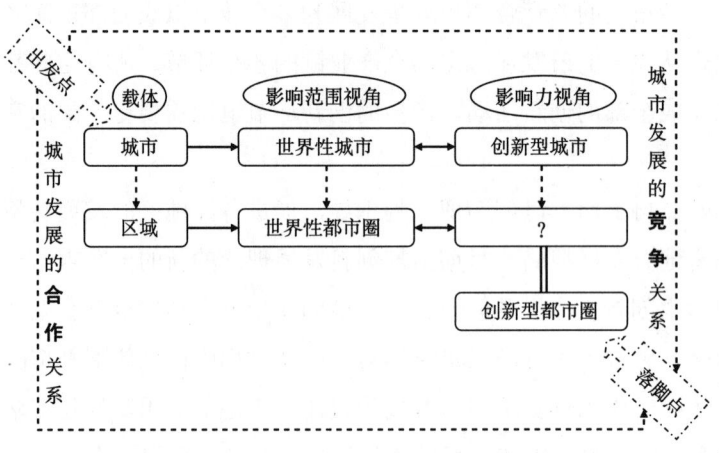

图1-1 创新型都市圈在区域转型背景下的成型过程演绎

在国家转型发展层面，创新型都市圈作为具有高度全面统筹性的区域空间，扮演着落实国家战略导向、衔接创新中微观载体的重要角色。中国以低成本优势和外商直接投资著称的传统"世界工厂"模式，在后危机时代全球经济低迷的形势下，依靠外需和投资拉动的发展模式已经难以为继，加之粗放发展累积的高物质投入与消耗现实以及资源环境矛盾日益突出，迫切需要通过创新来带动产业转型升级和经济发展方式调整。此间，国家战略下的创新发展导向必然需要一定的空间载体予以承载和落实，近年来相继出台的一系列区域发展规划和示范区平台搭建则为之指明了方向。这些区域性规划与示范性地区的一个共同特点是强调跨越城市行政边界、尝试突破传统的行政边界组合（柳卸林等，2002），进而实现发展资源的区域性整合（叶南客，1999；程必定，2007），而创新型都市圈的建设正是对国家转型创新战略与区域协调导向（樊杰等，2013）进行整合的回应，作为承载国家创新发展理念和落实区域协调导向的特定空间层级，在今后的战略角色不言而喻。

就地方发展实践而言，创新型都市圈建设是延续创新型城市发展成效（创新城市评价课题组，2009）、促进传统"制造型都市圈"升级的重要路径。中国目前部分科教资源集聚的广州、南京、西安、武汉等区域，乃至国家级中心城市正在逐步迈入后工业化发展时期（方创琳，2009），创新型、知识型城市建设已经成型（安同良等，2006），以这些中心城市为核心的都市圈建设也已经基本成型，"科教资源集聚的知识型都市圈核心+产业园区遍布的制造型都市圈外围"是其基本结构。打通目前都市圈核心与外围在创新要素上的"断裂"与"分离"，促进创新要素由中心向外围辐射、扩散、催化、释放封闭在核心城市的"创新核"，使之发生裂变效应，提升外围地区的创新能力，便成为创新型都市圈培育的重要路径。按照传播学的"肯辛斜坡"理论，在特定阶段或者环境下，边缘地区与群体反而比中心群体更具有接受新技术与观念的意愿和可能性，因此，都市圈外围地区采纳创新、集聚创新和开展创新具有可行性；通过适时有效地引入创新资源和信息，激发外围地区创新活动或者采纳创新进行创业，都市圈全面、全域走向创新型都市圈完全可能。

在中国政策体系领域，国家层面不同管理部门陆续出台了一系列与创新发展直接相关的政策文件（表1-1），并相继开展了对应的行动引导。从与科技、人才等创新发展关键要素相关的政策形成与出台，到具体发展规划与评价引导文件及指标的正式确立，再到平台构建、载体培育等实践行动的陆续展开，创新发展的理念在国家战略性政策体系中已逐步得到体现。

表1-1 国家2005年以来主要的创新发展直接相关引导政策

年份	事件/名称	发文部门
2005	十六届五中全会上胡锦涛明确提出建设创新型国家的重大战略思想	—
	温家宝在国家科学技术奖励大会上的讲话	—
2006	《国家中长期科技发展规划纲要（2006—2020年）》	国务院
	《关于进一步加强高技能人才工作的意见》	中共中央办公厅、国务院
	《国家高技术产业发展项目管理暂行办法》	发改委
2007	《国家自主创新基础能力建设"十一五"规划》	发改委、科技部、教育部

续表

年份	事件/名称	发文部门
2009	《国家产业技术政策》	工业和信息化部、科技部、财政部、税务总局
	《国家技术创新工程总体实施方案》	科技部、财政部、教育部、国资委、全国总工会、国家开发银行
2010	《关于推进国家创新型城市试点工作的通知》	发改委
	《关于进一步推进创新型城市试点工作的指导意见》	科技部
	《创新型城市建设监测评价指标（试行）》	科技部
	《关于当前推进高技术服务业发展有关工作的通知》	发改委
	《国家科技重大专项知识产权管理暂行规定》	科技部、发改委、财政部、知识产权局
	《加强区域产业创新基础能力建设工作指导意见》	发改委
	《科技企业孵化器认定和管理办法》	科技部
2011	《全国教育人才发展中长期规划（2010—2020年）》	教育部
	《工业转型升级规划（2011—2015年）》	国务院
	《国家"十二五"科学和技术发展规划》	科技部
2012	《关于加强战略性新兴产业知识产权工作的若干意见》	知识产权局、发改委、教育部、科技部、工业和信息化部、财政部、商务部、工商总局、版权局、中科院
	《关于深化科技体制改革加快国家创新体系建设的意见》	国务院
2013	《国家重大科技基础设施建设中长期规划（2012—2030年）》	国务院
	《关于强化企业技术创新主体地位全面提升企业创新能力的意见》	国务院
2014	习近平主持召开中央财经领导小组第七次会议强调"加快实施创新驱动发展战略，加快推动经济发展方式转变"	—
	批准苏南国家自主创新示范区	国务院
2015	《关于深化体制机制改革 加快实施创新驱动发展战略的若干意见》	中共中央、国务院
	《关于大力推进大众创业万众创新若干政策措施的意见》	国务院
	《关于加快构建大众创业万众创新支撑平台的指导意见》	国务院
	《关于在部分区域系统推进全面创新改革试验的总体方案》	中共中央办公厅、国务院办公厅
	《关于共同推动大众创业万众创新工作的意见》	发改委、中国科协
2016	《国家创新驱动发展战略纲要》	中共中央、国务院
	《关于建设大众创业万众创新示范基地的实施意见》	国务院办公厅
	一系列省市关于系统推进全面创新改革试验方案的批复（具体省市名称详见国务院官网）	国务院

续表

年份	事件/名称	发文部门
2016	《"十三五"国家科技创新规划的通知》	国务院
	《中国落实2030年可持续发展议程创新示范区建设方案》	国务院
2017	《关于创新管理优化服务培育壮大经济发展新动能加快新旧动能接续转换的意见》	国务院办公厅
	《关于促进开发区改革和创新发展的若干意见》	国务院办公厅
	《关于县域创新驱动发展的若干意见》	国务院办公厅
	《关于强化实施创新驱动发展战略进一步推进大众创业万众创新深入发展的意见》	国务院
	《关于建设第二批大众创业万众创新示范基地的实施意见》	国务院办公厅
2018	一系列城市关于同意建设国家可持续发展议程创新示范区的批复（具体城市名称详见国务院官网）	国务院
	《关于进一步推进中央企业创新发展的意见》	科技部、国资委
	《关于推动创新创业高质量发展打造"双创"升级版的意见》	国务院
	《进一步深化管理改革激发创新活力确保完成国家科技重大专项既定目标的十项措施》	科技部、发改委、财政部
2019	《关于促进国家大学科技园创新发展的指导意见》	科技部、教育部
	《关于新时期支持科技型中小企业加快创新发展的若干政策措施》	科技部
	《关于支持国家级新区深化改革创新加快推动高质量发展的指导意见》	国务院办公厅
	《关于同意南昌、新余、景德镇、鹰潭、抚州、吉安、赣州高新技术产业开发区建设国家自主创新示范区的批复》	国务院
2020	《关于提升大众创业万众创新示范基地带动作用进一步促改革稳就业强动能的实施意见》	国务院办公厅
	国务院推出四条举措力促大众创业万众创新	国务院

资料来源：根据各发文单位官网资料整理。

回顾整个国家创新关联政策及其行动过程，以国家2003年对自主创新战略的强调为起点，以2005年十六届五中全会《中共中央关于制定国民经济和社会发展第十一个五年规划的建议》正式提出"致力于建设创新型国家"、2006年全国科学技术大会将"创新型国家"建设目标予以明确等反映国家发展导向的重要节点为过渡，创新国家自上而下的建设行动相继展开。经过之后七年的酝酿，2010年《关于推进国家创新型城市试点工作的通知》出台，至此，以系统化的空间载体为支撑的中国创新型国家建设道路业已明确（图1–2）。

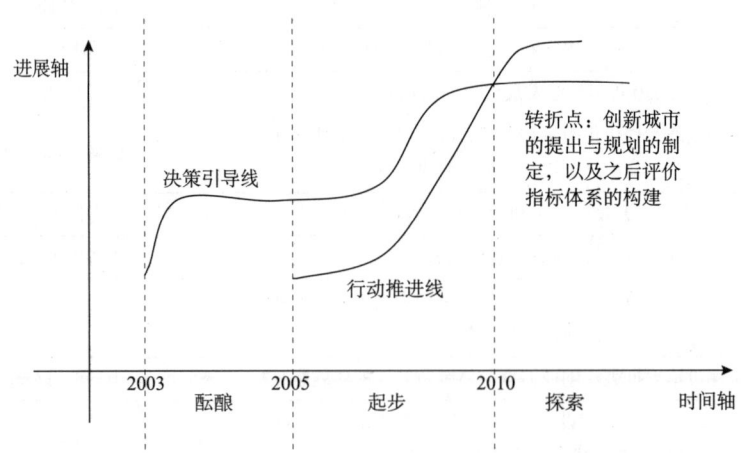

图1–2 国家创新发展引导的决策行动演进脉络示意

在此后的创新关联政策制定与执行过程中，创新理念逐步成为自上而下各级政府制定地方发展战略、贯彻国家导向的着力点；创新发展亦成为自下而上由创新主体推及创新载体、由创新型城市拓展至创新型区域，呼应国家战略、整合地方资源的重要趋势。与此同时，以创新型都市圈为概念的创新型区域，作为从市县到区域再到国家这一创新空间层次系统的重要组成部分，必然成为继创新型城市之后，衔接、反馈以及组织不同空间层级相关决策与行动所要关注的另一空间对象。

具体而言，通过梳理国家创新型城市首批16个城市试点案例可见，这些城市全部位于国家和省级城镇体系规划的各种都市圈或者城市（镇）群内，且基本都是所在都市圈或是城市群的核心城市。不仅如此，国家于2014年3月出台的《国家新型城镇化规划（2014—2020年）》共计八篇，其中第四篇整篇专门阐述了新型城镇化道路上城镇群组织的转型与创新问题，由此更是肯定了对中国创新型都市圈建设与发展进行研究的现实意义。就长三角而言，苏南自主创新示范区以及较早的沪宁高新技术产业带等区域性规划与建设的开展，亦充分说明创新活动需要跳出单一中心城市范围、在都市圈的广域范围配置（曹广忠等，2010；陈建军等，2009b），其中，《南京都市圈区域规划》则更是直接、明确地提出了建设创新型都市圈的战略目标。

第二节　创新型都市圈的概念及研究评述

国内早期明确提出"创新型都市圈"这一概念（或是类似概念，如创新型城市群、创新型城镇群、创新型都市区、创新型城市圈等）并针对其进行系统研究的成果并不多见，研究对"中国知网"2015年之前的期刊与学位论文数据库进行检索得到以其为关键词或题名包含词的文献共计12篇，相关学者有王兴平（2014）、朱凯等（2014）、吴志华等（2006）、黄晶等（2008）、胡斌等（2009）、周纳（2011）、何天祥（2010）、傅兆君等（2013）、张建（2006）等。

国外创新型都市圈研究则未将"创新型都市圈"作为一种具有自身特点的都市圈类型进行系统剖析，因其都市圈理论研究与发展实践开展较早，成果与经验也相对较为成熟，故而在创新发展理念引入都市圈这一区域类型之后，尤其进入21世纪以来，展开的有关研究多是在既有成熟研究成果基础上选择某个特定视角，对都市圈内的创新活动、创新行为、创新生产与生活氛围等某个具体问题和某类具体现象进行研究，并未出现创新型都市圈这一特定概念。研究通过EBSCO这一国际检索引擎进行检索，在检索词选择方面，以"Metropolitan Area"这一使用最为普遍的都市圈英文概念作为检索词之一，同时与"Innovative"这一检索词一道进行综合检索。通过检索发现，以"Metropolitan Area"和"Innovative"作为Tittle检索词的结果中仅有一篇文章，为迪茨（Diez）针对巴塞罗那及其周边地区的生产创新网络研究（表1–2中的第一篇文章），而在去除检索词出现位置限制之后，检索结果明显增

表1–2　EBSCO以"Metropolitan Area"和"Innovative"为检索词的检索结果信息

文章名称	作者	来源	时间及期号
Innovative networks in manufacturing: Some empirical evidence from the metropolitan area of Barcelona	Diez	*Technovation*	2000, Vol. 20 Issue 3
Let's learn from America's innovative cities	Zuckerman	*U.S. News Digital Weekly*	2013, Vol. 5 Issue 23
Place-bound versus footloose firms: Wiring metropolitan areas in a policy context	Van Geenhuizen et al.	*Annals of Regional Science*	2009, Vol. 43 Issue 4

续表

文章名称	作者	来源	时间及期号
Where you live matters: Challenges and opportunities to address the urban-rural divide through innovative secondary cardiac rehabilitation programs	Sangster *et al.*	*Australian Journal of Rural Health*	2013, Vol. 21 Issue 3
Integrated and innovative: The future of regions	Eger	*Futurist*	2012, Vol. 46 Issue 4
Knowledge spillovers, agglomeration economies, and the geography of innovative activity: A spatial econometric analysis	Lim	*Review of Regional Studies*	2004, Vol. 34 Issue 1
An innovative approach to the development of spatial data infrastructures and Web 2.0 technologies	Laosuwan *et al.*	*International Journal of Geoinformatics*	2012, Vol. 8 Issue 2
The governance of metropolitan areas in Canada	Sancton	*Public Administration & Development*	2005, Vol. 25 Issue 4

多，再根据相关性进行排序，前十篇文章中有七篇与本研究中的"创新型都市圈"具有相对明确的关联性，即表1–2中的后七篇文章。继而，再梳理这些关联文献的具体研究内容，可见各成果对应的研究视角极为多样，且研究多是立足于具体问题或是现象，相比国内创新型都市圈研究，国外的创新型都市圈关联研究所关注内容差异性较大、范围相对宽泛。

一、创新型都市圈的基本概念辨析

目前中国存在着诸如城市（镇）群、都市区、城市圈等与都市圈相近的理论概念以及一些如示范区、合作区等的政策性概念，国内相关研究曾尝试将这些概念在字面意义上加以区分，如 2013 年中国城市发展研究院南方分院发布的"城市群与都市圈、城市连绵区等相关概念的区别"等研究成果，但就其构成而言，这些与都市圈类似的理论与政策概念在中国均是指一定区域空间范围内由不同数量和规模的空间单元（通常是城市）而形成的城镇集合，如《浙江省城镇体系规划（2011—2020）》提及的环杭州湾城市群、温台沿海城市群、浙中城市群与《江苏省城镇体系规划（2012—2030）》中的南京都市圈、苏锡常都市圈、徐州都市圈，二者在空间构成上实则是具有明显的相似性。本研究沿用"都市圈"这一说法，并在此基础上提出"创新型都市圈"这一特定研究概念，通篇的关联研究都采用都市圈和创新型都市圈的概念。在创新型都市圈的概念认知方面，国内较为系统的概念界定研究见于王兴平（2014）的《创新型都市圈基本特征与发展机制》，文中指出创新型都市圈是指在区域同城化背景下，在日常通勤时距范围内，以区域高速或快速交通网络为依托、以区域公共创新服务体系为支撑、以创新要素在圈内城际间的扩散共享和相互协同为特征的若干城市所组成的新型都市圈。本研究认为创新型都市圈是传统都市圈的升级版本，并认可其本身是一种都市圈类型，即具有"创新特质"的都市圈；同时，创新型都市圈还是落实国家创新战略，统筹创新主体、园区载体和城市，且颇具自身系统性和全面性优势的功能与空间组织形式，与目前流行的创新型城市又有着一定的区别和联系。具体而言，由于创新活动在相对更广的区域空间范围内展开，使得创新型都市圈相比创新型城市而言，有着"创新发展多要素、创新空间多尺度、创新管理多层次"等特性（表1-3）。

表1-3 创新型城市与创新型都市圈特性比较表

	创新要素分布	创新空间尺度	创新管理层次
创新型城市	分布在中心城市内的特定地点，采用中心化发展模式	包括创新载体（如科技园区）、创新城市两类尺度	局限在单一行政辖区内，由一个城市政府自上而下管理
创新型都市圈	分布在都市圈内多个城市，借助快速交通网络搭建关联通道与体系，采用集散结合的创新发展与传播模式	包括创新载体、创新城市、都市圈区域性创新网络三类尺度	分布在平行但相邻的多个、多层行政辖区内，多个城市政府相互协调管理

在与传统都市圈的比较方面，虽然两者在地域空间范围与层次上具有一致性，但是在发展模式和空间组织上则具有一定区别。创新型都市圈以科技创新为发展的原动力，其创新活动空间因创新的集聚与扩散属性通常会经历由核心到外围的有机生长过程，空间构成上突出对创新载体的跨政区区域性布局与组织，以及对人群（尤其是创新人才群体）空间偏好和需求的多层次协调式满足；生活与生产空间相互融合，具有能够符合知识生产所需要的现代基础设施和公共服务体系。相比而言，传统都市圈实则为传统制造型都市圈，且以物质资源、劳动力资源投入驱动发展，以产品生产为主要功能，在空间景观上体现出生产载体在各自所在城市内部相对独立、具有空投式特点的布局模式。中国2000年前后"开发区热潮"带来的各地开发区随

机、无序林立现象就是反映这一布局模式的一个缩影。

二、创新型都市圈的相关研究评述

考虑到本研究的初衷以及中国创新型都市圈发展与研究的现实进展，笔者对于创新型都市圈国内外研究进展的评述，是以创新型城市和都市圈创新发展等相关领域的既有研究为基础，结合创新型都市圈的"创新发展多要素、创新空间多尺度、创新管理多层次"的特性，以及中国由传统都市圈向创新型都市圈转型实践的阶段性进行的。

1. 内涵探索：从多元化城市走向系统多样化区域

国外对创新型城市的内涵与特征方面的探索相对较早。伦敦大学规划学院教授彼得·霍尔（Peter Hall）在1998年即开始研究城市与创新之间的关系，认为具有创新特质的城市往往处于"大量新事物不断涌入融合的新社会"（Hall，1998）；而查尔斯·兰德里（Charles Landry）则在其著作《创意城市》（*The Creative City*）中首次系统地阐述了创新型城市的内涵，并提出构建创新型城市的战略框架和动力机制（Landry，2000）。此间，国外逐渐兴起了对于"Creative City"的研究热潮，且关注内容逐步趋于多元化，如马瑞兰·P. 费尔德曼（Maryann P. Feldman）分析了大学作为城市的创新空间对经济增长的作用（Feldman，1994）；苏珊·M. 沃尔科特（Susan M. Walcott）分析了科技城、高新技术产业区及产学研合作对圣地亚哥营造创新环境的作用（Walcott，2002）；菲利普·库克（Philip Cooke）等人在著作《创意城市、文化集群与地方经济发展》（*Creative Cities, Cultural Clusters and Local Economic Development*）中讨论了文化、创新和城市经济发展的关系（Cooke and Lazzeretti，2008）。

国内的研究主要集中出现在2003年国家开始强调自主创新战略以后。在创新型城市的概念界定方面，霍丽等（2006）认为创新型城市是在特定城市空间内，以政府为主要推动力量，以企业、高校和科研机构为创新主体，形成的一个完整的自主创新整体；杜辉（2006）将创新型城市定义为科技进步为动力、自主创新为主导、以创新文化为基础的城市形态。在具体内涵方面，邹德慈（2005）认为创新型城市应该包括产业创新、基础设施和城市政府管理能力；与之关注的内容有所不同，杨冬梅等（2006）认为创新主体、创新资源、创新制度和创新文化是构成创新型城市的内部核心要素；马晓强等（2008）则认为创新型城市应该包括创新资源、创新机构、创新环境和创新机制等四个基本要素，由此也在一定程度上反映了中国创新型城市研究的多元化态势。

同时，国外根据区域发展的不同特点和理论研究的不同倾向，提出过许多与都市圈这类区域空间特征较为接近的区域概念，如"组合城市""大都市地区""城市边缘区"和"城市腹地"等概念，以及后来日本参考美国经验提出的"都市圈"的概念。国内有关学者在借鉴西方相关理论研究的背景下，亦提出了与都市圈概念相似的城市（镇）群、都市区、城市圈等区域空间概念。笔者认为对这些概念对应的区域空间实体中的创新研究均可作为都市圈创新研究以及未来创新型都市圈特定研究的必要组成部分。

目前，尽管针对都市圈创新发展的研究在数量上落后于基于创新型城市的研究，但整体上看其自身已表现出了一定的研究特点，可以总结为围绕一个主要的理论研究领域——"区域创新系统"（Regional Innovation System，RIS）而展开，并与地理学意义上的都市圈研究进行嵌入式耦合。都市圈区别于单个城市最为明显的特征表现在空间尺度上，在都市圈内部有着不同尺度的空间载体，城市仅是其中的一种尺度类型，这种多尺度的特点在都市圈区域创新系统的研究中得到了充分的体现，其中一个普遍的研究共识是，在创新型都市圈的形成和发展过程中，区域创新系统促进了其自身内部各创新主体以及各类要素在不同尺度空间载体上的互通。通过对都市圈多样化主体、要素等因子的系统化梳理，引导都市圈向创新型都市圈的发展，此间也有助于实现都市圈整体的区域竞争优势与各类本地特色资源的结合。

随着"区域创新系统"概念和内涵的完善，其与地理学的都市圈发展研究成果相互结合，使得创新型都市圈这一概念在继承传统都市圈发展的地理内涵与创新系统本身的科学性内涵基础之上，自身的内涵和外延得到逐步显现。尽管国内目前明确运用"创新型都市圈"这一概念的并不多，但这些仅有的研究，恰恰正是对于中国创新型都市圈内涵研究进行探索的集中体现，如张建在其2006年的研究中曾提出"各类创新想法在'创新型都市圈'中自发形成、自发交流，并自发整合各类创新资源付诸实施，促成创新活动的不断兴起，促进都市圈的跳跃发展"，王兴平（2014）、朱凯等（2014）亦有针对创新型都市圈概念界定的研究；胡斌等（2009）等学者亦采用类似的概念——"创新型城市群"，其认为"创新型城市群"的发展是以新型工业化为背景，以综合创新为核心推动力，以空间结构优化、支撑体系建设和总体功能完善为重点，强调多主体协同联动。

2. 评价引导：从创新型城市建设走向区域创新协调

创新型城市的评价是创新型城市研究必然关注的重点内容，其初衷是更加科学地培育和引导创新型城市的发展，这一点从对既有的城市创新能力评价相关研究的梳理中可以得到印证。国外相关指标主要有欧盟提出的欧盟创新记分牌（European Innovation Scoreboard，EIS），以及在此基础上修订而成的欧盟总体创新指数（Summary Innovation Index，SII）；世界银行（2005）也提出了界定创新型城市的一系列定性指标，而这些评价指标与体系本身正是多年来先发地区探索创新型城市建设的集中反映。与此同时，国内学者在借助国外研究成果的基础上，亦逐步展开了关于城市创新能力评价的讨论。在2010年国家正式出台创新型城市评价指标体系之前，研究多集中在评价指标选取与体系构建和完善等方面，相关学者有杨华峰等（2007）、王仁祥等（2008）、石忆邵等（2008）、谢科范等（2009）、吕拉昌等（2010）等，旨在引导形成适合中国创新型城市的特色发展路径。

继承创新型城市的关联研究与实践基础，创新型都市圈的评价一方面沿用既有的创新型城市评价的相关成果；另一方面伴随城市与区域创新发展研究与实践所关注内容的多元化，也进行了相关评价研究的更新与优化，并尝试对国外城市与区域发展的先行经验与理念进行借鉴，如英国学者约翰·伦尼·肖特（John Rennie Short）的《城市秩序：城市、文化与权力导论》(*The Urban Order: An Introduction to Cities, Culture and Power*)、美国学者戴维·鲁斯克（David Rusk）的《没有郊区的城市》(*Cities without Suburbs*)、美国学者爱德华·W. 索亚（Edward W. Soja）的《后大都市：城市和区域的批判性研究》(*Postmetropolis: Critical Studies of Cities and Regions*)、英国学者彼得·纽曼（Peter Newman）和安迪·索恩利（Andy Thornley）的《规划世界城市：全球化与城市政治》(*Planning World Cities: Globalization and Urban Politics*) 等。

针对创新型都市圈评价研究逐步更新与优化的过程，需要指出的是，目前与创新型都市圈发展评价直接关联的研究多是以"都市圈"的名义进行创新发展评价，折射式推进创新型都市圈的概念形成与研究发展。根据都市圈自身所涉及的区域广度差异，整体上分为两个层次。第一个层次为全国层面都市圈或城市群创新能力比较研究，这与创新型城市研究不同的重要表现是对于都市圈之间以及都市圈内部不同政区的协调性要求做了强调。如张鸿雁（2007）指出中国的城市群要想在世界城市全球竞争的关系中占据世界经济价值链的高端区位，必须创造合理的、跨行政区域的、有内在市场机制关系的"城市群差序化格局"。胡树华等（2010）在对国内主要城市群的创新体系成熟度以及创新能力评价的研究过程中,加入了城镇群统筹其内部城镇发展的内容。丰志勇(2012)从创新外部环境、创新自身能力和创新支撑条件三个方面,构建都市圈创新力指标体系,对国内七大都市圈的创新力进行评价分析。该研究关注了都市圈发展的协调性要求,同时也体现了创新型都市圈的研究领域相比创新型城市更具有拓展性的特性。吕拉昌等(2013)在对中国三大都市经济圈内城市创新能力测度和都市圈整体创新能级体系比较的研究中,明确将城市间的关联关系作为其都市圈评价关注的一项重要内容。第二个层次为针对某一个或几个都市圈或城市群进行创新发展及评价分析。如张立柱等(2006)通过对山东省城市创新能力的评价,借助都市圈本身对于其内部城市发展的协调性要求,提出了山东省"四大创新圈"的城市发展模式。胡晓鹏(2006)从科技发展情况、硬环境发展状况、人才状况以及教育状况四个方面比较长三角城市群与全国的创新能力,更是突出了创新型都市圈这一区域空间有别于单一城市空间的特点。进一步地,周密(2006)和张莉等(2012)均以京津冀都市圈为例,分别提出了提高都市圈科技创新绩效的建议和都市圈内部省市间的差异化定位及利益互补机制。瞿頔(2008)还总结提出了长三角都市圈创新体系投入产出的重要指标,并建立了长三角都市圈创新体系资源配置效率的数据包络分析(Data Envelopment Analysis,DEA)模型,丰富了创新型都市圈研究所需要关注的研究领域和内容。此外,通过概念引入和方法更新进行的都市圈创新发展评价研究也始终在持续。如李阳等(2013)以中部地区为例,将"创新网络空间"概念引入了都市圈创新发展的引导路径研究之中;金凤花等(2013)将上海都市圈作为集中研究对象,通过因子分析、聚类分析等多种方法进行评价;陈莞(2010)提出了"城市科技潜力"的概念,运用潜力模型以长三角大都市圈为例,测算其中各城市的科技潜力并以此划分结构体系,这正与探讨创新型都市圈形成的逻辑过程不谋而合。这一层面的研究将都市圈看作整体,强调系统性与协调性的统一,相比第一层次的研究更具有针对性,也相对深入细致,且因其多认可城市是都市圈创新发展所依托的基本比较单元,故可认为该层次的研究本身即是对"创新型都市圈"这一概念对象进行研究的雏形。

3. 模式勾勒:从经济立身走向经济社会有序协同

发展模式的提炼是城市与区域创新发展研究理论总结与实践经验推广的关键环节,在中国创新型城市建设决策与行动的酝酿过程中,学界与实践领域对于创新型城市建设模式的研究多以与城市创新发展直接关联的科创基础设施建设、氛围营造、人才培养等内容为着眼点,以经验总结为初衷,旨在提炼创新推动的城市经济增长路径与方向。如文晓灵（2006）分析了上海、深圳与合肥的创新型城市建设经验，在此基础上提出了北京建设创新型城市的模式。胡钰（2007）提出了中国创新型城市的深圳模式、上海模式和大连模式。王纬等（2011）以唐山和石家庄为例，介绍并比较了两市建设创新型城市的经验。

伴随关注经济增长路径与方向导向下层出不穷的创新型城市建设模式探索，中国创新型都市圈的发展模式研究多见于以都市圈产业发展为分析内容的区域创新发展模式探讨，对产业发展的分析围绕产业集群（王缉慈，2001；魏守华等，2002；吴勤堂，2004）、产业链的构建以及区域产业体系转型升级（包佳迪，2012；都阳等，2013）等内容展开。如余斌等（2007）认为应当以产业基础、市场需求和创新环境选择特色产业，以价值链、创新链和产业链建立空间关联，以开发区内的产业集群构筑支撑节点，构建区域特色集群网络。张虹（2009）在对创新型城市群与产业集群之间的耦合演进路径和耦合发展动力的研究中，肯定了二者之间的耦合关系。在国家新型城镇化战略明确之后，李程骅（2011）指出地方政府必须从区域发展、城乡协同发展价值最大化的高度来整体地规划产业的空间布局、产业链的构建、产业的梯度体系，借此恰是呼应了都市圈创新发展中的产业转型升级道路。此外，亦有相关研究针对特定的产业发展，映射都市圈创新发展的路径与模式。如在 2007 年湖北省金融学会、孝感市金融学会联合主办的"1+8"武汉城市圈金融创新与发展论坛上就曾介绍武汉城市圈借助金融创新推动都市圈升级的发展模式（湖北省金融学会、孝感市金融学会，2008）。

关于都市圈的创新发展模式，尽管现有的研究内容，如关注产业经济、强调都市圈及其内部核心城市对于要素集聚（于涛方等，2005）和产业发展的重要性等内容已取得了丰硕成果，但是此态势却存在着忽略了都市圈自身发展综合性的弊端，尤其是缺少对都市圈发展进程中涉及社会领域的，如以公共服务为代表的人本诉求等内容的关注（辜胜阻，2013；刘爱梅等，2013；李郁，2012），而这一弊端也与中国很长一段时间区域与城市发展的现实情况（魏后凯，2011；牛文元，2009）息息相关。高铁、城际铁路和高速公路在沿海发达地区逐步成网，区域交通、城际交通的公交化（旷健玲，2012），以及基于现代信息技术发展的网络一体化，使都市圈的同城化和一体化发展加速推进，有力促进了创新要素从中心都市区向都市圈范围的扩散和重组。借助新型城镇化浪潮下的发展机遇，都市圈内部经济社会资源的全面协同便成为影响其创新发展的关键。国内学者王海军等人（Wang et al., 2012）通过梳理 1991~2009 年 SCI 和 SSCI 数据库中的城镇化研究，指出对城镇化话题关注最多的国家是美国和中国，且认为中国在新型城镇化大背景下存在的诸多热门话题与问题，尤其是作为社会生活领域反映城市与区域发展人本诉求的公共服务供给等话题，不仅是国内学者研究的热点，在国外的城市与区域发展中也均有着与之类似的讨论（Calthorpe，1993）。其中，国外学者锡克里德·皮尤（Cedric Pugh）梳理发现发展中国家城镇化在经济社会方面的综合政策的出台时间较集中在 20 世纪 90 年代，并指出这些国家的城市与区域发展今后应该更强调对教育、服务等领域的关注（Pugh，1995）。R. K. 穆塔特尔卡（R. K. Mutatkar）指出发展中国家由于城市人口数量，尤其是贫困人口数量的激增，城市出现了一系列污染、犯罪等经济、社会和环境问题，故构筑平衡的公共服务保障体系就显得颇为必要（Mutatkar，1995）。威廉·M. 皮克（William M. Pick）和卡拉·马克鲁夫·奥伯迈耶（Carla Makhlouf Obermeyer）指出城市化进程中的城市与区域发展需要加强对教育、医疗、就业等领域的关注（Pick and Obermeyer，1996）。

莫扎塔·塔瓦科利等（Mortaza Tavakoli *et al.*）、萨米克·肖恩（Samik Shome）分别以伊朗和印度为例，针对各自出现的特定现象，指出基础的公共服务设施应当是今后发展中国家城市与区域发展所关注的重点（Tavakoli *et al.*，2012；Shome，2013）。富兰克林·奥本-奥多姆（Franklin Obeng-Odoom）通过解析加纳艺术与科学学会的报告《我们城市的未来》（*The Future of Our Cities*），指出传统城市与区域发展模式带来了一系列诸如失业、贫困人口的保障性住房紧俏、交通拥堵、政府管理失策等社会问题，建立新型的城市与区域服务系统即是一项可以尝试的解决途径（Obeng-Odoom，2009）。

需要指出的是，尽管目前国内外针对经济社会各领域内的特定对象（如产业、公共服务等）的研究已经相继展开，甚至部分针对性研究成果已颇为丰富，但就中国的实际情况而言，将其与都市圈的创新发展及与创新型都市圈发展模式相结合的特定研究相对不多，将其与创新载体这一空间研究视角结合，有效引导并落实相关模式的研究更不多见。基于中国现阶段的新型城镇化背景，从相对综合、全面的视角探讨都市圈的创新发展、创新型都市圈发展模式乃至创新空间组织便显得颇为必要。目前，国内学者已经逐渐关注并意识到这一问题，如学者解学梅（2009、2011）基于协同学视角和演化博弈理论，分析都市圈内部各类要素以及技术创新主体的协同演化过程和内在机制，即肯定了都市圈创新发展涉及并需要关注的要素、领域具有综合性。

4. 研究述评小结

现有创新型都市圈相关研究在为展开和推演创新型都市圈的发展特征与路径研

究奠定基础的同时，因对创新型都市圈概念、特征等属性的把握尚不统一，故而在研究的针对性和全面性方面尚有欠缺，主要体现在以下四个方面：

其一，针对创新型城市的研究占据主流，创新型都市圈研究相对较少。在相关文献中，针对创新型城市既有基于企业、产业、载体等不同视角展开的研究，也有围绕资本、技术、人才等要素展开的讨论。相比之下，创新型都市圈研究的直接相关成果却相对较少。虽然近两年已有部分针对创新型都市圈的相关研究成果出现，但由于缺乏对创新型都市圈特性与特征的全面认识，既有研究主要还是沿用了创新型城市的研究方法，未能系统和充分地反映出创新型都市圈自身的研究特色。

其二，从空间角度研究创新型都市圈的成果较少。空间是承载创新活动的基础，但国内目前关于创新型城市和都市圈创新发展的研究依然呈现较为明显的政策导向，即便在关注较多的产业发展领域，对于产业空间的关注相对于产业体系、产业导向等政策性内容也是处于明显的劣势。创新型都市圈的这一现有研究缺陷一方面体现在对创新型都市圈内部不同尺度各创新发展单元之间的空间作用机制、空间组织模式和规律等内容缺乏深入研究，另一方面则体现于对创新发展热潮中逐渐成长起来的新型创新载体空间（如创意创新园、孵化器等），在创新型城市和都市圈建设过程中的角色、地位以及空间关联关系研究不足，这也使得实践中诸多所谓创新载体徒有其名、难有其实。

其三，从公共服务角度研究创新型城市以及都市圈建设的成果较少。现有关于创新型城市建设和创新型都市圈支撑要素的研究主要集中在经济领域，从城市公共服务角度研究重大科技基础设施布局、科技创新资源配置等支撑创新型城市建设的文献较少。都市圈层面缺乏从区域角度进行跨政区公共创新服务体系的综合研究。在目前区域同城化建设的背景下，跨政区实现公共服务区域一体化发展的趋势明显，系统完善的区域公共服务体系作为创新型都市圈建设的重要支撑内容，必然需要予以更多的关注。

其四，相关研究中缺乏从复杂系统角度进行的跨学科合作研究。研究创新型都市圈这一复杂巨系统，需要运用定性与定量相结合的方式，从发展、空间、规划、政策等多角度，以整体论为基础理论，进行不同空间尺度的全面系统研究，并适时引入多学科的多种现代量化分析方法，在保障空间与功能研究的统一性的同时，增强研究成果的时效性。目前关于创新型都市圈的研究主要以政策体制机制创新以及创新能力评价比较研究为主，虽然已经出现了多学科共同研究的态势，但是缺乏学科之间的互动与交流，相关跨学科研究成果缺乏。

基于对创新型都市圈现有研究进展的评述，本研究确立"空间"与"网络"两个主要分析视角，即：

"空间"视角——以经济社会条件为基础，从效率视角解析都市圈的空间结构，并以此作为创新型都市圈形成的基础空间结构。继而，结合时下都市圈发展面临的通勤时效提升、公共服务区域一体化等现实诉求，以及创新本身所具有的集聚与扩散属性，探究创新型都市圈的特征，对基础空间结构进行校核，从载体到城市、再到都市圈层面，为创新人才和以创新活动为代表的经济社会活动提供空间支撑。

"网络"视角——跳出单一城市范围，从当前城市区域化、区域同城化、区域一体化的新趋势出发，综合运用多学科的研究方法进行系统、科学研究，尝试构建都市圈的快速交通、公共服务及创新载体的网络框架，提炼打破城际空间隔离和推动创新型都市圈形成的引导路径。

第三节　创新型都市圈研究的总体框架

创新型都市圈作为一种跨政区且包含多种空间尺度的城镇集合体，承载着区域范围内的诸多生产、生活相关创新活动，对其展开全面研究之前，还需要明确本研究所针对的具体对象、技术方法、研究价值和具体章节安排。

一、研究对象

研究结合对创新型都市圈与传统都市圈、创新型城市的特性比较的结论，以国家创新型城市首批16个城市试点和深圳（深圳是第一个国家批准的创新型城市，但并未出现在第一批创新型城市试点的名录中）所在都市圈为样本进行比较分析（表1–4）。

表1–4　国家创新型城市试点及其涉及的相关都市圈、城镇群目录

创新型城市试点	《中国城镇体系规划纲要》提出的城镇群（都市圈）	省、市规划所确定的都市圈、城镇群	是否为该都市圈、城镇群核心城市
深圳	珠三角	深港都市圈	是
大连	辽中南	大连都市圈	是
青岛	山东半岛	青岛都市圈	是
厦门	闽东南	厦门湾都市圈	是

续表

创新型城市试点	《中国城镇体系规划纲要》提出的城镇群（都市圈）	省、市规划所确定的都市圈、城镇群	是否为该都市圈、城镇群核心城市
沈阳	辽中南	沈阳都市圈	是
西安	关中	大西安都市圈	是
广州	珠三角	广佛都市圈	是
成都	成渝	成都都市圈	是
南京	长三角	南京都市圈	是
杭州	长三角	杭州都市圈	是
济南	山东半岛	济南都市圈	是
合肥	—	省会城市经济圈	是
郑州	中原	郑州都市圈	是
长沙	湘中	长株潭城镇群	是
苏州	长三角	苏锡常都市圈	是
无锡	长三角	苏锡常都市圈	是
烟台	山东半岛	青岛都市圈	否

资料来源：根据《中国城镇体系规划纲要（2005—2020年）》及地方相关规划材料整理。

研究以国家层面以及第一批创新型城市试点所在省层面出台的相关规划中界定的都市圈为研究样本，探讨中国现阶段都市圈发展的新趋势与共性特点，在各个都市圈所涉及的地级城市方面，笔者经过整理各类都市圈相关政策性文件与既有研究成果，确定了这些都市圈所涉及的主要地级市（表1–5）。其中，因大连都市圈仅有一个地级市和深港都市圈自身的特殊情况，并考虑样本分析的可比性要求，本研究对除二者之外的其他样本都市圈进行相关基础数据的搜集与整理。

表1–5 创新型城市所在都市圈涉及的主要地级市

创新型城市所在都市圈	都市圈内涉及的主要地级市
深港都市圈	香港、深圳
大连都市圈	大连
青岛都市圈	青岛、烟台、威海、潍坊、日照
厦门湾都市圈	厦门、漳州、泉州
沈阳都市圈	沈阳、鞍山、抚顺、本溪、营口、阜新、辽阳、铁岭
大西安都市圈	西安、咸阳、宝鸡、铜川、渭南、商洛
广佛都市圈	广州、佛山

续表

创新型城市所在都市圈	都市圈内涉及的主要地级市
成都都市圈	成都、雅安、乐山、眉山、资阳、遂宁、德阳
南京都市圈	南京、扬州、淮安、镇江、滁州、芜湖、马鞍山、宣城
杭州都市圈	杭州、湖州、嘉兴、绍兴
济南都市圈	济南、淄博、泰安、莱芜、德州、聊城、滨州
省会城市经济圈（合肥）	合肥、淮南、六安、安庆
郑州都市圈	郑州、洛阳、平顶山、新乡、焦作、开封、许昌、鹤壁、驻马店、信阳、南阳
长株潭城镇群	长沙、株洲、湘潭
苏锡常都市圈	苏州、无锡、常州

资料来源：根据《中国城镇体系规划纲要（2005—2020年）》及地方相关规划材料整理。

注：为方便起见，本研究以下均称厦门湾都市圈为厦门都市圈、省会城市经济圈（合肥）为合肥都市圈、长株潭城镇群为长株潭都市圈。

需要指出的是，以北京、上海为代表的国际大都市并没有以创新型城市冠名，其本身在国家创新发展中的重要地位早已确立，尽管如此，本研究并未选择其作为创新型都市圈的样本，究其原因在于这类城市自身多为直辖市，且比地级市、甚至多数省会城市之行政辖区范围要大得多，作为国际大都市更像是特大城市（Megacity），且无论是从自身还是与周边城市形成的都市圈概念而言，都有着明显的个案属性，对其研究形成的结论的可推广性有待商榷。相比而言，以地域性中心城市，尤其是其中的创新型城市为核心城市的都市圈进行研究更具有普适意义，且在其基础上遴选典型都市圈进行创新型都市圈的特征与发展路径提炼，也更具有说服力、更有助于实现研究成果的有效推广。

进一步地，样本都市圈中的典型都市圈选取，首先要考虑其实践探索的先发性与系统性，即其以都市圈概念出台相关政策乃至编制具体规划的行动，在样本都市圈乃至国内都市圈的发展实践中起步较早，且长期以来一直保持连续性，相应的，发展实践涉及领域的系统性也相对较高。其次要结合理论研究的实时性与先导性，这一要求既与该都市圈实践探索的先发性与系统性密切相关，还要求该都市圈现阶段发展所关注的内容能够吻合都市圈创新发展，以及创新型都市圈形成与发展相关理论研究的进展与趋势。最后则是要求都市圈自身发展特点具有代表性与典型性，尤其是反映在都市圈发展的经济、人口、土地等基本条件格局方面，且在创新资源的集聚方面有着得天独厚的优势。

本研究选取南京都市圈作为系统研究案例。该都市圈是 2006 年首次发布都市圈评价指数至今一直排名前五的都市圈之一。在 2002 年，江苏省政府即批复同意省建设厅编制《南京都市圈规划》，是国内少有的较早形成系统规划成果的都市圈。2003 年、2007 年和 2013 年江苏省分别组织了第一次"南京都市圈市长峰会"（表 1–6）、"南京都市圈发展论坛"和"南京都市圈党政领导联席会议"（表 1–7），并一直延续至今，是国内鲜有的都市圈内部各城市政府共同关注且邀请多家权威社会研究组织连续性剖析和引导自身发展的都市圈案例。每次论坛和会议都有特定主题，对以往经验和成效进行总结，并已取得了多项讨论结果、开展了诸多的实践行动。不仅如此，近年来南京都市圈发展在跨城市层面所关注的主题、内容也均与下文创新型都市圈相关研究进展所表现的特点和发展态势较一致。因此，选其作为案例也契合理论研究的实时性与先导性。同时，就都市圈发展的特点，尤其是内部城市发展格局特点而言，南京都市圈亦颇具代表性和典型性，这在下文对于该名录中的都市圈进行的发展格局比较分析和对于南京都市圈创新载体、创新能力进行的发展成效评价中均可得到证实。

表 1–6　南京都市圈历次市长峰会主题概况

会议	年份	地点	会议主题
第一次	2007	南京	主题为"起航"，确定"共享、共建、同城化"的目标
第二次	2008	南京	主题为"交通基础设施与公共服务一体化"，探讨都市圈基础设施和公共服务一体化问题，加速推进《南京都市圈综合交通发展规划》落实
第三次	2009	南京	主题为"交通基础设施与旅游一体化"，成立综合交通发展协调委员会和旅游发展协调委员会，加快芜、马等都市圈重要战略区域同城化研究，着手都市圈"十二五"经济社会发展战略规划研究
第四次	2010	南京	主题为"共建、共享、同城化"，重点为都市圈综合交通体系对接、公共事业一体化和宁镇扬同城化，会上"南京都市圈物流发展协调委员会"揭牌，启动建设"南京都市圈农副产品信息交换平台"
第五次	2011	南京	主题为"加强规划衔接、共绘发展蓝图"，启动《南京都市圈区域规划》编制，成立"南京都市圈发展规划协调委员会"
第六次	2012	南京	主题为"共同的规划、共同的明天"，部署《南京都市圈区域规划》编制工作
第七次	2013	芜湖	主题为"加强项目对接、推进都市圈基础设施一体化建设"，成立南京都市圈综合协调、基础设施、产业发展、社会事业、城乡规划和跨界地区协调等五大专业委员会，负责统筹协调都市圈重点合作项目

资料来源：根据官方报道的南京都市圈市长峰会内容整理，其中第七次为南京都市圈市长联席会议。

表 1–7 南京都市圈历次发展论坛主题和联席会议概况

会议	年份	地点	论坛主题
第一次	2003	南京	南京都市圈互动发展
第二次	2004	芜湖	南京商圈的建设和发展
第三次	2005	镇江	汽车暨装备制造业互动发展
第四次	2006	马鞍山	创新型都市圈建设与新型工业化
第五次	2007	扬州	文化产业的创新与互动
第六次	2008	滁州	合作分工、共建共享、创新发展
第七次	2009	南京	南京都市圈现代服务业发展
第八次	2010	南京	长三角城市创新、和谐、共赢发展
第九次	2011	南京	南京都市圈产业升级与城市转型
第十次	2012	南京	城市化和城市可持续发展
第十一次	2013	芜湖	民生、都市圈整体竞争力、同城化
党政领导联席会议	2013	南京	第一届党政领导联席会议暨城市发展联盟成立大会
党政领导联席会议	2014	芜湖	第二届党政领导联席会议，主题为"全面深化合作，务实推进发展"
党政领导联席会议	2018	南京	审议并通过《南京都市圈一体化高质量发展行动计划》
人大常委会主任协商联席会议	2019	南京	南京都市圈城市人大常委会协作机制签约仪式暨第一次常委会主任协商联席会议

资料来源：在《长江三角洲地区的城市合作与管治》（罗小龙，2011）成果基础上，结合东南大学王兴平教授的江苏省社会科学基金项目"长三角地区城市同城化效应研究"研究成果和官方网络发布的资料整理而得。

在南京都市圈范围的确定方面，其自 2000 年江苏省城市工作会议正式提出建立南京都市圈概念开始，在过去的十几年间经历了多次调整，其中，2011 年因安徽省巢湖市的拆分，而使得其内部"八市"缩减为"七市"，即南京、镇江、扬州、淮安、马鞍山、芜湖、滁州；2013 年 8 月 3 日，南京都市圈第一届党政领导联席会议暨南京都市圈城市发展联盟成立大会在南京举行，其间，宣城市正式成为南京都市圈新成员，截至本研究的系统调研开展阶段，南京都市圈已由原先的"老八市"变为"新八市"（图 1–3 中粗实线内部的八市；巢湖市在虚线内、实线外，不在"新八市"）。

综上，本研究对于南京都市圈展开的系统分析将以南京、镇江、扬州、淮安、马鞍山、芜湖、滁州和宣城组成的"新八市"为主体，各地级市管辖的县（县级市）情况如表 1–8。

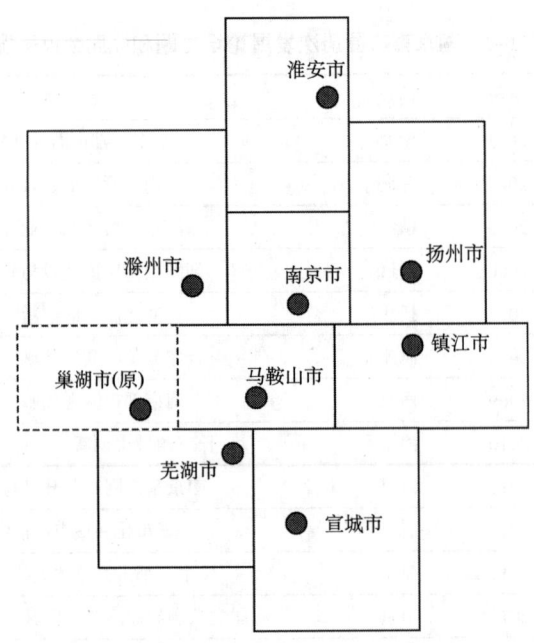

图 1-3 南京都市圈"新八市"结构示意

表 1-8 南京都市圈内"新八市"下辖县（县级市）情况

设区市	南京市	扬州市	镇江市	马鞍山市	淮安市	芜湖市	宣城市	滁州市
下辖县（县级市）	溧水县	宝应县	丹阳市	当涂县	涟水县	芜湖县	宁国市	天长市
	高淳县	仪征市	扬中市	含山县	洪泽县	繁昌县	郎溪县	明光市
		高邮市	句容市	和县	盱眙县	南陵县	广德县	来安县
					金湖县	无为县	泾县	全椒县
							绩溪县	定远县
							旌德县	凤阳县

注：虽然现今部分县（县级市）已撤县设区（如溧水、高淳、洪泽等），但考虑到本研究不同年份的基础数据依然存在上表列出的各县（县级市）统计数据，故在分析中依然将其作为市辖县（县级市）来对待。

二、研究方法

在研究技术方法的选择方面，对于"创新型都市圈"，本研究运用定性与定量相结合的方式，从多角度以整体论为基础进行系统分析，采取多学科融合的方法整合模式，除了使用社会科学常规的社会调查、案例解析、国际比较等方法外，还借鉴应用自然科学的有关量化分析方法，将逻辑分析、量化模型分析与空间分析相结合，揭示创新型都市圈形成的引导路径，主要包括：

时空多尺度分析法——针对研究对象展开宏观层面创新型都市圈内部市县单元发展效率、整体空间结构、创新载体空间关系的分析，和微观层面人群（尤其是创新人才）的个体需求与行为分析，在把握创新型都市圈空间结构的同时深入探讨其典型特征，并基于快速交通体系影响下的都市圈新时空关系和公共服务体系引导下的都市圈空间组织模式，明确创新型都市圈空间上的创新集聚与扩散导向，探索创新型都市圈的形成路径。

"3S"空间计量分析法——融合地理科学的 ArcGIS 软件、统计学的 SPSS 分析软件和计量经济学的 EViews 分析软件，构成本研究的时空计量分析方法集。其中，ArcGIS 软件主要支撑了创新型都市圈空间的单因子和多因子评价，以及可达性评价等；SPSS 分析软件主要用于创新型都市圈的社会属性分析和绩效评价因子分析，主要包括问卷的统计、整理与处理，数据的标准化，因子的提取与比较等；EViews 分析软件则主要针对创新型都市圈内部城市创新发展关联面板数据进行计量回归分析。

三、研究价值

研究以创新型都市圈为研究对象，以推动建设中国特色的国际化创新型都市圈为目标，剖析中国创新型都市圈的特征及其形成路径，其价值主要体现在以下两个方面：

理论价值方面——国内学术界虽然出现了研究创新型都市圈的趋势，但尚处于起步阶段，主要表现为对创新型都市圈的特征界定模糊、创新型都市圈的发展引导路径不明晰等。由于国外现代意义上的城市起步较早，创新型城市与区域的发展实践也已相对成熟，国外学术界对与创新型都市圈关联的研究，多是从特定视角阐述城市与区域创新发展中出现的现象或是面临的问题，整体上呈现出零散片段化的特征，针对创新型都市圈进行系统化研究的成果并不多见。基于国内外研究现状，本研究将尝试建立一套相对系统的、具有中国特色的、以特征与演化路径为主体的创新型都市圈研究体系，这对于拓展创新型城市及都市圈研究的范围，丰富以都市圈为代表的区域创新发展理论体系均有重要的学术贡献。

应用价值方面——面对目前中国创新型都市圈建设的时代必要性和政策紧迫

性，在研究创新型都市圈形成的过程中，本研究需要回答我国都市圈发展已有哪些具体行动、表现出何种特点、如何去进行有效合理的引导等问题。本研究尝试系统构建我国创新型都市圈发展需要关注的内容体系，明晰创新型都市圈的演化机制，其中前者包括对于创新型都市圈的概念、特性和特征的把握，后者涉及对基础空间结构、演化路径的研究，由此便为我国在都市圈现状建设到创新型都市圈愿景间架起了桥梁，同时也为今后我国都市圈发展的引导与管理提供了一定的依据，这对于中国落实创新型国家发展战略有着积极的促动意义。

四、章节安排

本研究从理论与实践相结合的科学研究基本要求出发，比较并判断了创新型都市圈与都市圈、创新型城市两类区域类型的差异及衔接性，梳理了与之相关的研究进展特点，进一步形成了研究框架（图1-4）。

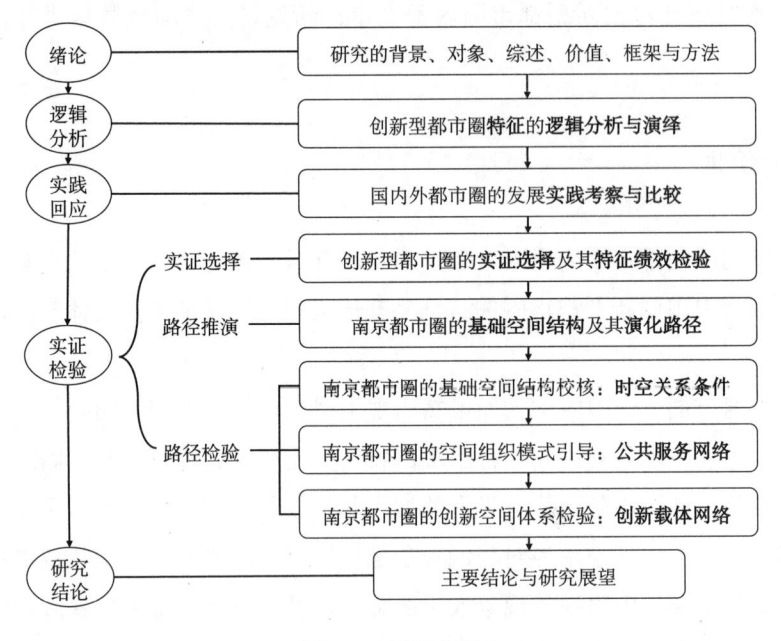

图 1-4 研究框架

依托研究框架，将本研究分为九章，各章探讨的主要内容如下：

第一章为绪论。阐述创新型都市圈建设源起的时代背景和对其进行研究的现实意义；通过与现存诸多区域概念的比较提出"创新型都市圈"这一概念，梳理现有与创新型都市圈相关的研究进展特点,明确对应的研究视角;明确本研究的总体框架,涉及研究对象和方法的选择,研究价值的凝练以及具体章节安排等内容。

第二章为创新型都市圈特征的逻辑分析与演绎。追溯创新型都市圈研究的基础理论,继而基于与基础理论密切关联的"集聚"与"扩散"、"聚变"与"裂变"两对逻辑关系,推演创新型都市圈的四大基本特征,然后进一步演绎与特征相对应的"核心—网络"表征假设以及对应的创新型都市圈形成检验框架。

第三章为国内外都市圈的发展实践考察与比较。梳理中国创新型都市圈建设的实践,以我国都市圈现阶段正在有序开展的快速交通建设、公共服务配置以及以创新型城市为核心的都市圈创新载体建设等行动印证创新型都市圈特征的逻辑分析结论。然后指出尽管国际上许多都市圈创新发展的先发地区并未明确提出"创新型都市圈"这一概念,但从创新载体到城市乃至更广的区域层面(如都市圈)却开展了诸多的创新发展实践。笔者通过实地调研和文献资料搜集两种渠道,整理国际区域创新发展典型案例,回应创新型都市圈特征的实践行动与先发经验,并将国内外支撑都市圈创新发展的空间结构进行比较。

第四章为创新型都市圈的实证选择及其特征绩效检验。结合都市圈内部城市的经济发展、人口承载和土地使用情况分析明确核心城市及其市区的地位和角色,总结中国现阶段都市圈内部城市的发展格局特点,明确南京都市圈在本研究的众多都市圈样本中所具有的典型性和代表性;进一步地,基于南京都市圈创新载体建设情况和对创新人才的调查情况,判断南京都市圈表现出的创新型都市圈特征的典型性,并结合南京都市圈内部城市在创新型都市圈特征关联领域的发展绩效,检验其创新型都市圈特征和核心城市的创新"核心"表征。

第五章为南京都市圈的基础空间结构及其演化路径。在国际都市圈发展的空间结构启示下,从反映多要素集聚成效的效率视角,借助 GIS 平台,综合判断南京都市圈内部不同评价单元之间跨政区的融合潜质,并形成南京都市圈建设创新型都市圈的基础空间结构。继而,结合以南京都市圈为案例的创新型都市圈特征检验结论,校核和引导基础空间结构,推演南京都市圈的创新型都市圈形成路径。

第六、七、八章为创新型都市圈形成的路径检验。基于南京都市圈的基础空间结构,并结合创新型都市圈特征的判断结论,首先分析南京都市圈的时空关系条件,证实快速城际/区际交通建设带来的都市圈内部空间单元之间的城际通勤时效变化,并校核南京都市圈的基础空间结构;其次,结合公共服务作为都市圈内部落实同城化进程的迫切要求,构筑都市圈的公共服务网络,并以此作为创新人才的潜在创活动承载空间；最后，通过梳理南京都市圈的创新载体分布特点与规律，明确内部的创新载体网络，支撑创新空间体系的成型，并检验潜在创新活动承载空间的判断结论。此间，南京都市圈"快速交通网络、公共服务网络、创新载体网络"三大"网络"表征在得到验证的同时，创新型都市圈的形成及其演化路径也相应得到验证。

第九章为研究结论的概述与未来研究展望。包括本研究中得到的主要结论、创新点以及未来有可能进一步拓展的研究方向。

第二章　创新型都市圈特征的逻辑分析与演绎

创新型都市圈是承载国家创新发展的一类特定区域空间，对其展开研究首先需要确立与之关联的基础理论，支撑创新型都市圈研究可行性的同时，证实对其展开研究的理论意义。继而，结合前文确立的"空间"和"网络"视角遴选与基础理论相匹配的研究逻辑，解析创新型都市圈的特征。进而，基于创新型都市圈的理论推演特征和既有实践基础，演绎与创新型都市圈特征相对应的表征及其所扮演的角色，并明确与之对应的系统检验框架。

第一节　相关基础理论借鉴

本研究以区域发展理论、创新理论、周期理论和梯度理论作为对创新型都市圈进行研究的基础理论。创新型都市圈的形成是区域创新发展进程与成效在都市圈层面的集中体现，因此，在基础理论的追溯方面最为直接的理论源头即是区域发展理论和创新理论。对于创新型都市圈的研究在丰富二者理论体系与应用实践的同时，也是二者借由创新型都市圈这一特定对象进行关联的尝试。周期性理论和梯度理论则是嫁接区域发展理论和创新理论的依托理论。

一、区域发展理论

创新型都市圈作为一种特定区域类型——都市圈的进阶版本，其理论的追溯必然要基于对区域发展理论脉络的把握。对于系统的区域发展理论，目前学界普遍认为起自第二次世界大战之后，因战后欧美国家致力于各自的国家重建，使得区域发展理论渐渐走上理论与实践并举的全面探索之路。然而，战后区域发展理论的发展离不开对于早期理想区位理论的追溯，并在之后工业化与城市化的助推下，考虑的要素与因素逐渐多元化，使得区域发展研究界逐渐有诸如经济学、社会学等诸多关联领域的理论介入。

就发展脉络的阶段性划分而言，研究认为 20 世纪 30、40 年代及以前为第一阶段。该阶段的区域发展理论带有明显的理想化色彩，借助抽象化理论推演，形成多样化的区位理论，其中尤以约翰·海因里希·冯·杜能（Johann Heinrich von Thünen）的"农业区位论"、阿尔弗雷德·韦伯（Alfred Weber）的"工业区位论"、瓦尔特·克里斯塔勒（Walter Christaller）的"中心地理论"以及弗兰克·A. 费特（Frank A. Fetter）的"贸易区边界区位论"等颇具影响。这些经典理论虽具有理想性，但无疑正是这些理想性的理论推演奠定了区域发展理论演绎的基石。究其原因，在于这些理论的形成和认可过程本身亦是启迪人们认识区域发展规律并促进区域发展的进程。

第二阶段是 20 世纪 50~80 年代，这一阶段的理论发展带有明显的"功利主义"色彩。如前文所述，该时段是战后欧美地区各国重建自身经济发展体系的关键时期，以全面工业化和城市化浪潮为助推，城市与区域的土地利用突飞猛进，故而，如何尽快高效地完成国家经济体系的重建，便成为区域发展研究者热衷讨论的问题。也是在这一时期，区域发展的历史性争论话题应运而生，即对均衡与非均衡发展之间的争论，随之产生了平衡增长理论、增长极理论、核心—外围理论等一系列讨论此话题的学派，各自的相关代表人物主要有罗格纳·纳克斯（Ragnar Nurkse）、弗朗索瓦·佩鲁（Francois Perroux）和冈南·缪尔达尔（Gunnar Myrdal）、约翰·弗里德曼（John Friedmann）等。同时，也是在这一时期，伴随区域发展的"效率观"的出现，区域发展研究领域产生了另一热门话题——发展阶段论，并为多位知名学者继承和发扬，杰出的代表有埃德加·M. 胡佛（Edgar M. Hoover）、约瑟夫·L. 费希尔（Joseph L. Fisher）、沃尔特·惠特曼·罗斯托（Walt Whitman Rostow）等。前面提到的弗里德曼的"核心—外围"理论则是兼顾了以上两个主要研究话题。此外，伴随对均衡与非均衡的问题争论，该阶段还有制度学派、新马克思主义增长学派等的学者相继介入区域发展的理论与实践研究。

上述两个阶段的区域发展理论演绎过程亦是基于不同空间组织方式探讨区域发展效率的过程，且根据"经济"效率的差异情况形成了普适性的区域梯度式格局。其中，广为人知的"城市竞租曲线"便是对这一梯度式格局进行反映的相关研究结论（图 2–1）。基于功能"经济"属性的区域空间格局即是各类发展要素以"集聚"和"扩散"方式进行持续性流通的结果。

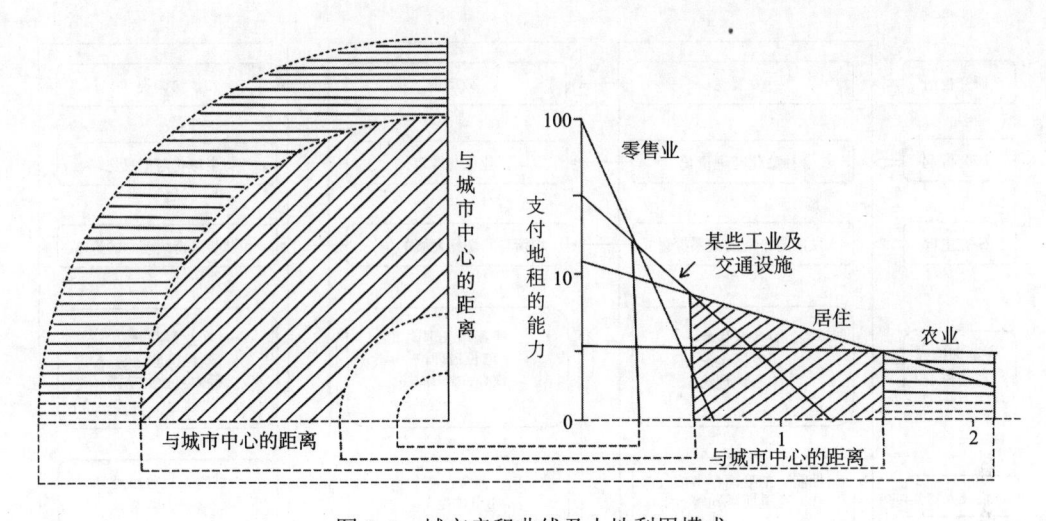

图 2-1　城市竞租曲线及土地利用模式

资料来源：《城市经济学》（阿瑟·奥沙利文，2003）。

伴随区域发展所关注内容日益多元化和所涉及影响要素的日益多样性，空间所承载的功能趋于多元，由此也为区域发展理论在 20 世纪 80 年代之后的走向奠定了基础。全球化浪潮为区域发展理论带来了又一个新的发展阶段，并呈现出学科发展的大融合现象（王缉慈，1994；李小建，1999），此间，越来越多相关领域的学者介入区域发展理论与实践的探讨中。加之 20 世纪 90 年代是西方国家城市化结束和逆城市化现象发生的交汇期，以关注人本诉求、注重协调可持续发展理念等为研究着眼点的相关理论探讨相继展开，同传统关注区域"经济"效率的研究一道，尝试化解区域发展中的均衡与非均衡争论，并形成了诸多具有影响力的理论与观点。

区域发展理论在以上三个阶段的发展特点与成就比较情况简要总结为图 2-2。需要指出的是，整个区域发展理论在其演绎过程始终未曾脱离对区域空间的组织（宁越敏等，2011）这一核心对象的讨论，且空间的功能属性日趋多元。与此同时，区域发展实践领域随着时代变迁所涉及内容日益庞杂，且伴随区域发展理念内涵的综合化，区域发展理论与实践的契合程度越来越高。由此，便衍生了区域发展理论进化过程中的一条暗线，即区域发展理论的演绎依托具有功能属性的空间、有序引导各类要素在区域空间上的集聚与扩散活动以适应特定（时期）的研究视角（陆大道，1990）或发展导向，是一个不断展开以实践问题与现象为基础和以时代理念为指引的双向互动过程。

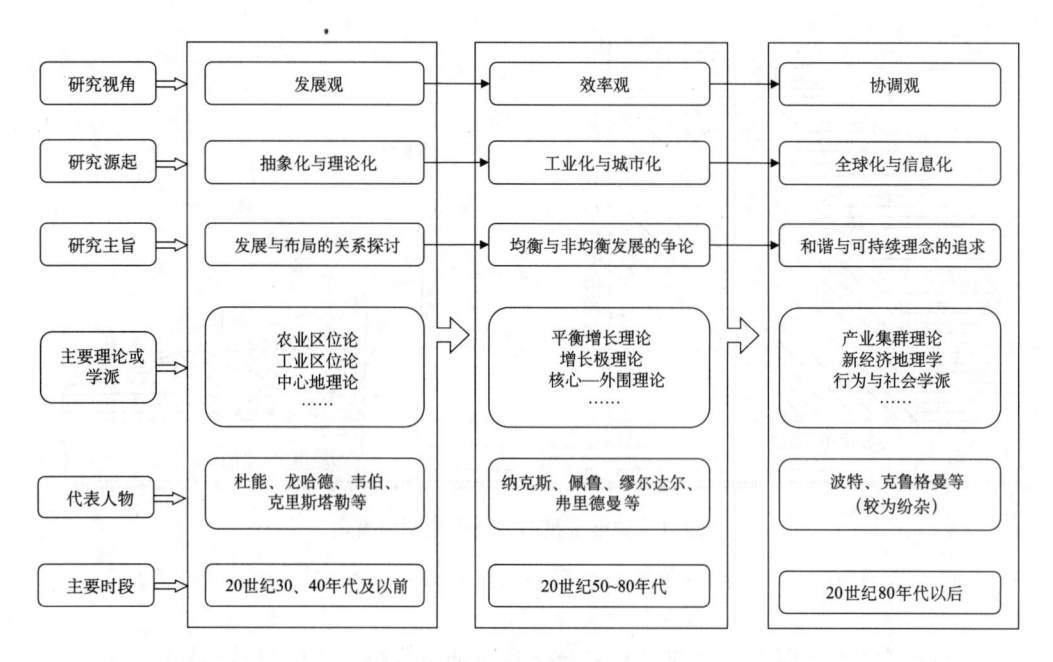

研究视角	发展观	效率观	协调观
研究源起	抽象化与理论化	工业化与城市化	全球化与信息化
研究主旨	发展与布局的关系探讨	均衡与非均衡发展的争论	和谐与可持续理念的追求
主要理论或学派	农业区位论 工业区位论 中心地理论 ……	平衡增长理论 增长极理论 核心—外围理论 ……	产业集群理论 新经济地理学 行为与社会学派 ……
代表人物	杜能、龙哈德、韦伯、克里斯塔勒等	纳克斯、佩鲁、缪尔达尔、弗里德曼等	波特、克鲁格曼等（较为纷杂）
主要时段	20世纪30、40年代及以前	20世纪50~80年代	20世纪80年代以后

图 2–2　区域发展理论的变迁

资料来源：根据文献资料整理绘制。

二、创新理论

"创新"一词在区域发展中最为广泛的内涵认知是技术进步，并以此作为提高区域生产效率和促进经济增长的动力支撑。关联理论的成形源自美国哈佛大学教授约瑟夫·阿洛伊斯·熊彼特（Joseph Alois Schumpeter）于 1912 年完成的《经济发展概论》一书，该书作为创新理论的启示性著作也确立了熊彼特作为创新研究奠基人的学术地位，此后至 20 世纪 40 年代左右，借助其《经济周期》和《资本主义、社会主义和民主主义》两部著作，熊彼特成功地将创新理论引入到经济学范畴，构建了以创新理论为基础的创新经济学理论体系。

之后，为进一步探讨和量化创新在区域经济发展中的角色及其绩效，经济学领域在不同时期又衍生形成了两个关联理论：第一个时期是 20 世纪 50 年代后期至整个 60 年代，该时期的研究产生了新古典增长理论；第二个时期是 20 世纪 80 年代后期至 90 年代初期，该时期的研究产生了内生增长理论（高鸿业，2006）。二者相比较，新古典增长理论说明了经济长期增长来源于技术进步，同时技术进步也是创新被人们所熟知的主要因素，这一结论从 1957 年罗伯特·默顿·索洛（Robert Merton

Solow)《技术进步与总量增长函数》一书对于生产函数的构建中便可得到佐证,即在索洛模型中明确将创新以技术进步变量的形式纳入生产函数。但技术进步来自哪里,在新古典增长理论中只是个假设,继而,为了充分理解增长的过程,需要超越新古典增长理论,并建立解释技术进步的模型,这种使增长内生化的理论探索被称为内生增长理论。

需要指出的是,无论是新古典增长理论还是内生增长理论,二者都肯定且强调了创新对于区域发展带来的经济增长效益(图2-3),由此引发了区域经济社会发展助推因素的探讨。创新理论与区域发展理论的结合点在于创新理论是区域发展理论演变过程中的一个探讨区域经济社会发展的特定研究视角;同时,区域发展中的创新研究本身也是拓展创新理论研究视野,并将创新的集聚与扩散属性及其成效"空间化"的一种途径。不仅如此,创新理论在不断发展与演化的过程中,亦形成了诸多具有代表性的学派,其中就不乏有将创新理论与区域发展理论相结合的学派,如新古典学派、国家创新学派等(丁娟,2006)。伴随新学派的产生,创新理论所涉及的学科领域也在进一步拓展,如地理学中创新地理学的形成便是创新理论实现多学科渗透的一个表现。

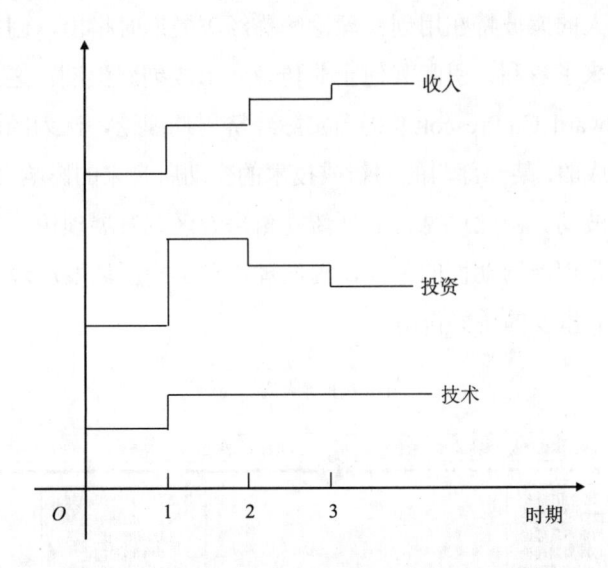

图2-3 技术变化引起的投资、收入变动情况示意

资料来源:根据实际经济周期理论介绍资料改绘。

进一步地,从创新的技术进步内涵出发,作为技术进步的直接关联主体即是人才。在创新视角下的区域发展研究中,尤其是对区域以创新活动为经济社会活动代表的区域发展成效研究中，发现以创新人才为代表的人力资源必然是引领和带动各类区域发展要素的关键。再对应到都市圈这一特定区域类型上，都市圈空间范围内创新能力提升并由此实现经济社会发展的过程，是一个以创新人才为代表的人力资源引领和带动各类都市圈发展要素的集聚与扩散流动过程。

三、周期理论

周期性存在于科学研究的诸多领域，周期理论也因涉及领域的不同而有经济周期、历史周期、生命周期、物理周期、化学周期等表达形式。就结合点而言，经济周期则是与前文提及的区域发展理论和创新理论结合最为紧密的研究内容。目前，关于经济周期类型的探讨已较为多样。与前文区域发展理论的阶段划分一致，经济周期理论在第二次世界大战之前的类型主要有纯货币理论、投资过度理论、消费不足理论、心理周期理论等（高鸿业，2006）；之后又相继出现了货币主义经济周期理论、乘数—加速数模型、政治周期理论、均衡增长理论、实际经济周期理论等（图2-4）。同时，在诸多经济周期类型中又有部分学者从创新视角出发进行探讨，如作为创新研究奠基人的熊彼特在用创新理论解释经济周期时指出，创新提高了生产效率，为创新者带来了盈利，引起其他企业仿效，形成创新浪潮。之后，爱德华·C. 普雷斯科特（Edward C. Prescott）提出实际经济周期理论，认为经济周期主要是由于总供给冲击造成的，某一部门的创新或技术的变动所带来的影响会在经济中传播，进而引起经济的波动。由此可见，从创新视角来看区域发展理论，区域发展中的经济周期现象实则是创新周期性的延伸，周期理论在架构区域发展理论和创新理论关系的过程中扮演着重要的桥梁作用。

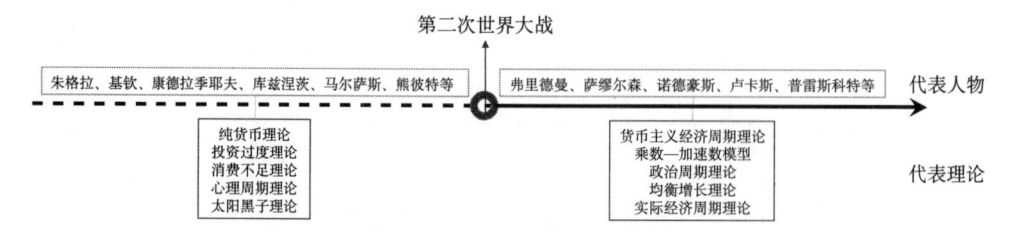

图2-4 经济周期理论的发展阶段划分

进一步地，结合区域发展理论和创新理论发展进程可见，创新的周期性发生与传递，实则是因为作为区域发展核心要素的创新人才能够在都市圈内进行集聚与扩散式流动，进而促使创新效应渗透进入各类要素的流动过程之中，在更广的区域范围内发生包括人力资源在内的各类区域发展要素的集聚与扩散现象。

对应到创新型都市圈这一特定区域类型，作为创新周期性发生与传递的前提，必然存在承载原始创新源的创新核心，继而，各类要素通过集聚与扩散式流动，使得创新活动的发生由在最初的创新核心拓展到城市乃至都市圈等空间层次。作为都市圈的创新核心，其集聚了最多的创新要素，尤其是创新人才这一核心要素，并通过与周边潜在创新源的互动，加快了创新载体的形成和都市圈层面创新空间的拓展。

创新要素的流通必然要借助一定的渠道支撑予以实现。由于都市圈是具有"城际"特点的空间，且有核心城市作为潜在创新核心和原始创新源所在地，伴随城市间通勤时效的提高，以城市为单元的创新要素流动情况极有可能发生变化，即在城市外部出现比城市内部条件更好、通勤时效更高的创新活动承载空间。当这一可能性成为现实，以城市为创新活动自组织单元的要素传递与流动，转化为以都市圈为自组织单元的要素传递与流动，并形成相应的承载创新人才及其创新活动的都市圈创新空间体系。

四、梯度理论

与周期理论在区域发展理论和创新理论之间所扮演的角色类似，梯度理论的关联研究目前在区域发展理论和创新理论两个领域中均有涉及，尤其是其中开展较早的针对"经济梯度"和"技术梯度"等话题的研究，将梯度理论的源起重点放在了区域发展理论和创新理论两个领域之中。

自20世纪80年代初梯度理论引入中国（林元旦，2004）。由于最初梯度理论的引入旨在解决我国区域发展的不平衡问题，所以对梯度理论的引介就带有着明显的应用研究色彩，其初衷在于发掘和引导国家或是区域发展中的潜力增长地区。早期的研究中有"从经济视角定义梯度的概念与意义，认为经济梯度是指宏观区域中不同经济地理空间的经济发展水平与潜力的程度，其高低反映了一个地区社会生产力的综合水平和在区域乃至国家经济体系中的地位"（郭正模，1989）的观点。

在围绕梯度理论开展的研究中，夏禹龙等（1983）学者以《梯度理论和区域经济》一文，较早论述梯度理论的应用价值与意义，文中提出按照技术梯度，应让一些有条件的地区首先掌握世界先进技术，成为"先进技术"地带，然后将技术逐步向"中间技术"地带、"传统技术"地带转移，并指出随着经济的发展，通过转移的加速，可逐步缩小地区差距。在对梯度理论源头的追溯研究中，林元旦（2004）曾提出区域经济梯度转移论是最具代表性的区域经济非均衡发展理论的观点，肯定了梯度理论与区域发展理论研究之间的渊源，同时，其还指出影响梯度转移的速度、频率和梯度值的最关键因素是创新能力。具有较高创新能力的高梯度地区通过不断向低梯度地区转移经济发展能力，成为引导经济全面增长的引擎。

在应用梯度理论进行空间发展评价和创新扩散研究方面，赵丽岗（2014）指出空间集聚与劳动生产率的关系研究以1992年为界，之前多强调用城市规模和就业规模来反映集聚水平，最早体现在70年代利奥·A. 斯维考斯卡斯（Leo A. Sveikauskas）等学者的研究中，之后以安东尼奥·西科恩（Antonio Ciccone）为代表，提出用经济密度来反映集聚水平，且陆续被国内相关研究者认可和证实，主要学者有范剑勇（2006）、刘修岩（2007、2009）、陈良文等（2009）等。韩丽等（2010）在针对广东城市创新空间体系的研究中，梳理了空间视角下创新扩散研究，指出最早以托尔斯滕·哈格斯特朗（Torsten Hagerstrand）提出的三阶段空间扩散观点为代表，即创新首先在一些主要城市采用，继而传播到第一批中心的四周和次要的中心，最后传播到次要中心的周围。之后这一观点被艾伦·R. 普雷德（Allan R. Pred）等学者进一步丰富为创新通过城市体系进行等级扩散，且大城市在此过程中占据循环优势。

整体而言，无论是"经济梯度"和"技术梯度"，抑或是因梯度理论而衍生的梯度转移理论、梯度推移理论、梯度传播理论、梯度扩散理论等说法，其实质均在于明确区域内部不同空间单元之间对于各类要素的集聚程度差异（李国平等，2002、2008），且就目前的研究进展而言，相关反映标准已逐步由规模标准转换为效率或是密度标准。对于都市圈这一区域类型，梯度理论的应用首先在于明确其内部市县，乃至街镇单元之间各类要素的集聚程度差异，其次是确定创新人才这一发展核心要素的流动及由其带来的创新活动的周期性集聚与扩散（赵明，2010）的潜在承载空间，进而为都市圈创新空间体系的构建奠定基础。

第二节　创新型都市圈特征的逻辑分析

基础理论提供了创新型都市圈的形成与发展分析的理论依据，但针对创新型都市圈这一对象，将上述基础理论进行串联还需要佐以一定的分析逻辑。为此，研究选取了"集聚与扩散""聚变与裂变"两对分析逻辑，阐释由上述基础理论到创新型都市圈形成的理论"原理",并推演创新型都市圈的典型特征。

一、集聚与扩散逻辑

"集聚"与"扩散"一直是区域发展研究领域应用极为普遍的一对分析概念,尤以区域规划、区域经济、城市地理、经济地理、社会地理等领域最为常见,并被用来阐释区域发展中的诸多现象。宁越敏等(1993)指出"中心城市的形成与发展、规模等级、集聚和扩散等问题,是区域开发、城镇体系布局研究中的重要内容",并认为发展的空间不平衡对应着不同的空间扩散效应,二者之间存在关联关系。贺灿飞等(2001)指出企业的区位选择取决于信息成本和集聚经济变量,且人力资本也是重要的区位因素。范剑勇(2004b)认为大多数从新古典增长理论出发的研究无法解释生产函数 $Y=AF(K,L)$ 中代表技术进步的内部机制,反映到产业空间集聚现象上,则是无法解释地区间市场一体化引致的地区专业化与产业集聚变化趋势。

在以"集聚"为文献题目包含词的中国知网文献检索结果中,被引用频次排名前20位的论文所阐述的主要内容全部集中于经济学、地理学、城乡规划学领域,涉及学者有王子龙等(2006)、金煜等(2006)、范剑勇等(2004a、2006)、苏雪串(2004)、吴学花等(2004)、吴玉鸣等(2004)、邓冰等(2004)、罗勇等(2005)、高传胜等(2005)、朱英明(2003)、刘世锦(2003)、梁琦(2003a、2003b)、贺灿飞等(2001)、盖文启等(2001)、陈建军等(2009a)、李小建等(2002)、张威(2002)等。在以"扩散"为文献题目包含词的检索结果中,被引用频次排名前20位的论文中有9篇所阐述的主要内容集中于经济学、地理学领域,涉及学者有王开明等(2000)、胡序威(1998)、黄少安(1999)、李平(1999)、常荔等(2001)、林毅夫等(2004)、马亚明等(2003)、宁越敏等(1993)、舒元等(2007)。

需要指出的是,区域发展研究领域中的"集聚"与"扩散"这一对研究逻辑,与源起于经济学领域的"创新"之"集聚"与"扩散"内在属性不谋而合。创新的"集聚"与"扩散"在表明创新发展的动态性的同时,也带来了创新发展的周期性。这在早期的创新与传播理论(又称熊彼特理论)中就有阐述,且这一理论既被经济学领域的学者认可,也被纳入到地理学领域的区域增长理论体系。前者如林毅夫等(2004)在其技术扩散研究中借助扩散影响因素的探讨,对创新发展的周期性理论进行映射;后者可见于宁越敏等(1993)、李小建等(2002)等学者对于中心城市的发展及空间扩散、产业集聚等问题的研究。由此肯定了"集聚"与"扩散"作为连结经济学与区域发展研究两个领域的研究逻辑的可行性。

创新"集聚"与"扩散"呼应的是一种组织方式，在特定的区域承载空间范围内，研究同质或异质空间的"集"与"散"及其演替变化关系才具有明确的研究意义。因此，框定特定空间层级（范围）内创新之"集聚"与"扩散"属性带来的创新发展特点是开展特定创新型区域研究的前提。

本研究将创新型区域确定为都市圈这一空间层次。为追溯其国际定义，研究依据中国知网查询的"都市圈"英文翻译词组出现频数情况（图2-5），确定"Metropolitan Area"是目前使用最为普遍的都市圈英文概念对应词组，且该词组涉及的区域类型在许多国家的理论研究与实践管理中有明确的对应表达形式（表2-1）。对于这一概念的定义，在维基百科中有基于诸多研究结论的梳理（表2-2），指出都市圈是一个由单个或多个城市组成内核及与该内核具有高度融合关系的地区组成的区域（In defining a metropolitan area, it is sufficient that a city or cities form a nucleus that other areas have a high degree of integration with.）。

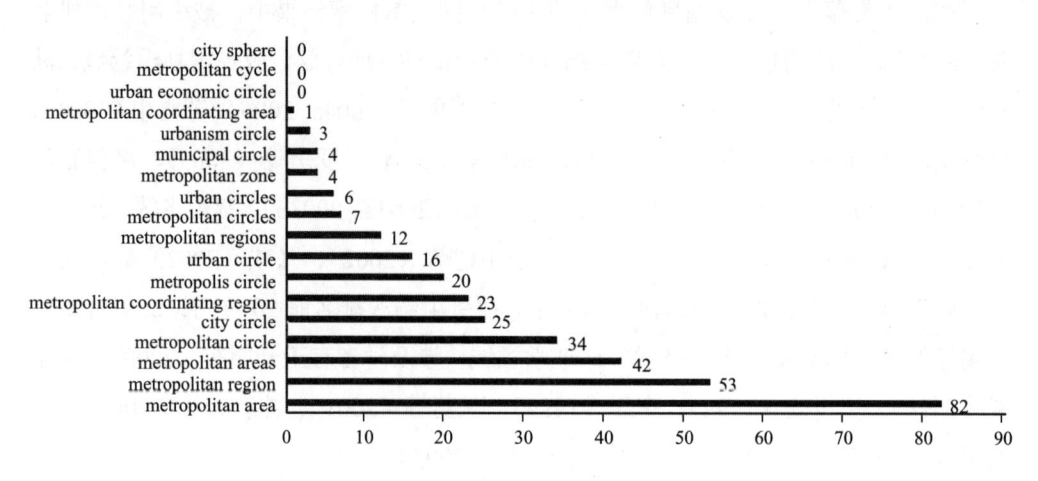

英文词组	频数
city sphere	0
metropolitan cycle	0
urban economic circle	0
metropolitan coordinating area	1
urbanism circle	3
municipal circle	4
metropolitan zone	4
urban circles	6
metropolitan circles	7
metropolitan regions	12
urban circle	16
metropolis circle	20
metropolitan coordinating region	23
city circle	25
metropolitan circle	34
metropolitan areas	42
metropolitan region	53
metropolitan area	82

图 2-5 中国知网检索的"都市圈"英文翻译词组出现频数情况

资料来源：根据中国知网相关统计信息整理绘制。

表 2-1 不同国家对于都市圈（Metropolitan Area）的表达

国家名称	都市圈（Metropolitan Area）表达
澳大利亚	statistical divisions
巴西	metropolitan regions

续表

国家名称	都市圈（Metropolitan Area）表达
加拿大	census metropolitan area (CMA)
欧盟	larger urban zone (LUZ)
法国	aire urbaine (officially translated as "urban area")
印度尼西亚	metropolitan area
日本	toshiken
韩国	gwang–yeoksi
土耳其	state metropolitan areas
英国	metropolitan area
美国	metropolitan area

资料来源：结合维基百科及关联文献整理。

表2–2　维基百科中援引的都市圈（Metropolitan Area）定义

来源	都市圈的定义
Urban Sprawl: Causes, Consequences, and Policy Responses[1]	由一个承载着高密度人口的城市中心区及其周边人口密度较低地带组成，且共享产业、基础设施和居住条件的区域
Metro Policy: Shaping a New Federal Partnership for a Metropolitan Nation[2]	由多个辖区和政区单元组成，这些单元中有社区、镇、远郊、城市、县、区甚至州，随着社会、经济、政治制度的变迁，其已经变成了一类重要的经济与政治区域
Definition of Urban Terms[3]	包括一个或多个城市化区域、卫星城、镇，以及与城市中心区具有经济社会关联的乡村地区，其范围划定通常会受区域性交通线路格局的影响

资料来源：结合维基百科及关联文献整理。

与此同时，从创新的集聚与扩散属性和都市圈自身定义反映的特点出发，创新型都市圈具有如下特征：以都市圈存在的核心城市担当创新核心角色，并在都市圈范围内引领创新的集聚与扩散。目前现有的都市圈多以核心城市命名，如以南京市为核心的南京都市圈、以杭州市为核心的杭州都市圈等。广泛的创新集聚与扩散活动源于创新核心自身具有的更新和辐射特质，且强调与都市圈内部其他城市之间的

---

[1] Squires, G. 2002. *Urban Sprawl: Causes, Consequences, and Policy Responses*. The Urban Institute Press.

[2] Katz, B., M. Muro, S. Rahman, *et al*. 2008. Metro Policy: Shaping a New Federal Partnership for a Metropolitan Nation.

[3] In: Demographia World Urban Area, 8th Edition. http://www.demographia.com/db-define.pdf. 2013.

协调与合作。创新型都市圈作为都市圈类型的一种，正是延续了都市圈的这一特征，从而形成了创新型都市圈自身的特征。

二、聚变与裂变逻辑

创新核心内部原始创新源的自我更新能力和集聚与扩散属性造就了自身发展的周期性，但集聚与扩散本身侧重的是对于创新周期性过程的描述，对于创新发展的周期性"结果"，集聚与扩散的分析逻辑却有着一定的局限性，而继熊彼特之后，布雷恩·克那波（Brain Knapp）进一步将这一周期性从区域经济发展的视角明确为"经济螺旋式上升发展的过程"（Knapp，1986），这是将周期性发展的"过程"与"结果"进行统一的有力证据。考虑到上述集聚与扩散基本分析逻辑的局限性，本研究认为针对创新型都市圈这一特定区域空间对象，必须在其基础上引入反映创新发展周期性"结果"的空间研究视角，才能够更加有效地演绎创新发展理论与区域发展理论在创新型都市圈这一特定对象形成和发展过程中的研究逻辑。

在反映创新发展周期性"结果"的空间研究视角选择方面，本研究提出"聚变"与"裂变"的分析逻辑，尝试与集聚与扩散概念一道，借助梯度理论，探讨创新型都市圈形成与发展过程。除了将集聚与扩散的既有逻辑在创新理论与区域发展理论两个领域进行延续之外，本研究认为前文述及的周期性螺旋式上升规律，必然要求创新型都市圈存在着创新周期性发展的间歇性"成果"，而这种"成果"的出现伴随着创新载体的聚变与裂变现象的产生。

就最初的物理学含义而言，聚变是指较轻的原子核聚合为较重的原子核并释放出能量，裂变是指重金属元素原子核分裂为较轻的原子核而释放出能量；就其结果表现而言，分别对应的是"合"与"分"，且均伴随着能量的释放。与之类比，创新型都市圈内部创新活动及其承载空间的变动，也是以"合"与"分"为结果表现。最为直观的佐证是创新型都市圈一方面以内部核心城市作为创新核心和原始创新源所在地，集聚各类创新要素进行创新能力的自升级，对应聚变逻辑；另一方面核心城市与非核心城市的创新要素互动也会使创新成果产生的连锁效应，这一连锁效应的结果则是创新型都市圈内部形成多个与核心城市创新源共同存在的非核心城市创新源。创新源由少到多的过程对应的便是裂变逻辑，表现为创新载体增加带来的创新空间拓展，非核心城市创新源自身的形成对应的是聚变逻辑，表现为创新人才的创新活动在特定空间上集聚。与创新源对应的承载空间即是创新载体，且以上提及创新型都市圈内部创新活动及其承载空间的"合"与"分"表现，对于创新型都市圈这一个整体空间层次而言，其创新能力都是提升的，对应的是物理学中聚变与裂变过程带来的能量释放，由此进一步证实了引入"聚变"与"裂变"逻辑对于研究创新型都市圈这一对象的必要性。

与上述逻辑分析相呼应，尽管"聚变"与"裂变"作为创新理论与区域发展理论中的研究词汇相比"集聚"与"扩散"出现较晚，但在进入21世纪后已开始在国内经济学与城市区域发展研究两个领域中出现，其逻辑也逐渐被创新理论与区域发展理论两个方面的研究文献所演绎和阐释。如朱训伟参照物理学上的定义，从企业创新视角将核心能力的聚变看成是企业核心能力通过渗透、积聚、整合、融会贯通，进而形成更强的、能给企业带来更大竞争优势的核心能力的过程，并指出核心能力的聚变与裂变是相伴相生的、互为前提的，只有在聚变的基础上进行裂变、裂变的过程中实现聚变才能达到"1+1＞2"的效果，才能实现企业质的成长。刘斌从交通空间结构的研究视角出发，指出城市化进程中人与物的空间运动量不断在城市中发生积沉，表现为城市交通由外而内的聚变过程，郊区化时代和卫星城时代的到来使得原来在大城市内部空间的人与物的高密度流量随着城市的局部分解而产生裂变，城市交通经历由内向外的裂变过程。

三、创新型都市圈的特征

集聚与扩散、聚变与裂变这两对分析概念从过程和结果两个不同的侧重点，解释了创新活动由承载最多原始创新源的核心城市层次向整个都市圈空间层次拓展的过渡逻辑。需要指出的是，创新活动承载空间层次的变化也揭示了创新型都市圈形成过程中的一条"源"与"流"的暗线，即核心城市作为都市圈创新核心和原始创新源所在地的地位，为传统都市圈到创新型都市圈的过渡提供了空间承载的可能。此间，都市圈现有反映经济社会发展要素集聚与扩散成效的潜在创新聚变与裂变节点的出现，除了需要核心城市原始创新源具有自我再生和对外辐射（溢出）效应，必然还需要有"渠道"对以创新人才为代表的创新要素流通提供支撑，以及潜在的创新源生长点具有汇聚创新人才的优势。

创新要素流通渠道落实到具体空间上则表现为创新型都市圈内部交通网络的构建，尤其是衔接其内部不同空间单元的城际和区际交通线路。在同等的经济社会条件下，创新要素流通渠道通勤效率的提高势必也会提高创新发生的频次和概率，进而在促使都市圈内部创新"裂变"与"聚变"现象发生的过程中担当加速器的作用，由此使得以高频率创新"裂变"与"聚变"为成果表现的创新型都市圈能够区别于一般的都市圈，并演绎创新型都市圈特有的空间结构。

在上述过程中，创新型都市圈内部创新源生长点对应的是都市圈内部城市中能够集聚和吸纳各类创新要素的载体空间。作为创新型都市圈，其内部的核心城市必然是最先出现该类载体的空间且担当都市圈的"创新核心"角色，同时伴随创新要素在都市圈域层面的流动，非核心城市也相应陆续出现该类创新载体。同时，在城市内部，无论是核心城市还是非核心城市，经济社会活动具有频数和频率优势的空间无疑将是城市的核心地带（如城市中心区）以及诸多生产集聚的空间（如各类经开区、高新区等园区）。由于以创新人才为代表的人力资源要素是各类创新要素中最为特殊也是最为关键的一类，加之城市高频经济社会活动地带相对完善的创新人才公共服务配套，因此，作为创新源的创新载体更有可能在城市内部这类空间上出现的同时，还对此类空间上能够提供吸引和支撑人力资源活动的公共服务有着必然的要求。

现阶段，高铁的建设同时推动了创新活动的高频化，使得创新活动的开展不再局限于单个城市，而是伴随要素的城际扩散式流动在整个都市圈范围内发生聚变和裂变。高铁的建设整体上增强都市圈创新能力，且从创新要素与创新活动视角上看，其将都市圈内部城市空间单元聚合为一个具有高度创新活动相关性的区域。

简言之，通勤效率的跃迁带来了都市圈内部时空关系的错位现象，为创新要素的城际和区际流动，甚至是跨越边缘区而向邻近城市的经济社会活动高频地带的流动提供了可能。这就使得本研究提出的创新型都市圈以核心城市为创新核心和原始创新源所在地、借助城际和区际快速交通充当以创新人才为代表的各类发展要素的流通渠道、依托创新载体积蓄创新能力、配套公共服务予以保障的四大基本特征跃然纸上。由此可见，创新型都市圈并非是区别于传统都市圈的笼统的"新"都市圈概念，而是具有一系列特征的特定都市圈类型。

第三节 "核心—网络"表征假设演绎及其检验框架

基于创新型都市圈特征的逻辑分析结论，研究进一步演绎与创新型都市圈特征相对应的表征假设，并将其在创新型都市圈形成过程中所发挥的作用，及表征假设与创新型都市圈形成之间的关联关系进行明确，进而为创新型都市圈的形成提供路径推演线索。

一、创新型都市圈的"核心—网络"表征假设演绎

人类各类生活与生产活动的演化已渐趋形成了以就业、居住和公共服务为主体的三大需求。改革开放以来，伴随工业化和城市化的推进，城市作为承载以上三大需求最为集中的空间载体，进入了前所未有的黄金时期。而高铁时代的到来，更是带来了城市间时空距离关系的变革，并催生了人口相对高频的跨政区出行与通勤行为。这种行为多受到人类面对其自身就业和公共服务需求所做的决策主导。这种行为也导致了城际就业、居住和公共服务分离现象的出现，且正在被国内经济发达地区具有承担相应通勤成本能力的人群所实践，并开始被普通大众所认识。

以高铁为代表的快速交通建设在改变城际出行活动发生频率的同时，也切切实实地改变着城市与区域的发展导向，随之而来的是人的就业、居住和公共服务活动不再仅仅局限于在某个城市内部开展和完成，而是在城市之间，尤其是在临近城市之间发生。在上述过程中，包括创新人才在内的各类发展要素在城市间更加频繁地流动，成为交通方式更新与流动效率提升的直接后果。伴随通勤效率的提高与要素流通的加快，都市圈这一具有"城际性"特点的区域的创新发展关键要素——创新人才，作为依托快速交通且能够承担日常城际出行成本的一类主体，其城际职住平衡现象的出现亦是必然。

在都市圈这一区域类型层面，作为创新核心和原始创新源承载空间的核心城市扮演的是创新发展的"源"角色，并通过自身创新载体的先行建设和公共服务的有效配置在都市圈众多城市的创新发展中拔得头筹。都市圈中创新要素以"流"的形式的集聚与扩散，在以高铁为标志的快速城际与区际交通的助推下，流动效率有了质的跨越，从而使得城市间依托快速交通网络的要素互通在时空距离关系上发生了突变。这种时空距离关系的变化反映为：都市圈内部已通高铁的城市中心地带之间虽然空间距离多大于每个城市自身内部的空间距离，但就通勤时间而言，却极有可能短于某个城市内部核心地带与郊区地带的通勤。这种新的时空关系，强化了都市圈整体的经济社会活动效率和一体化程度，且为创新人才在都市圈层面的流动提供了便利，加之创新人才的"就业—公共服务—居住"需求实现平衡的空间范围也由单个城市扩展至整个都市圈，由此使得都市圈内部核心城市与周边城市创新活动的

联动成为了可能。进而，核心城市的"创新源"不仅在自身内部以创新载体的形式裂变，还在城际之间发生了裂变。此间，这些非核心城市在借助核心城市创新扩散效应的同时，基于自身区域经济社会发展效率形成的空间结构和自身创新要素积累与创新活动开展的基础，进一步发生自身的聚变，形成自身的创新源。在上述过程中，都市圈内部以核心城市（通常为创新型城市）为创新核心，创新源的聚变与裂变活动便成就了基于都市圈经济社会活动一体化基础结构的都市圈创新空间体系，进而实现传统都市圈向创新型都市圈的转变。这一发展过程可用图2-6进行阐释。

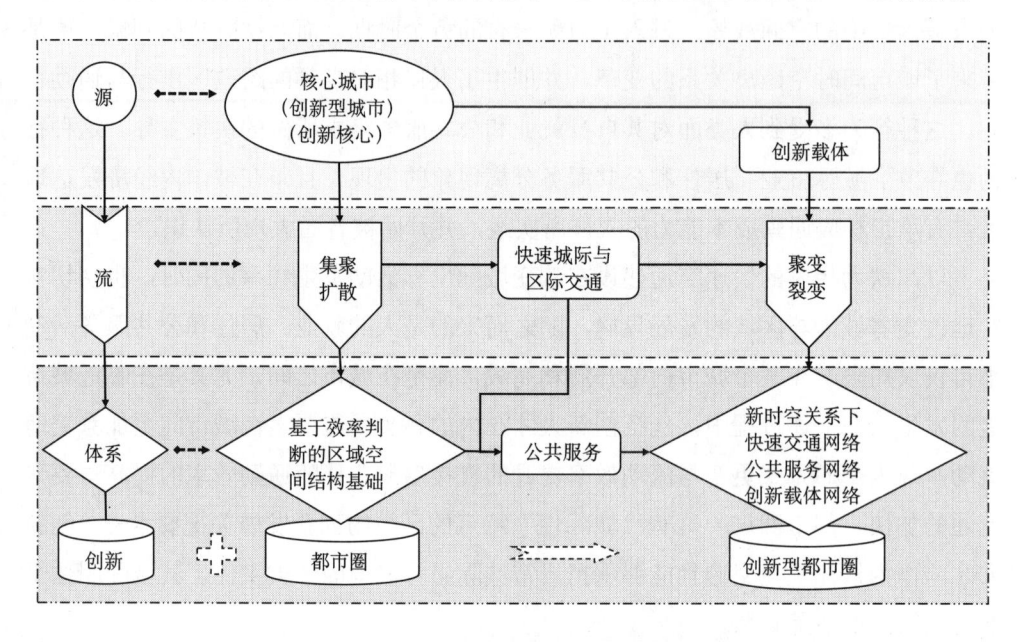

图2-6 创新型都市圈特征的假设演绎过程

同时，就创新型都市圈四大基本特征的诉求表现而言，对于作为创新核心且承载原始创新源的核心城市这一特征的强调既是对现阶段都市圈发展成效的肯定，也是创新型都市圈自身能够形成的前提，所兼具的"表征"意义不言而喻。究其原因，在于创新型都市圈的形成源于都市圈现有的发展基础，规模效益角度的集聚效应使得都市圈内部人力资源、资金、信息等要素能够在核心城市得到积累，同时由于城市作为一个相对独立且全面的社会活动运作单元，能够相对有效地统筹和利用不同的资源进行生产与生活活动，且通常情况下，具有一定规模的要素集聚会带来经济社会活动效率的提高，随之而来的便是创新活动发生的高频率和创新成果的高产出的可能性。这就使得核心城市在都市圈内部能够占据经济发展、人口承载和土地使用的"数量"与"质量"制高点,并借助交通、公共服务等领域的优势发挥对都市圈内非核心城市的辐射影响。

传统都市圈发展中,"集聚"与"扩散"现象的反复交替带来了城市与区域发展的多种可能性,同时也使得以评价手段为主导的各种指标式研究成为现有城市与区域关联研究中最受关注的内容之一,高铁时代的到来则更是助推了都市圈以网络化形式进行诸多活动的进程,尤其是其中以创新活动为代表的各类经济社会活动"集聚"与"扩散"的有效统一以及一体化程度的全面提升。结合都市圈所面临的同城化现实需求和创新发展诉求,可将创新型都市圈另外三大特征对应的发展诉求归纳为如下三点:基础设施方面需要建设集疏成网的综合交通体系;公共服务方面需要尽快在都市圈层面统筹关注教育、卫生医疗、体育、文化和社会保障等领域,实现福利由均衡到均等、再由均等到均优的高效转变(本研究之后的研究内容中均以"公共服务"代指"公共服务及其配套设施");创新活动方面需要在都市圈内建立一体化的空间组织体系,实现区域人才流、资金流、技术流、信息流的高效融通。由此,笔者提出新时期创新型都市圈形成所需要的三大"网络"表征,即"快速交通网络、公共服务网络、创新载体网络",各自在创新型都市圈形成与发展中所发挥的作用具体见表2-3。由此,与创新型都市圈的四大基本特征相对应的"核心—网络"表征亦可确立。

表2-3 创新型都市圈的三大"网络"表征及其作用

表征	具体内容	在创新型都市圈形成与发展中的作用
表征一:快速交通网络	以网络化的城际高速公路、高铁等快速交通体系为要素流通渠道与发展骨架	承担创新型都市圈形成与发展的支撑作用
表征二:公共服务网络	以系统化的公共服务及其配套设施配置为人本诉求体现与发展支持	承担创新型都市圈形成与发展的保障作用
表征三:创新载体网络	以体系化的科创园区、科技孵化器等载体为创新空间主体与发展触点	承担创新型都市圈形成与发展的引领作用

需要指出的是,都市圈内部创新源的聚变与裂变是一个动态变化的过程,新的创新源以及原始创新源也在不断发挥着创新活动的集聚与扩散效应,从而使都市圈内的创新活动及其载体不再仅局限于核心城市的中心地带,而是在核心与非核心城市市域范围内同步有序地发生与形成,并在整个都市圈层面实现串联,进而促成创新型都市圈内部创新空间由点到网、再到面的不断拓展。

创新源自身的自我再生性和核心城市在都市圈内的创新核心地位，使得创新型都市圈在内部形成以核心城市为主力、诸多非核心城市同步跟进的创新活动运转循环。在这一过程中，都市圈内部任何时候都会有创新空间的聚变与裂变现象发生，即便不同的创新源之间可能不是同一"批次"形成。在创新活动运动循环过程中，创新型都市圈内部的创新空间不断拓展，创新型都市圈的整体创新能力也在不断地周期性攀升，是一个自循环式螺旋上升过程。

二、创新型都市圈的形成检验框架

针对创新型都市圈的四大基本特征及其对应的"核心—网络"表征假设，研究立足国内外都市圈发展实践、南京都市圈自身的宏观基础条件和微观发展诉求，确立对创新型都市圈形成演绎结论进行检验的分析框架（图2-7）。

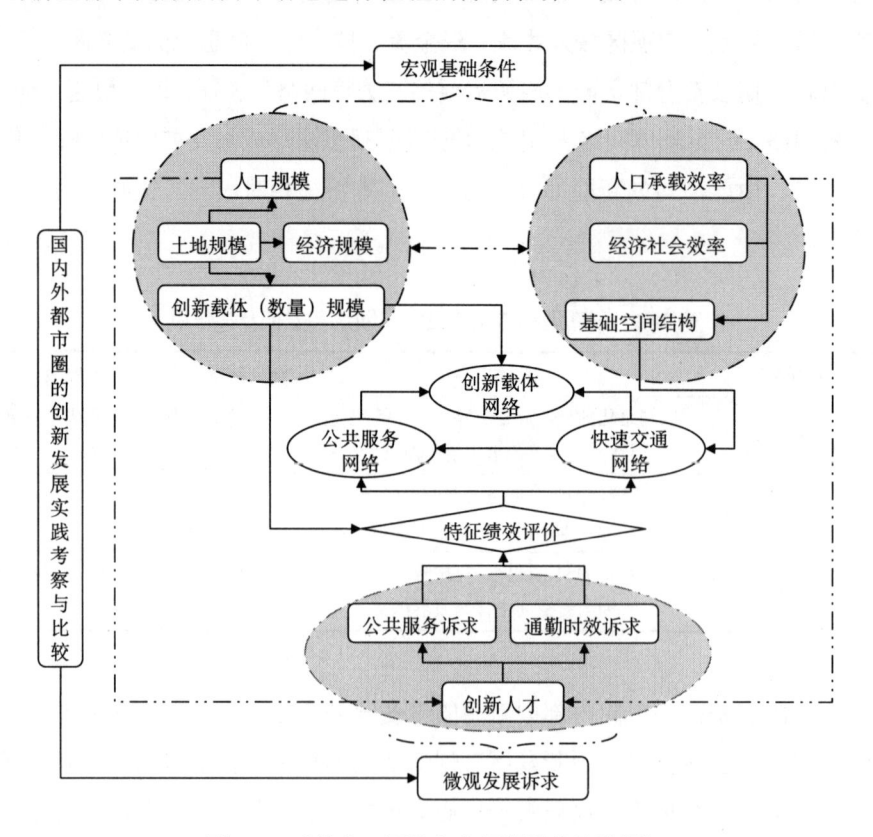

图2-7 "核心—网络"表征假设的检验框架

具体而言，首先，考察国内外都市圈创新发展的既有实践并进行比较，验证创新型都市圈特征的逻辑分析结论；其次，对样本都市圈内部的城市发展格局进行判断，验证选择南京都市圈作为样本都市圈中实证案例的典型性，并通过绩效评价证实南京都市圈所表现出来的创新型都市圈典型特征；再次，以南京都市圈为实证案例，明确其基础空间结构，推导创新型都市圈的形成演化路径；最后，结合南京都市圈的快速交通、公共服务和创新空间发展实践验证与创新型都市圈特征相对应的三大"网络"表征假设以及创新型都市圈的演化路径。

第三章 国内外都市圈的发展实践考察与比较

研究通过逻辑分析明确了创新型都市圈的特征,对应到中国都市圈的具体实践,在与创新型都市圈特征相关联的领域,亦有诸多的呼应行动与现象存在,且已呈现出特定的时代发展特点。为此,本章先对中国都市圈的发展实践进行考察,通过梳理现阶段都市圈内部广泛存在的实践行动与现象,验证创新型都市圈特征的逻辑分析结论。继而,立足国际视野,将"创新型都市圈"这一对象置于全球范围,对国际上先发地区的典型都市圈(区域)创新发展实践进行考察。视野的广阔可在理论指导与实践经验借鉴方面对于我国创新型都市圈研究产生重要的意义。其中,理论指导意义主要是指由于国际上既有的创新型都市圈相关研究相比国内的相关研究更具先发性,相关实践对于检验创新型都市圈特征的逻辑分析结论、归纳中国创新型都市圈研究的理论内容体系具有一定的启示作用;而实践经验借鉴的意义则在于国际典型案例在引导路径与行动方面均可以为现阶段及今后中国创新型都市圈的建设提供可资借鉴的经验。由于中国创新型都市圈研究本身也是国际创新型都市圈研究的组成部分,因此,在注重对国际既有实践经验进行总结的同时,研究进一步立足国际视野,关注并比较中国都市圈发展实践与之的异同。这对于明确中国创新型都市圈形成的引导路径具有启发作用,且有助于今后中国的创新型都市圈研究成果纳入国际创新型都市圈理论与实践研究体系。

第一节 国内都市圈的发展实践考察

伴随以高铁为代表的快速交通线路建设,中国的都市圈渐趋摆脱内部城市各自独立谋求发展的传统状态,都市圈内部人群的生活与生产方式也相应发生了变化,同城化现象在我国诸多地区的都市圈发展实践中陆续出现,国家区域发展迎来了以"新都市圈"为代表的都市圈时代(图3-1),且在与创新型都市圈特征相吻合的领

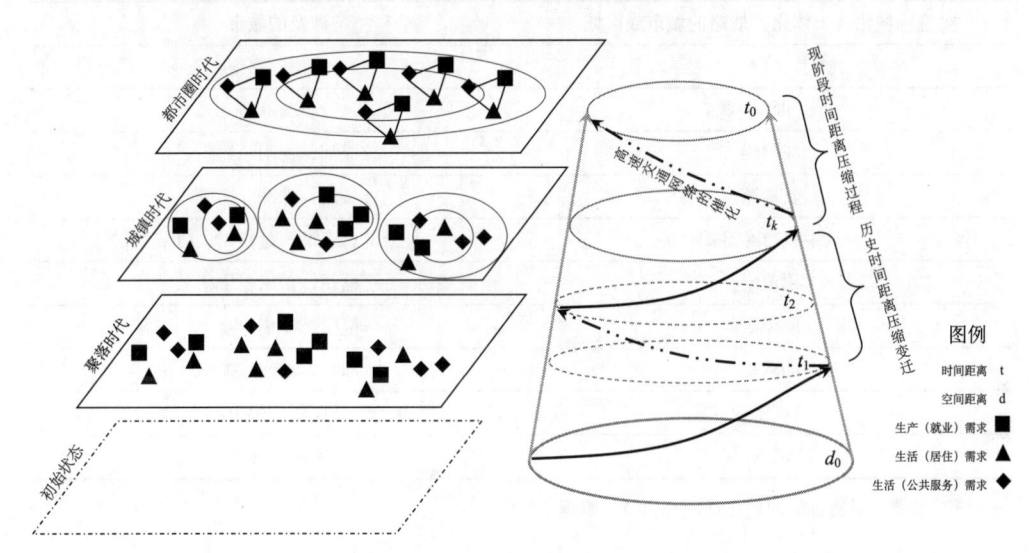

域内，表现出极为迫切的发展诉求和突出的发展成效。

图 3-1 都市圈时代的发展演绎过程示意

目前国内已有不少于 20 个地区提出或实践同城化构想，包括港深、广佛、沈抚、合淮、京津、宁镇扬、太榆、厦漳泉地区、滇中城市经济圈、宁波都市圈、杭州都市圈等（表 3-1）。创新人才的"同城化"现象已渐趋由最初的理论假设变为区域发展中的实际现象，且伴随城际高铁线路的增加和发车频率的提高，"城际"通勤模式被日趋多元的人群实践并呈日常化，成为大众接受的新型职住平衡途径。

表 3-1 国内实施同城化（一体化）战略的城市或区域

实施同城化（一体化）战略的城市或区域	涉及的城市
京津	北京、天津
沈抚	沈阳、抚顺
丹东	丹东、东港
合淮	合肥、淮南
宁镇扬	南京、镇江、扬州
宁波都市圈	宁波、绍兴、舟山、台州、奉化
杭州都市圈	杭州、嘉兴、湖州、绍兴
郑汴	郑州、开封
乌昌	乌鲁木齐、昌吉
太榆	太原、榆次

续表

实施同城化（一体化）战略的城市或区域	涉及的城市
兰白	兰州、白银
西咸	西安、咸阳
成德绵	成都、德阳、绵阳
长株潭	长沙、株洲、湘潭
滇中城市经济圈	云南、玉溪、楚雄州、曲靖
福莆宁	福州、莆田、宁德
厦漳泉	厦门、漳州、泉州
汕潮揭	汕头、潮州、揭阳
广佛	广州、佛山
港深	香港、深圳

资料来源：根据各地同城化情况介绍资料整理。

一、快速交通线路建设与公共服务同城化推进

"新都市圈"的快速交通线路建设、公共服务配置等行动在2014年3月中共中央、国务院印发的《国家新型城镇化规划（2014—2020年）》中得到了印证。该规划中有专门章节针对交通网络体系的构建和基本公共服务的区域一体化进行指导，如第十三章提出"完善综合运输通道和区际交通骨干网络，强化城市群之间交通联系，加快城市群交通一体化规划建设，改善中小城市和小城镇对外交通，发挥综合交通运输网络对城镇化格局的支撑和引导作用"。第十六章提出"加强市政公用设施和公共服务设施建设，增加基本公共服务供给，增强对人口集聚和服务的支撑能力"。

上述行动在现阶段全国范围内开展的新一轮都市圈发展引导活动（图3-2）中也多有体现。研究以具体都市圈的相关协议与规划成果为蓝本予以说明，具体表现为该轮都市圈发展引导，有的是对既有都市圈内涵、外延及其相关协议与规划成果中反映创新型都市圈特征内容的系统全面更新，如《南京都市圈规划（2002—2020）》《辽宁中部城市群（沈阳经济区）合作协议》等；有的则是立足现阶段城市间协调发展的迫切形势；还有的是在近年开展的反映创新型都市圈特征的初创式协议与规划内容，如《大西安总体规划空间发展战略研究》《厦漳泉大都市区同城化发展总体

规划》等。但三者存在一个共同的落脚点，即都明显地反映了前文提出的创新型都市圈特征，且带有着明确的创新型都市圈发展导向。

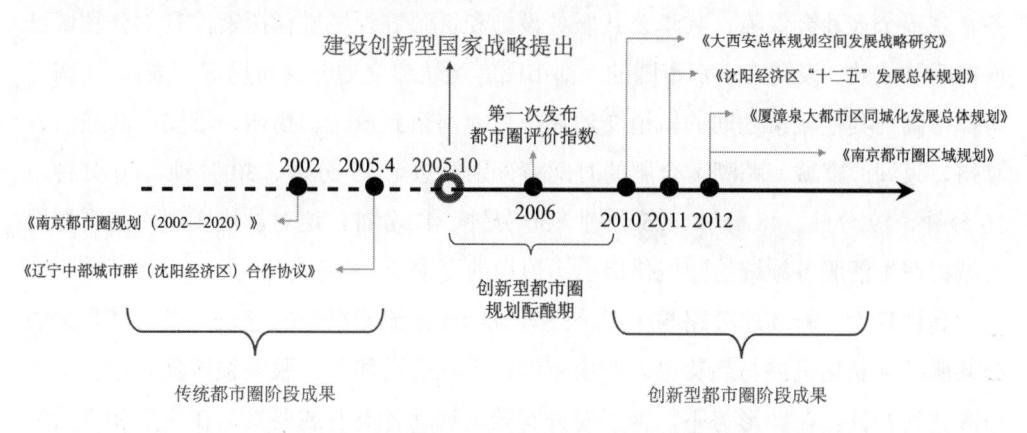

图 3-2　呼应创新型都市圈特征的"新都市圈"规划案例发展脉络

1. 南京都市圈案例

南京都市圈的概念成形与空间范围界定相比国内其他都市圈完成较早，至今已经经历了多次规划引导的发展路径探索，且积累了相对丰富的城际合作经验。在"九五"计划末期，江苏省为了实施《江苏省城镇体系规划（2001—2020）》，启动了《南京都市圈规划（2002—2020）》的编制，以期巩固提升南京在长江流域的中心城市地位，同时提高南京都市圈的综合竞争力。2006 年南京都市圈八市建设部门又共同编制了《南京都市圈 2006—2010 五年建设规划纲要》。

进入"十二五"规划之后，南京都市圈进一步提高公路建设速度，宁镇、宁宣、宁滁、宁杭、宁宣、宁巢、浦泗、淮江等干线公路相继建设和改造。2012 年溧芜高速、溧马高速、江六高速等重点项目开工并建设，都市圈高速公路骨干网络渐趋成形，为实现"高速公路连通南京与都市圈各市、快速干线公路覆盖所有县级城市"的目标奠定了基础。在以城际关系为主体的铁路建设方面，有京沪高速铁路（2011）、宁杭铁路客运专线（2013）、沪汉蓉高速铁路（2014）、宁安城际铁路（2015）、宁安城际铁路货线（2015）、连淮扬镇铁路（2020）、宁扬镇城际铁路（已规划）多条铁路线在近年来建成或是纳入建设计划，更是加速了缩短南京市与都市圈内其他城市通勤时间的进程。

在交通条件的支撑下，南京市与邻近城市的同城化步伐进一步加快，尤其是宁镇扬三市的同城化进程，目前已展开了一系列行动实践。经笔者调研发现，2009 年南京即已开通到句容的公交专线，之后与其他城市的公共交通线路建设也在逐步推进，加之城际高铁与高速的贯通，目前宁镇扬三市已经开始在优化区域公共就业服务、完善个人社会保障、共享公共服务设施和资源等领域进行探索，且部分领域已取得明显成效。根据南京都市圈的《都市圈客运轨道交通分层布局规划表》，在南京与都市圈内其他城市之间的轨道交通通车后，南京到镇江、扬州、淮安、马鞍山、滁州、巢湖、宣城、芜湖、合肥的时间将分别缩短至 19 分钟、30 分钟、60 分钟、16 分钟、19 分钟、48 分钟、25 分钟、30 分钟、47 分钟，这对加快实现南京市与周边城市在生活服务领域的同城化提出了迫切的要求。

高铁建设、新高速公路与干线公路等城际要素流通渠道的建设，以及其带来的公共服务同城化进展与趋势已表明南京都市圈在交通和公共服务领域具有创新型都市圈建设特征。在此形势下，为了充分有效地调动各类发展要素，在生产和生活领域全面联动南京市与都市圈内非核心城市的发展，2012 年论证的《南京都市圈区域规划》和 2021 年获批的《南京都市圈发展规划》中均有建设创新型都市圈的发展目标与关联内容。

2. 沈阳都市圈案例

沈阳都市圈的概念及其规划的正式形成也经历了多年的酝酿。2002 年 6 月即有辽宁省政府参事提出过"辽宁中部城市群总体发展战略与构建大沈阳经济体"的政策建议；次年开始有媒体以"沈阳都市圈"为题进行报道，如《辽沈晚报》的"打造大沈阳都市圈，实现商贸扩张式发展"；2004 年 6 月新华网辽宁频道报道了鞍山市政协课题组的"辽宁中部城市群区域一体化发展目标、对策建议及鞍山的定位、作用和措施的研究"成果；在 2005 年 4 月，辽宁省中部七城市共同签署了《辽宁中部城市群（沈阳经济区）合作协议》，标志着以沈阳为中心的大沈阳经济区建设全面起步，并于 2006 年将中部城市群建设写入辽宁省的"十一五"规划。

在沈阳都市圈的发展过程中，2005 年的《辽宁中部城市群（沈阳经济区）合作协议》即有关于建设以沈阳为中心的"一小时经济圈"的提法；2007 年 6 月，沈阳、抚顺两市的同城化战略被列为辽宁省中部城市群发展战略的一个实质性步骤，相关公共服务领域的对接内容也随之进一步明确；次年，辽宁省又组织编制了《沈抚连接带总体发展概念规划》。此后至 2010 年 4 月，经国务院同意，国家发改委正式批复沈阳经济区为国家新型工业化综合配套改革试验区（国家发展改革委，2010）；同年，为加快推进沈阳经济区一体化、同城化发展，辽宁省沈阳经济区工作领导小组办公室组织制定了《沈阳经济区城际连接带新城新市镇规划范围》；次年，完成了《沈阳经济区"十二五"发展总体规划》，并筹划建设以沈阳为中心的长途客运班线运输网和物流服务网。

综上可见，沈阳都市圈的内部城市关联已不再仅仅停留于城市间的口号式倡导，城际间的交通通道建设实践已逐步展开，公共服务领域的对接也已付诸规划实践，并从生产、生活等诸多领域进一步展开都市圈内部城市间的全面合作，由此使得这一时期的都市圈发展被赋予了特定的时代内涵，自身所反映的创新型都市圈特征也跃然纸上。

3. 大西安都市圈案例

与南京都市圈和沈阳都市圈规划相比较，大西安都市圈的概念和具体空间范围的界定时间相对较晚，相关规划的制定也是在创新型国家战略出台之后。西安新闻网在2005年3月报道了对陕西省社会科学院经济学所所长张宝通研究员的采访，题为"关中城市群将是中国第三大热点区域"，由此开启了大西安都市圈的关联探讨；次年编制的《陕西省城镇体系规划（2006—2020年）》首次对"西安都市圈"的地域空间范围进行了明确。之后，《关中城市群建设规划》于2009年出台，进一步提出西安都市圈"一核五区十卫星城"的总体布局及功能分工；2010年召开的"大西安总体规划空间发展战略研究国际论坛"，形成了"大西安"规划讨论稿——《大西安总体规划空间发展战略研究》。此间，基于关中城镇群的"大西安都市圈"内部空间层次与范围渐趋明确，即由内向外分成四个层次，西安都市圈位于第三层次，包括西安、咸阳、杨凌、富平、扶风、黄陵、铜川、渭南、华阴、柞水，与关中城镇群的范围接近。

相比南京都市圈和沈阳都市圈，大西安都市圈开展与创新型都市圈在交通和公共服务领域的特征相关联的行动也相对较晚，但现阶段的发展与规划导向却已渐趋成型。在2012年，陕西省出台了《关于省市共建大西安 加快推进创新型区域建设的若干意见》，试水大西安都市圈的创新型都市圈建设实践，并开始致力于大西安规划的落实，如争取将西安国道绕城快速公路项目纳入国家公路建设规划；支持西安、咸阳主城区加密城市路网和西咸公交无缝对接；建设西咸环线高速、国道绕城快速路以及连接机场、临潼、阎良和铜川的城际铁路，完善大西安城市组团交通网络形成以大西安中心1小时覆盖内部组团、3小时连接周边省会的快速交通圈等。在国务院正式批复陕西设立西咸新区的同年（2014年），国家环境保护部（今中华人民共和国生态环境部）批复了《关中城市群城际铁路网规划环评报告》，预示着大西安都市圈城际铁路建设的前期准备工作即将完成（表3-2）。继而，基于"升级版"的都市圈快速交通线路，进一步提高大西安、西安都市圈乃至大西安都市圈内部包括创新人才在内的创新要素通勤与流动效率，为实现"大西安都市圈"建成创新型都市圈的目标奠定了基础。

表 3–2　关中城市群城际铁路网规划相关线路建设目标

目标年份	线路建设目标
2015 年	西安—阎良—富平—铜川线、西安北—机场线
2020 年	铜川—黄陵—延安线、机场—法门寺线、西安—户县—周至—眉县—法门寺线、阎良—三原—泾阳—机场线
2030 年	城际铁路网基本覆盖关中地区 5 市 1 区的 50 多个县区

资料来源：根据陕西省人民政府官网资料整理形成。

4. 厦门都市圈案例

在厦门都市圈（厦漳泉大都市区）的发展过程中，厦泉漳城市联盟于 2003 年已由福建省委、省政府提出，并在次年召开了第一次市长联席会议中，签订了《厦泉漳城市联盟宣言》。经过"十五"时期的酝酿，至 2011 年，福建省人民政府办公厅发布了"关于印发加快推进厦漳泉大都市区同城化工作方案的通知[闽政办（2011）190 号]"，之后结合国家发展背景和区域发展形势，与创新型都市圈特征相对应的关联引导政策与行动陆续出台，与大西安都市圈类似，前期在都市圈层面开展的城市间合作行动均晚于南京都市圈和沈阳都市圈。

在城市间全面合作诉求日益迫切的形势下，厦漳泉三市于 2011 年签订了《厦漳泉大都市区同城化合作框架协议》，制定了《厦漳泉大都市区同城化人力资源管理服务合作项目实施方案》，且拓展形成闽西南五市就业联盟[厦漳泉（闽南）人力资源网，2011]，部署加速推进城市轨道交通建设、厦门新机场建设、厦漳海底隧道建设、厦门港一体化以及居民健康信息系统、社会保障卡、养老服务公共信息平台建设等任务。2012 年，厦漳泉大都市区第二次党政联席会在漳州审议通过了《厦漳泉大都市区同城化发展总体规划》，把三市简化为"一核、三带、两轴"；同年在 18 个厦漳泉大都市区同城化启动项目中，涉及城际快速路网的有 5 个，包括厦漳海底隧道，厦门翔安国际机场与漳州、泉州快捷通道，厦漳泉城市联盟线，城际交通轨道，南安（金淘）至厦门高速公路。《厦漳泉大都市区同城化发展总体规划》的 2015 年发展目标设置中，明确了交通通信基础设施同城化联网、公共服务信息平台同城共用、基本社会公共服务有效融合、资源要素市场体系一体化形成等直指创新型都市圈典型特征的具体内容。

二、以创新型城市为核心的创新活动拓展现象

与都市圈快速交通线路建设和公共服务同城化推进的实践同步，中国都市圈正在以核心城市为都市圈资源集聚中心，影响周边邻近城市，并整合原有以企业、园区等为主体的传统产业载体，逐步拓展、培育并形成各类新型创新、创意、创业载体，借助高效畅通的通勤与运输渠道，联动都市圈范围内其他城市，进一步加快相互之间的人、物高速流动与流通。就都市圈的创新活动而言，核心城市在引领都市圈创新活动的同时，借助城际、区际快速交通线路的建设以及公共服务同城化的推进，影响并带动了非核心城市的创新活动开展。创新活动以核心城市为中心的区域性延伸与扩散，正是呼应了创新型都市圈以核心城市为创新核心和原始创新源所在地，以及依托创新载体积蓄创新能力的特征。

以前文提及的南京都市圈为例，对于核心城市南京市而言，在其绕城—绕越公路环上，环状与放射状高、快速交通汇集，轨道交通发达，机场、高速铁路站等围聚周边，沿线上有建于20世纪80~90年代的江宁经济技术开发区、栖霞经济开发区、南京经济技术开发区、雨花经济开发区等产业园区，同时南京大学、东南大学、河海大学、南京航空航天大学的新校区和江宁大学城、仙林大学城、浦口大学城等亦相继落成，是典型的"科教创新集聚区"建设的最佳区位。近年来，伴随着城市格局的调整和功能升级，南京市顺势引导，在该环形地带又布局建设了麒麟科技创新园、金港科技孵化基地、迈皋桥创业园、雨花软件园、南京仙林物联网产业基地、南京无线谷、液晶谷、医药谷等等，成为国内不可多得的科教创新集聚区的密集地带（图3–3）。

在都市圈层面，依托创新载体的创新空间扩散现象首先在核心城市出现。考察南京都市圈，在20世纪90年代初各城市陆续依托高校和研究机构形成重点实验室、研发中心、科创服务中心等专门的创新载体，其中，南京市起步最早，如1992年依托东南大学成立的国家专用集成电路系统工程技术研究中心、1993年依托中国林业科学研究院林产化学工业研究所成立的国家林产化学工程技术研究中心等。此后，各类孵化器也在起步发展，江苏省高新技术创业服务中心于1996年成立，扬州、镇江、芜湖、马鞍山等城市在1990年代末也相继成立高新技术创业服务中心。时至今日，南京都市圈已形成以南京市为创新核心和创新载体主要集聚地（图3–4）、各非核心城市创新载体建设有序跟进的发展格局。

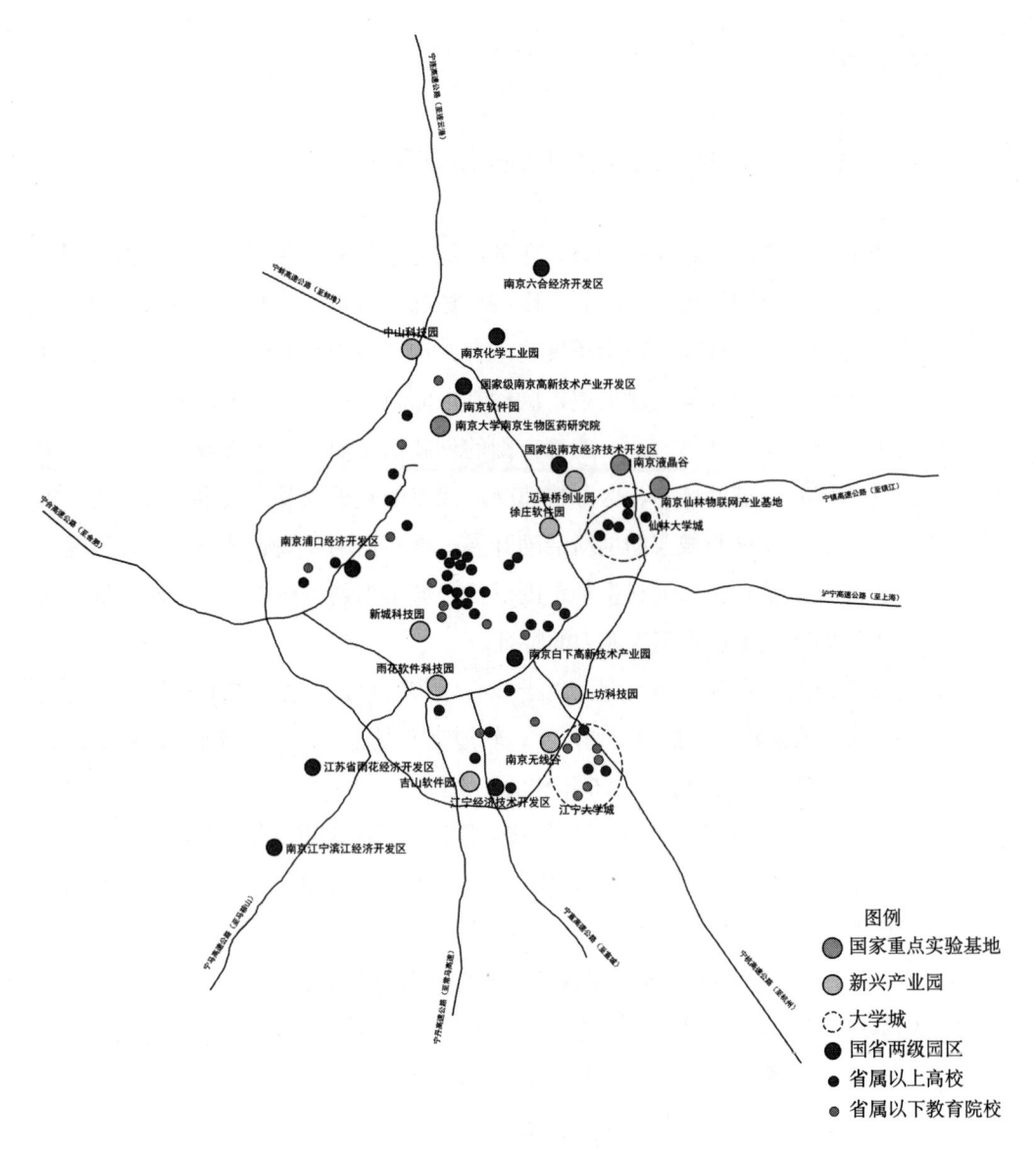

图 3-3　南京市的主要创新资源分布情况

资料来源：结合研究调研资料自绘。

与南京都市圈的情况类似，沈阳都市圈内部核心城市与非核心城市的各类创新载体分布情况也呈现出以沈阳市为创新核心和创新载体主要集聚地的发展格局（表3-3），但沈阳市在不同创新载体数量方面的首位度颇高，创新的扩散影响尚不如南京都市圈突出，非核心城市在创新载体建设方面远落后于核心城市。

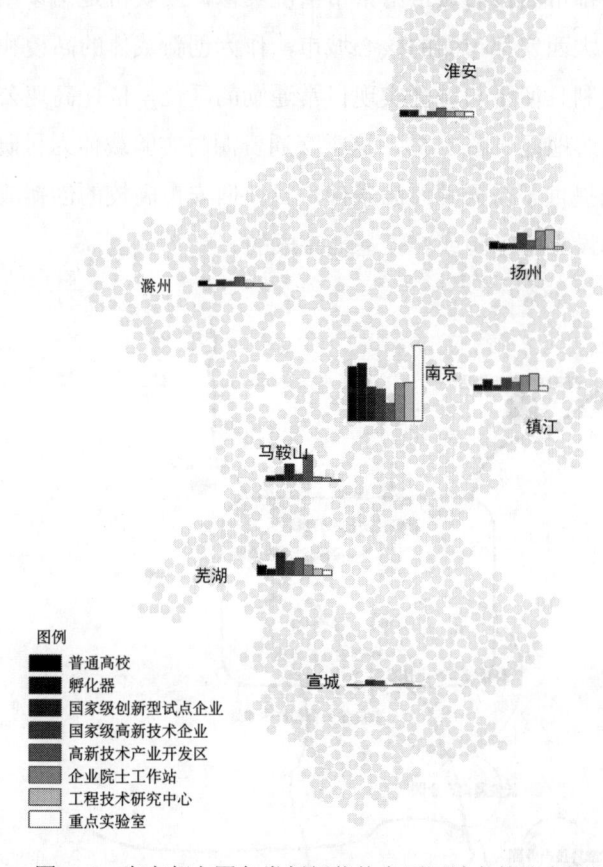

图 3–4　南京都市圈各类创新载体在不同城市的分布比例

资料来源：根据江苏省孵化器协会、江苏省科技创新平台和安徽省科技厅网站相关材料整理。

表 3–3　沈阳都市圈内部城市各类创新载体的分布情况

城市	普通高等学校		创新型试点企业（国家级）	中小企业公共技术服务平台（国家级）	中小企业公共技术服务平台（省级）	工程技术研究中心（国家级）截至2014年	研究所（国家级）截至2012年	大学科学园（国家级）截至2014年	科技企业孵化器（国家级）截至2013年
	本科	专科							
沈阳	24	18	10	8	56	7	2	2	7
鞍山	2	0	3	2	6	1	0	1	1
抚顺	1	2	1	0	4	0	1	0	0
本溪	1	1	0	1	4	1	1	0	1
营口	1	2	0	1	3	0	0	0	1
阜新	1	1	0	0	1	0	0	0	2
辽阳	0	3	2	0	7	0	0	0	0
铁岭	0	4	0	1	2	0	2	0	1

资料来源：根据辽宁省科技厅网站、科技部网站、辽宁科技创新网络平台网站相关材料整理。

同时，与南京都市圈核心城市南京市情况类似，西安市是国家第一批创新型城市和西安都市圈、大西安都市圈的核心城市，作为创新载体的高校和开发区多分布于城市对外交通便利且便于与城区实现日常通勤的区位，依托高速公路或借助机场的区域效应辐射周边地区（图3-5），这类交通资源与实验载体为科研基地的设立以及科研成果的转化提供了得天独厚的条件，目前西安市高校的创新成果转化多是依托开发区或其内部设立的子园或实验基地完成的。

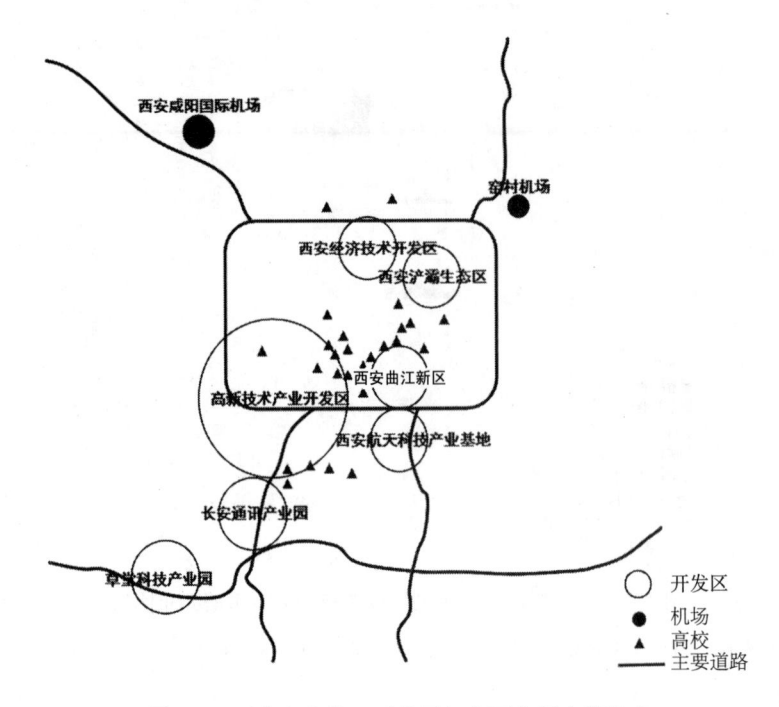

图3-5　西安市高校、开发区与主要交通走廊分布

资料来源：根据对西安都市圈的实地调研情况整理。

综上对不同都市圈的创新载体发展情况梳理可见，都市圈内部以创新载体为触点实现创新活动空间由核心城市到非核心城市拓展的现实情况，符合创新型都市圈依托创新载体蓄积创新能力、由核心城市充当都市圈创新核心等特征，由此也可释放中国创新型都市圈的建设信号。

第二节　国际都市圈（区域）的发展实践考察

国际上先发地区的都市圈（区域）创新发展实践更多是通过特定核心地区的创新活动扩散而开展的。这些核心地区往往具有一定的产学研综合特征，并随着生产模式的成熟而逐渐由单一的生产空间转化为创新生产与人性宜居化生活相结合的综合性发展区域。而在此过程中，良好的公共服务及设施配置条件又会反过来促进生产创新的持续，吸引更多的科技人才来此发展，并逐步扩散，进而引领区域性的全面创新发展。

一、美国都市圈（区域）发展实践

美国，作为一直奉行创新理念的先行国家，同时也是世界上为数不多的、与中国同样面对着多样化、多数量都市圈发展境况的国家，寻找其以创新为特点的现代都市圈范例，并对此类创新型都市圈的形成与发展进行剖析，是很有必要的。

提及美国的创新实践，不得不从其两个最典型的地区说起，即以"硅谷"闻名的旧金山地区和以"128 公路"闻名的波士顿地区，这两个地区的核心城市相比美国诸多城市有着极为突出的创新发展优势。美国人口普查局（US Census Bureau）2010 年的数据显示，在 20～34 岁年龄段人口占总人口比例排名前十五位和拥有本科及以上学历人口比例排名前二十五位的城市名录中，波士顿和旧金山都有上榜，而且都排在前位（图 3-6、图 3-7）：第一项指标的排名中，波士顿排名第一，旧金山排名第六；第二项指标的排名中，旧金山居第二位，波士顿居第四位。

目前，由于核心城市对周边地区的辐射带动作用使创新的发展早已不再仅仅局限于旧金山市和波士顿市，而是以旧金山湾为主体的硅谷"V"字形湾带地区和以波士顿为核心的波士顿都市圈，且二者在空间范围上都有着跨政区的特点。由此，研究认为立足创新型都市圈概念及特征，重新审视国际知名区域的创新发展实践，也颇有必要性。

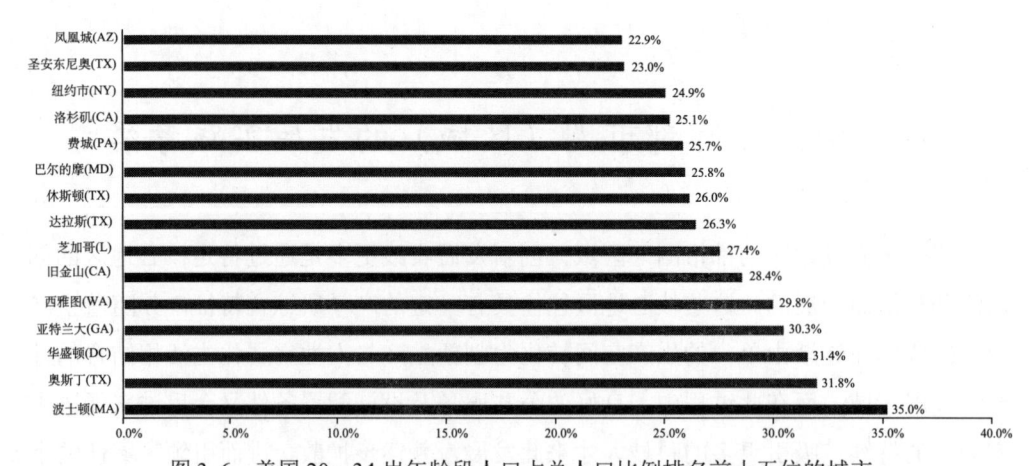

图 3-6　美国 20～34 岁年龄段人口占总人口比例排名前十五位的城市

资料来源：根据美国人口调查局 2010 年 BRA Research Division Analysis 资料翻译改绘。

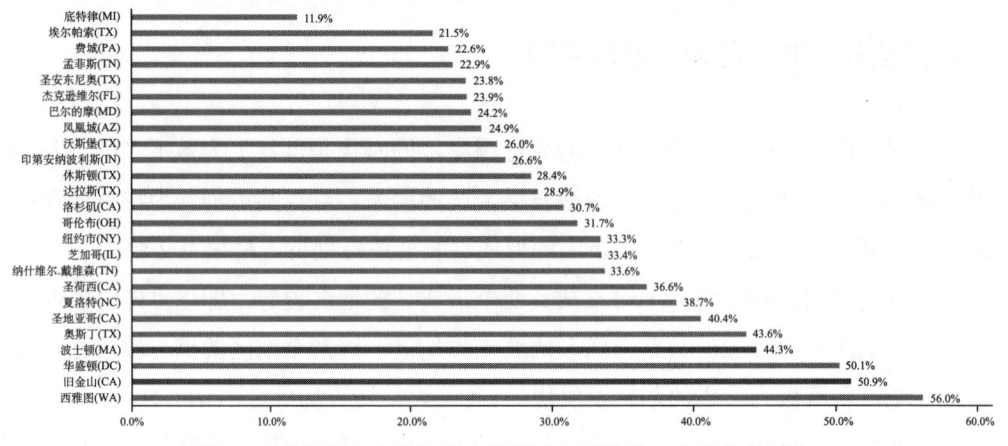

图 3-7　美国拥有本科及以上学历人口比例前二十五位的城市

资料来源：根据美国人口调查局 2010 年 BRA Research Division Analysis 资料翻译改绘。

1. 区域创新发展实践——硅谷地区

所谓"硅谷"，实则是以旧金山湾为"V"字形的湾带地区，既包含旧金山、帕罗奥图一直到圣荷西一线的城镇，也包括旧金山湾东侧的沿线城镇，如奥克兰、伯克利、弗里蒙特等（图 3-8）。

在科教资源方面，该地区拥有斯坦福大学和加州伯克利分校两所世界名校；其他众多美国国内知名的专业性大学和地方性学院等分布在该地区或是周边地带。这些科教资源的存在与硅谷的形成有着密切的关联，二者互促互补，以斯坦福大学为例，其在 20 世纪中期还仅仅是一座美国普通的高等院校，而硅谷的形成则是让其名声大噪，短短几十年间，就已经跻身世界顶尖高校之列。

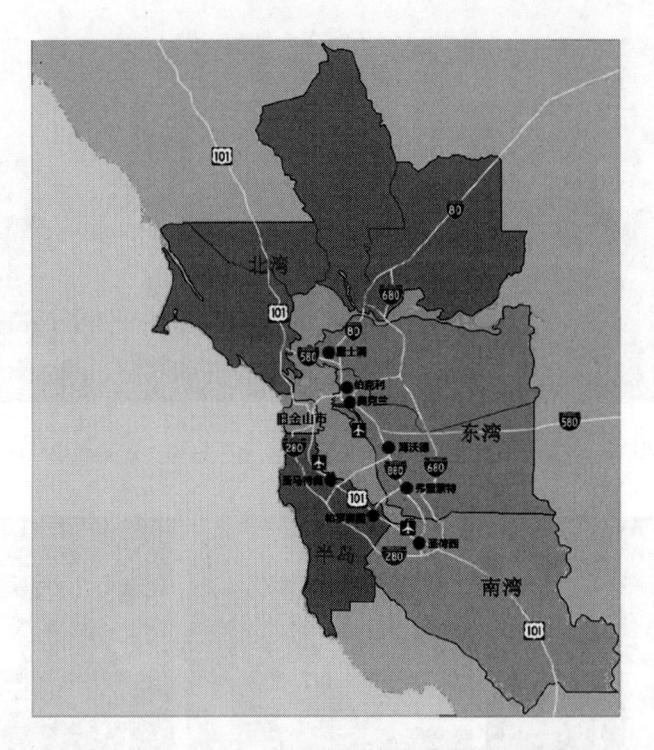

图 3-8 硅谷地区的主要城镇在旧金山湾两侧的分布情况

资料来源：以谷歌地图为基础资料、结合实地调研情况绘制。

经过实地调研，硅谷地区现阶段已经形成了居住、服务与就业的全融合状态，除了位于山景城的谷歌等少数企业之外，大多数科技企业均坐落于居住社区之中，而且即便是谷歌，其靠近旧金山—圣荷西一线地区的一侧也是呈现与综合服务门店、其他科技企业（图 3-9）和居住区（图 3-10）相融合的状态，生活、生产与服务三者在功能与空间布局上均实现了自然有机的组合。由此可见，硅谷这一科技创新集中带实则是一个融合居住、公共服务与科技研发于一体的综合性区域，且这一区域的功能与空间组织模式亦是美国自主创新的标本与示范。在这一区域内，居民、各类科研与服务人员的诸多生活与生产活动都能够井然有序地开展。为证实这一论点，笔者还走访了多家位于这一地区的企业和服务机构，其中即包括谷歌等企业以及位于其周边的生活、生产服务门店（图 3-11）。

图 3–9　谷歌周边地区的综合服务门店、科技企业　　图 3–10　谷歌周边地区的居住区

图 3–11　笔者走访的部分企业及服务门店情况

与中国多地的园区状态有着明显差异，硅谷地区并未呈现大型车辆高频穿梭于主干路与支路的景象，车流、人流及各类生活性服务门店并不密集，环境相对整洁有序（图 3–12），公共服务配置健全。需要指出的是，硅谷地区生产与生活相融合的状

图 3–12　硅谷地区有序的生产与生活状态实景

态与环境相互作用，恰能使该地区在几十年的时间里保持着持久的活力。目前，国际上众多知名的科技企业基本上在此设有研发基地，并散落于居住区内，企业之间已经建立了长期的信息与产业链沟通渠道（图3-13）。

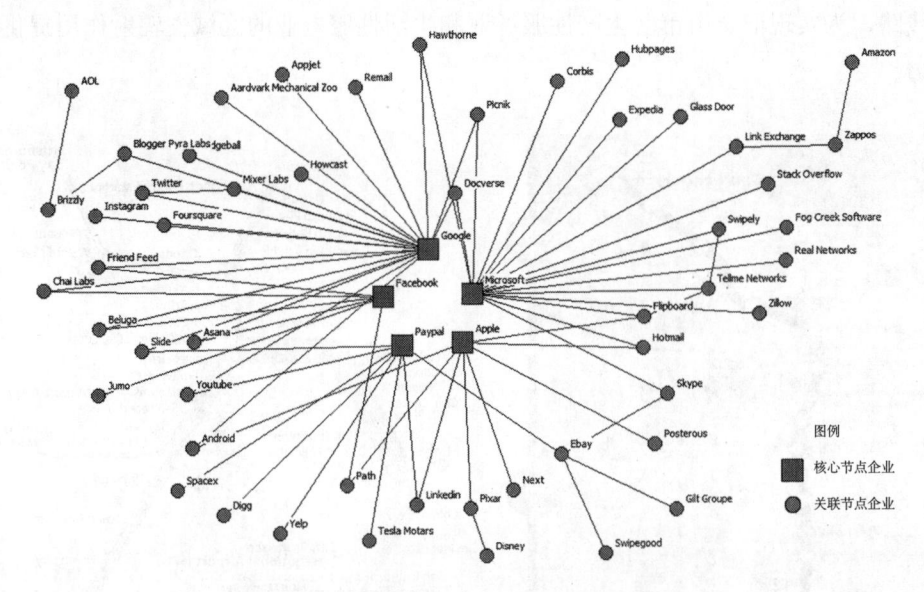

图3-13　硅谷地区的科技企业关联情况示意
资料来源：根据硅谷介绍资料整理改绘。

此外，对于硅谷的发展而言，旧金山—圣荷西一线（图3-14）火车的开通，更是意义重大。该条线路为很多在硅谷地区特定位置的企业工作而在周边城镇生活的人员提供了便利，旧金山市与圣荷西通过铁路交通的通勤时间为一个半小时，且乘车费用远低于美国城市间的普通城际火车的价格，由于根据通勤区间的不同实施了差别定价，部分地区甚至可以以公交车的价格来乘坐火车实现城市间通勤。硅谷地区并不符合美国"公共交通不发达、火车票贵"的普遍状态。周末或是某个上下班时间，都有一定数量的人员乘此火车往返工作地点与居住地点，即便是位于旧金山湾边缘的企业谷歌，也有一部分员工是在谷歌办公、在旧金山市区居住的状况。除了旧金山市，沿旧金山—圣荷西一线的城镇生活与居住环境乃至空间肌理都极为相似，加之美国发达的基础设施以及便利的私家车出行，为这样一种扁平化的跨城镇区域，汇集生活、生产和公共服务功能于一体提供了优越条件。加之圣马特奥县（San Mateo County）以委员会的形式，通过例会协调城镇之间以及与旧金山市等周边城镇的关系，尤其是在涉及居民服务的日常生活需求以及城镇之间的发展利益协调等领域，更是加强了区域内部城镇之间的联系。同时，硅谷"V"字形区域北部连结旧金山市、奥克兰和伯克利等城镇的公共交通以 BART 轨道系统为主导，公交车服务相比美国其他城市也较为发达，加强了旧金山湾两侧地区的联系，并联合铁路通勤线路，为实现旧金山市区生产性服务业和生活性服务业的区域性辐射作用提供了保障。

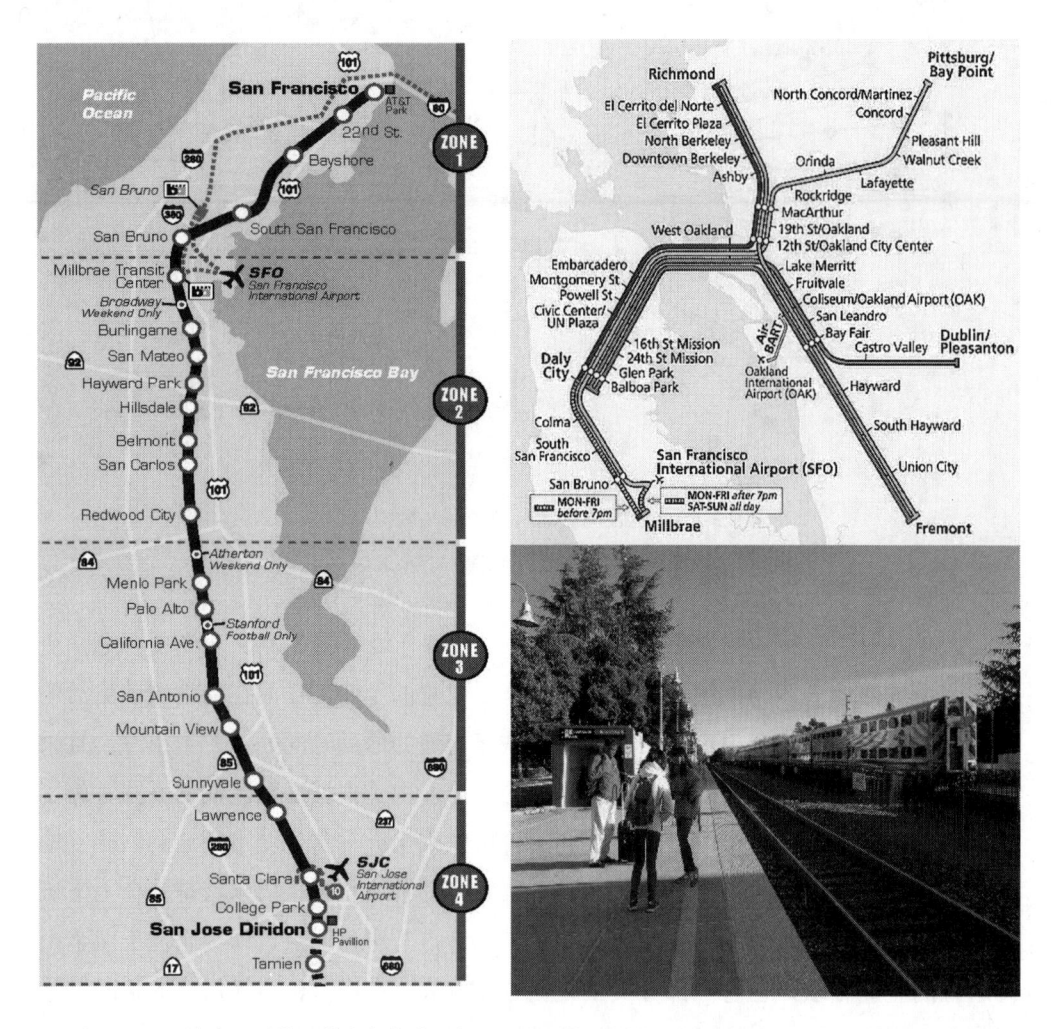

图 3-14　旧金山—圣荷西的火车线路（左）、湾区捷运系统 BART 线路（右上）以及帕洛阿托（Palo Alto）站（右下）

资料来源：左图和右上图结合谷歌地图基础资料整理绘制，右下图为笔者自摄。

2. 都市圈创新发展实践——波士顿都市圈

无论是从历史地位还是现代角色来看，波士顿对于了解美国城市和区域的创新发展都有着重要的作用。一方面，作为美国崛起的先锋地区，波士顿是新英格兰地区的最大城市，有着与其他城市相比更为悠久的发展历史；另一方面，波士顿是美国军事、生产、生活等诸多领域科技创新的先发地区，有着美国城市最高的青年人口（20~34岁）比例，是现时期美国生物医药、高等教育、电子信息以及金融保险等现代新兴产业的创新创业热土，在美国乃至全球都有着极高的知名度和影响力。另外，波士顿拥有麻省理工学院、哈佛大学等世界名校以及波士顿大学、马萨诸塞州大学等美国国内知名院校，这些高等学府培养出来的高学历人员正是支撑城市创新发展的智力源泉。在高学历人员的数量比例方面，在美国拥有本科及以上学历人口占25岁以上人口比例的城市排名中，波士顿位于第四位，这一事实更是肯定了波士顿创新发展的潜力。自20世纪60年代开始活跃的波士顿128公路，其沿线兴起的创新创业浪潮与硅谷一道极大地影响了美国乃至世界的科技发展。

有着如此丰富创新资源的波士顿在近现代历史上建成了美国的第一条城市地铁——红线（Red-line），并在经过多轮拓展延伸和新线铺设后紧密地将波士顿市域周边城镇联系在一起。加之后来通勤铁路的建设，更是扩展了波士顿对周边地区的影响，使其与周边地区的发展联系更加紧密。马萨诸塞州在1963年通过了成立都市圈规划委员会（Metropolitan Area Planning Council，MAPC）的立法，这一机构是以波士顿都市圈为主体，为波士顿及其周边的101个城镇的居民提供生活和工作服务，自此，各类创新活动与实践开始在以整个波士顿都市圈为载体的区域范围内全面展开。

波士顿由传统的港口和制造业城市走向现代的以计算机硬件、软件、电子设备、金融、生物工程等行业为主导的世界城市的过程，连同其所引领的128公路沿线区域创新发展的兴起、衰落以及复兴的变迁过程，正是以波士顿为核心的整个波士顿都市圈发展历程的缩影。波士顿都市圈的发展历程借助创新这一源动力和波士顿这一核心空间载体，逐步实现由传统都市圈向创新型都市圈的转型和跨越。都市圈规划委员会因丰富的管理活动经验和良好的管理成效，逐步得到当地居民的认可，进而促使波士顿都市圈的管理活动也趋于多样化和系统化。"MetroFuture区域建设规划"正是基于区域协调发展的初衷，由都市圈规划委员会主导形成的、比较系统的波士顿都市圈发展规划成果，被称作波士顿都市圈的30年规划。该规划在2007年开始实施，并在过去的六年里不断地补充、调整和完善，成为反映波士顿都市圈建设创新型都市圈行动的最为集中的研究蓝本，也对中国创新型都市圈的形成与发展引导有着明确的参考意义。

在波士顿都市圈规划中，都市圈规划委员会对各个城镇的发展需求进行了梳理和总结，并将其结论根据管理部门设置进行匹配和分解，在宏观层面上形成了65个具体发展目标，主要涉及增长模式、住房配给、社区安全、愿景展望、交通组织和环境保护等六个方面（图 3-15），具体内容中多数与都市圈层面的交通组织、公共服务配置、人才集聚等导向有着直接关联，全面体现了本研究界定的创新型都市圈四大基本特征。为保障目标的执行，委员会还制订了13项引导战略，交叉引导各项发展目标，从而将创新型都市圈的人力资源汇聚诉求借助 MetroFuture 规划有效地落实到波士顿都市圈发展实践的指导任务之中。

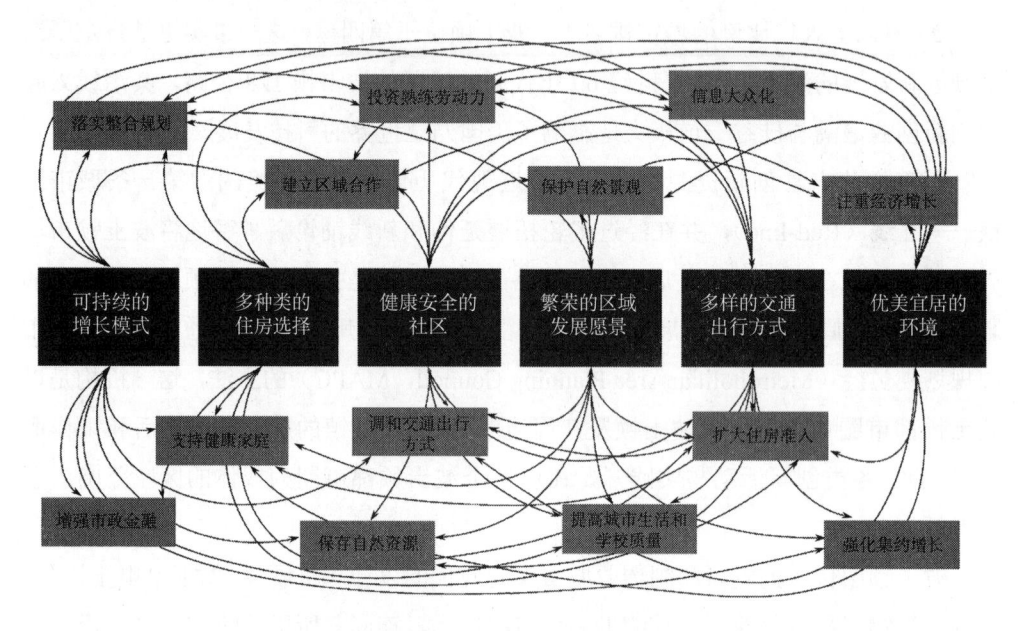

图 3-15 都市圈规划委员会的发展目标与战略
资料来源：根据都市圈规划委员会图件资料[①]翻译改绘。

都市圈规划委员会通过 MetroFuture 规划在宏观层面上强化了波士顿都市圈发展与规划的整齐划一，同时在中微观层面亦有系统的行动指导，以呼应和落实波士顿都市圈作为创新型都市圈，注重人本诉求、挖掘并组织多元创新要素的发展特点。具体表现在为了进一步提升波士顿都市圈的活力，MetroFuture 规划了200多个项目，且这些项目均是根据各个城镇不同的发展需要而设立的，并配备了专门的负责人员，做到规划的全面系统与精准指引相结合。

---

① 资料见于 From plan to action: A metro future summary，以下同。

以下选取几个典型的项目、目标进行详细说明。这些项目的分布基本囊括了波士顿都市圈的各个方位（图3-16），如位于中部地带的23号发展目标涉及萨默维尔市、剑桥市、埃弗利特市，西北部的42号发展目标涉及阿灵顿市、贝德福德市、莱克星顿市等，东北部的33号发展目标涉及塞勒姆市，东南部的59号发展目标涉及贝尔蒙特市、博克斯伯勒市、布鲁克赖恩市等，西部的36号发展目标涉及弗雷明汉市，中南部的47号发展目标涉及戴德姆市、韦斯特伍德市，东南部的5号发展目标涉及昆西镇、比华利山市、莫比尔市。

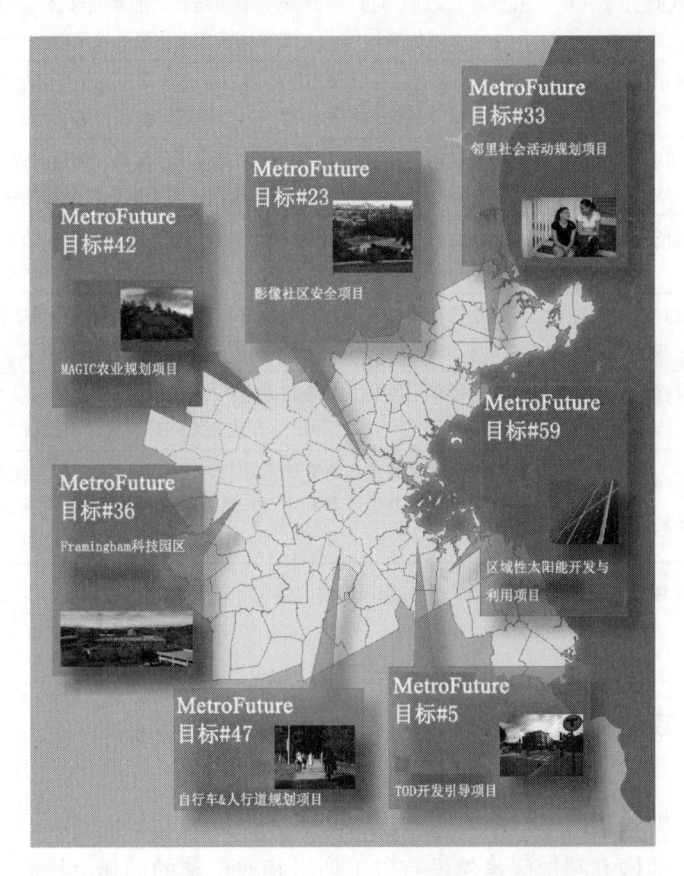

图3-16　波士顿都市圈部分典型的发展目标名称及分布位置

资料来源：根据都市圈规划委员会图件资料翻译改绘。

就项目的具体目标和行动导向情况，研究通过对MetroFuture规划中相关内容的整理和总结，发现其涉及交通、生产、生活、环保等诸多领域及其发展影响要素；项目选址和落实根据城镇自身的经济、社会和环境条件确定，并配套制定了明确的行动目标、导向（表 3-4）或是导则计划，有效推动了目前波士顿都市圈在中微观层面的创新发展实践，体现了波士顿都市圈作为创新型都市圈在人本公共服务诉求方面的全面认知，和对众多创新发展要素的有效组织。

表 3-4 波士顿都市圈部分典型项目及其行动导向列表

MetroFuture 目标	项目名称	行动导向
5	TOD 开发引导项目	开展基于交通导向的城市建设，促进增加新的就业机会，并建设舒适便捷的新型居住区，进而反过来提高交通设施的利用效率
23	影像社区安全项目	与青年摄影社合作记录当地公园、绿地以及其他公共活动场地的使用情况，保障其有效使用的同时为当地居民提供舒适安全的活动环境
33	邻里社会活动规划项目	鼓励通过网络社交和诸多其他种类的社区活动，使迁居该地的外来者、年轻人和老人能够进行更多的交流，有更多的机会融入当地社会生活
36	Framingham 科技园区	减少园区发展的小汽车出行依赖情况，通过智能交通引导方式，充分考量和引导园区的交通出行需求，腾出更多的空间和资源用于园区扩张和投资吸纳
42	MAGIC 农业规划项目	发展现代可持续农业，充分整理和利用该片区的农业用地，在保障波士顿都市圈当地生活所需的同时，创造新的经济收益来源
47	自行车&人行道规划项目	建设自行车道路和人行道路等非机动车交通系统，让更多人选择自行车和步行等出行方式，尤其是在短途出行时
59	区域性太阳能开发与利用项目	在该地区开发并推广再生能源项目，尤其是以太阳能为代表的再生能源，以户为单位对其生产和利用进行普及（如铺设太阳能吸收屋顶，建设垃圾回收利用站场）

资料来源：根据都市圈规划委员会图件资料翻译整理。

二、其他区域创新发展实践

与以硅谷地区和波士顿都市圈为代表的美国都市圈（区域）创新发展实践相比，国际上许多其他国家和地区虽然没有以上两者相对广阔的创新"核心"拓展空间与腹地，但仍然存在创新活动集聚"核"借助便捷的区际通勤线路，支撑或影响其创新活动向周边地区扩散的状况。这类活动多数配备完善的公共服务体系，以园区为载体，在载体内部或周边形成生产与生活相融合的综合环境，可视为对创新型都市圈四大基本特征以及"核心—网络"表征假设的国际实践的回应。日本的筑波新城地区便是该类案例地区的一个典型。

筑波新城是日本的一个科学工业园，其位于东京东北 60 公里（图 3–17），总面积 28 400 平方千米，包括研究学园区和周边开发区两大部分。现有约 20 万人口，其中国家技术研究人员 13 000 余人，博士数千人，是日本最大的科学研究中心。

图 3–17　筑波新城区位示意

资料来源：以谷歌地图为基础资料，结合实地调研情况绘制。

在科研资源方面，筑波是日本政府建立的第一个科学城，完全由政府出资，以基础科研为主，拥有国家级研究与教育院所 48 个，涉及高能加速器研究机构、建设技术开发中心、防灾科学技术研究所、土木研究所、国土地理院、筑波大学、国立科学博物馆、筑波宇宙中心、机械技术研究所、气象研究所、植物病毒研究所、国家产业技术综合研究所、国家环境研究所、国家农业技术研究所、国际协力机构筑波国际中心等多家单位，现阶段已发展成为融合科教与生活及其配套公共服务为一体的现代新型城区（图 3–18）。

图 3-18　筑波新城的生产与生活环境实景

在交通资源方面，筑波快线（Tsukuba Express）是一条连接日本东京千代田区秋叶原站与茨城县筑波市筑波站之间的近郊通勤交通线，为首都圈新都市铁道拥有与经营，于 2005 年 8 月 24 日正式通车。该线的列车发车类型主要有三类，为快速、

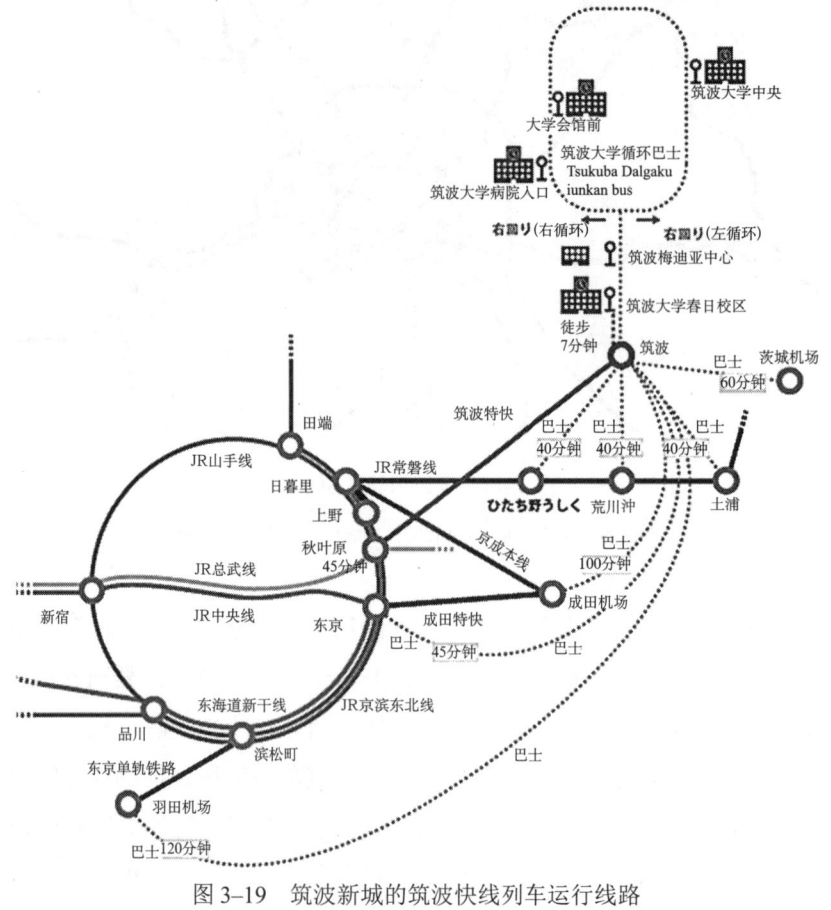

图 3-19　筑波新城的筑波快线列车运行线路

资料来源：筑波大学网①。

---

① 筑波大学："交通手段"，http://www.tsukuba.ac.jp/chinese/tsukuba_access.html。

普通和区间快速。其中，快速（Rapid，红色）为最快的种别，停车站包括秋叶原至北千住的所有车站、南流山、流山大鹰之森、守谷与筑波；普通（Local，灰色）为最慢的种别，基本上只运行于秋叶原至守谷之间，但清晨与深夜的普通班次，运行秋叶原至筑波全线路；区间快速（Semi-Rapid，蓝色）是介于快速与普通之间的种别，其所谓"区间"，是指部分地方的停车情况与快速不同（比快速多停车），但仍然比普通要快，停车站包括秋叶原至北千住的所有车站、八潮、三乡中央、南流山、流山大鹰之森、柏之叶学园，以及守谷至筑波的所有车站（图3–19）。

  欧洲的创新型园区建设与筑波的案例在创新能力的积蓄方面亦颇有相似之处。以部分北欧地区的高科技园区为例，就园区自身的功能配置而言，除了科技研发功能这一主体之外，基本上还具有一定的科教功能和配套服务功能，以保证园区生产、生活相融合的发展状态。因此北欧的诸多科学园区的功能组成基本都涉及产业、研发与实验、教育与培训、经营与管理以及配套服务等五大块（表3–5），且这些园区也在借助区际性的交通线路与设施关联并潜移默化地影响着其周边地带。这在进一步肯定世界范围内诸多科技园区存在生产生活融合现象的同时，也间接证明了此种状态对于带动更大范围内区域性创新能力的全面提升具有积极影响。

表3–5 北欧部分科学园区的功能构成情况

科学园区	产业	研发与实验	教育与培训	配套服务	经营与管理	构思与创新	谈判与协调
Kista 科技园区	●	●	●	●	●		
Karolinska 科学园区		●	●	●	●	●	
Mjärdevi 科学园区	●		●	●	●	●	
Jönköping 科学园区		●	●	●			
Hyvinkää 科学园区	●	●	●	●			
Lahti 科学与商贸园区	●	●	●	●	●		
Innopark 科技中心	●	●	●	●	●		●
Kareltek 科技中心	●	●	●	●	●		
Teknia 科技园区	●	●	●	●	●		●

资料来源：来自笔者参与的"苏州太湖科技产业园区城市设计"项目。

  同时，这些园区无论规模大小，在其空间布局及相关功能设施规划过程中均考虑了与科技研发相关的生活与生产服务功能的有效落实问题。在积极打造生产服务核心区时，结合各自的经济、社会和自然条件实现布局模式的因地制宜，形成了具有格局特色的发展实践（表 3–6），整体上将融合生产与生活的状态落到了实处。

表 3–6　北欧部分科学园区的空间布局特征与功能设施规划

	建筑综合体式	建筑群落组合式		
	中小规模的科学园区	建设规模较大的科学园区，功能设施相对健全		
		环形放射式	院落围合式	自由分散式
空间布局特征	各类设施集聚在某一综合体内，空间自成体系	各建筑设施、道路系统与绿化系统均围绕着一个或多个中心，呈放射状排布，整体有序，向心性强	注重相邻建筑之间以及建筑内部的院落围合，以同构性空间维系布局的整体性，这是一种主导性的布局模式	建筑沿道路、广场或是山水分散布置，各自为政，彼此间往往缺乏统一的空间秩序和有机的对位联系
功能设施规划	核心的功能设施相对集中，外延的功能设施则相对弱化	管理与服务设施往往居于核心，产业、研发、教育与培训等设施则环绕布置	管理与服务设施多结合核心地块的主要道路布置，产业、研发、教育与培训等设施则布局在外	功能设施的布局既可能源于统筹的规划，也可能为自行安排

资料来源：来自笔者参与的"苏州太湖科技产业园区城市设计"项目。

第三节　基于空间结构的国内外都市圈发展实践比较

在探讨都市圈能否从城市角色中顺利取得接力棒、成为支撑地区和国家经济发展新载体的过程中，寻找新时期创新大潮影响下具有突出成效的都市圈创新发展规划典型样本，便成为总结创新型都市圈发展实践、探讨创新型都市圈发展新理论模式的强烈诉求，且对于中国今后创新型都市圈的发展角色定位而言，亦颇具有探索价值。波士顿都市圈毫无疑问是其中的一个成功案例。在诸多先发国家和地区的都市圈（区域）创新发展实践中，美国的都市圈（区域）不仅在既有发展经验方面具有可借鉴性，而且在空间尺度上也与中国的都市圈有可比性。故而，将其作为与我国都市圈发展情况相比较的参考性国际案例亦是必然。美国都市圈（区域）的发展阶段的超前性既带来了前文所陈及的与创新型都市圈特征相吻合的实践经验，同时也形成了相对成熟的承载创新型都市圈"创新"特质的空间结构，正是基于此因，研究认为有必要对支撑都市圈创新发展的空间结构进行阐述，并与我国现阶段都市圈的空间结构进行比较。

研究选取前文述及的现已形成系统化空间体系及规划成果的波士顿都市圈作为空间结构比较的对象与发展管理借鉴的样本。这不仅仅是因为其扮演着美国落实创新行动和推进都市圈创新发展规划的先锋角色，还因为波士顿都市圈的这种空间结构以及州政府授权下的都市圈规划委员会管理模式在美国都市圈发展中是极为典型和多见的。如笔者走访过的西部地区的西雅图和拉斯维加斯、中部的盐湖城和丹佛、东南部的亚特兰大等区域性中心城市及其所在都市圈，其形成或是管理都采用与波士顿都市圈相似的模式：以位于都市圈中心的大城市为核心，在联动、连结并影响周边地区的同时，通过各类城际通道实现各类创新发展要素的沟通与扩散。以西雅图都市圈为例（图 3–20），西雅图市到 50 千米以外的埃弗里特（Everett，波音公司所在地）的城际公交线路按照城际客车的时间表运行，按照城市公共交通的费用计价（票价为 2.5 美元），且公交车的乘车点即位于西雅图市火车站的马路对面（图 3–21）。同时，在西雅图市区内还有多条连结城市不同区域（如市中心至大学区）以及通往毗邻周边城镇的公交线路，二者均按照市区的公交时间表运行与计费标准计价。

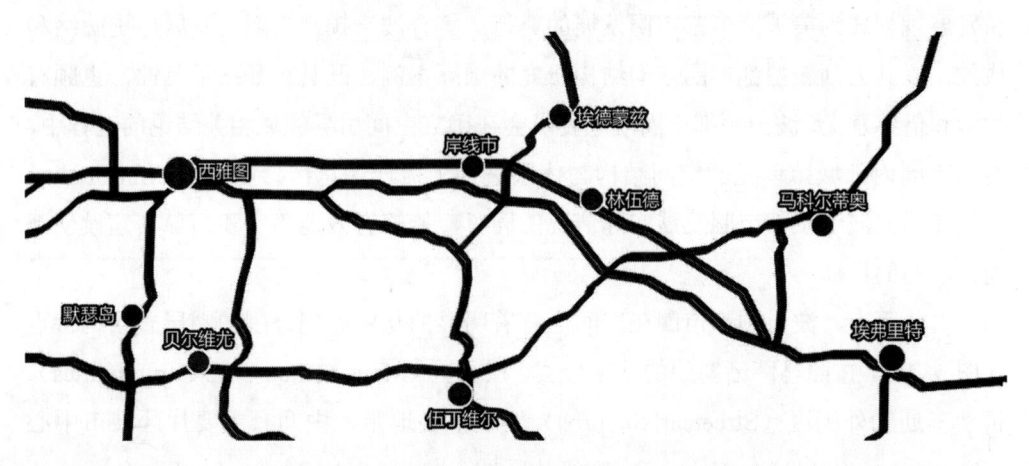

图 3–20　西雅图与埃弗里特在西雅图都市圈内的位置

资料来源：以谷歌地图为基础资料，结合实地调研情况绘制。

图 3-21　西雅图市与埃弗里特的公交站点及站牌实景

一、国际典型都市圈案例的空间结构

谈及具体的空间结构比较，波士顿都市圈以其起步较早和较为完备的都市圈创新发展规划成为美国诸多都市圈发展的典范。集合波士顿都市圈的发展历史脉络和成效，以其为创新型都市圈空间结构研究的国际案例，既具有开拓示范性，也颇有探索和借鉴意义。波士顿都市圈规划委员会在确立空间引导领域相关结论的过程中，对都市圈内部城镇单元的空间结构与体系进行了梳理和总结，以确保 MetroFuture 规划在适应波士顿都市圈发展实际情况的同时，能够有效地落实和指导其建设创新型都市圈的目标。

具体而言，波士顿都市圈在空间上有着明显的从中心到外围的圈层式结构特点（图 3-22），按照马萨诸塞州的社区分类，核心区（Metropolitan Core Communities）、机动车通勤外围区（Streetcar Suburbs）位于中心地带，中间有主要片区城市中心（Major Regional Urban Centers）、次级片区城市中心（Sub-Regional Urban Centers）、成熟型郊区城镇（Mature Suburban Towns）和已建成郊区及海角片区城镇（Established Suburbs and Cape Cod Towns），外围则是发展型郊区（Developing Suburbs）。从整个马萨诸塞州社区分布来看，波士顿都市圈整体基本位于其发展的核心区域，涵盖了该州内核（Inner Core）的全部、成熟型郊区（Maturing Suburbs）的大部以及片区级城市中心（Regional Urban Centers）的部分。

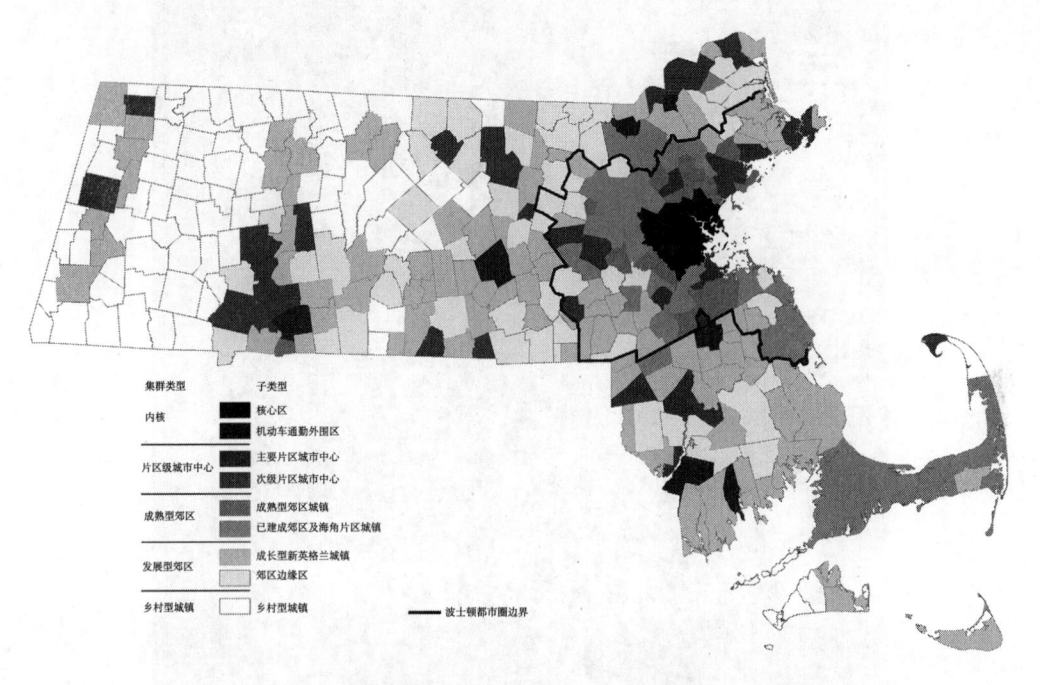

图 3-22　波士顿都市圈（粗实线以内）和马萨诸塞州的社区分类

资料来源：根据都市圈规划委员会图件资料①翻译改绘。

波士顿都市圈社区的宏观空间布局特点，在 MetroFuture 规划的空间结构中得到了呼应，通过波士顿都市圈的规划城镇体系与土地利用分区（图 3-23）情况可见，其结论与社区分类和布局整体上具有一致性：在城镇体系方面，分为都市圈核心（Metropolitan Core）、片区型节点（Regional Hubs）和郊区中心（Suburban Centers）三级，相互之间均有大都市区的主要交通走廊连结，且涉及的城镇多为上述社区分类结论中的核心区、机动车通勤外围区、主要片区城市中心、次级片区城市中心和成熟型郊区城镇。在土地利用分区方面，可开发区域，尤其是其中的高优先发展区域，均位于交通走廊附近或是都市圈核心、片区型节点和郊区中心所在的社区及周边地带。

---

① 资料见于 Massachusetts community types: A classification system developed by the Metropolitan Area Planning Council。

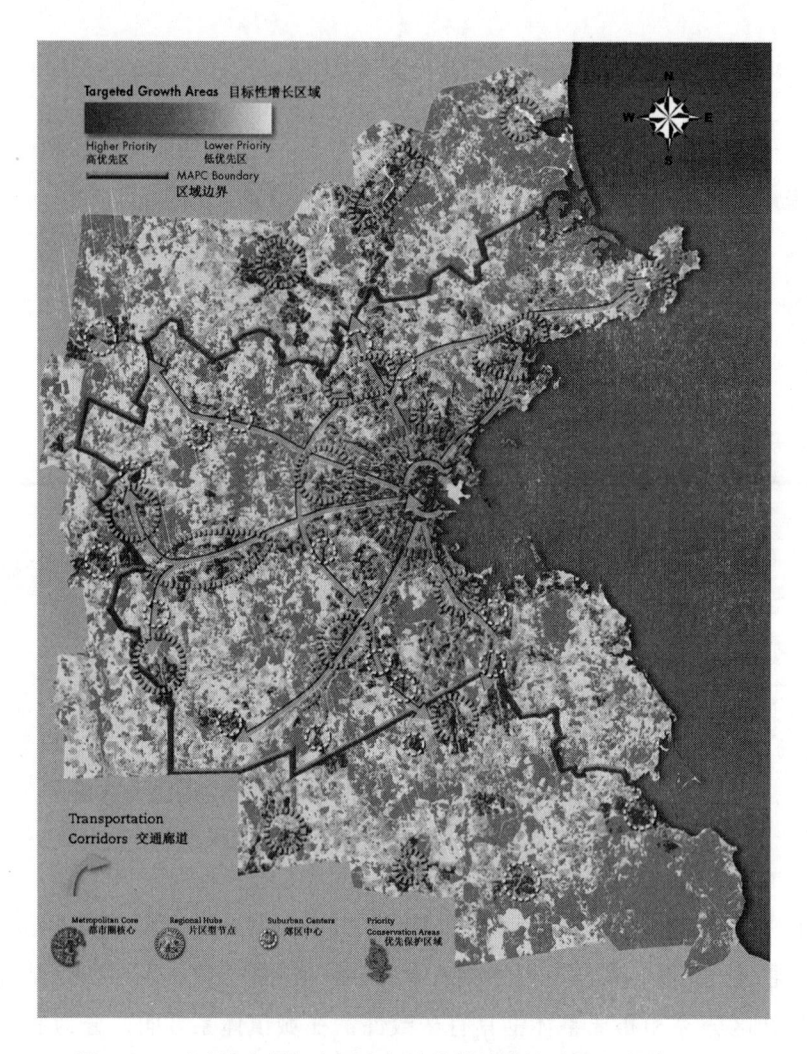

图 3-23　反映波士顿都市圈空间结构的城镇体系与土地利用分区
资料来源：根据都市圈规划委员会图件资料①翻译改绘。

二、国内外都市圈空间结构及其发展实践比较

基于以上提及的波士顿都市圈 MetroFuture 规划形成的都市圈核心、片区型节点和郊区中心三级结构的结论，将波士顿都市圈的城镇体系结构进行抽象化，使其三级结构更为明显（图 3-24），且都市圈形成三级结构的同时，也形成了都市圈发展

---

① 资料见于 From plan to action: A metro future summary。

的三个圈层，分别为核心城市边界和都市圈边界两个明确的行政边界，以及存在于二者之间、通过交通走廊串接的片区型节点圈层，这种空间三级结构和三个圈层的空间模式在美国的都市圈发展中极为普遍。

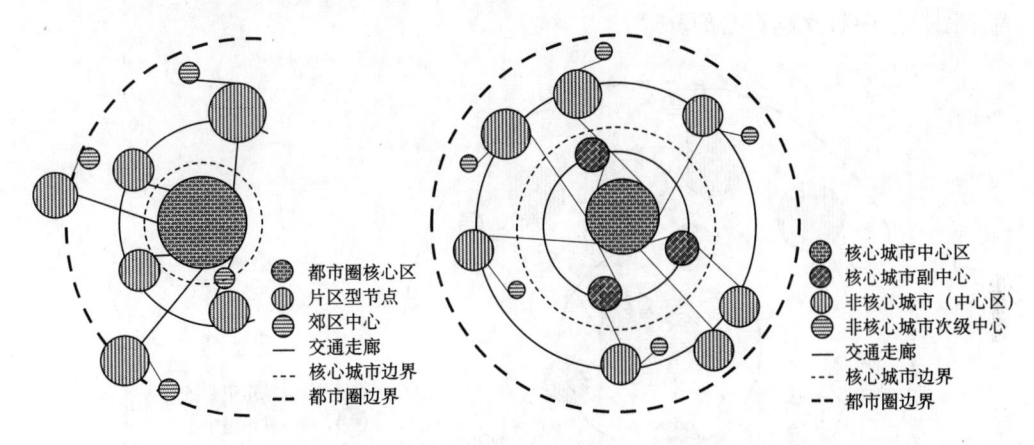

图 3-24　美国（波士顿）都市圈（左）与中国（南京）都市圈（右）的城镇空间层级

与之比较，中国的都市圈也有着层级与圈层的结构特点，但与美国的都市圈稍有差异。以南京都市圈为例，南京市作为核心城市，拥有城市中心区以及三个城市副中心，同时周遭又有扬州、镇江、淮安、滁州、芜湖、马鞍山和宣城七个地级城市作为都市圈的非核心城市，且各自有除中心区之外的次级中心。城市之间以及不同层级的中心之间通过城际高速、铁路以及城市干路等组成的交通系统连结，在城镇层级以及圈层形成方面与波士顿都市圈相比更加复杂，大致可以归纳为核心城市中心区、核心城市副中心、非核心城市（中心区）和非核心城市次级中心等中心类型以及核心城市副中心圈层、核心城市边界、非核心城市中心圈层和都市圈边界等四个圈层。这种都市圈的空间结构和圈层空间模式在中国的其他都市圈发展中也是较为普适的。

同时，结合本章对于国际上典型都市圈空间结构及反映创新型都市圈特征实践的分析，相比而言，中国都市圈并没有经历美国城市郊区化的发展过程。核心城市的中心区不仅是服务的中心，也提供了大量的居住、便捷的交通和丰富的公共服务，使得其作为中国城市居住、服务乃至创新的核心，一直未动摇过，这一点与美国以及欧洲国家的城市有着本质的不同。因此，中国都市圈内核心城市对于各类要素与资源的集聚能力的高首位表征实际上是在其中心区，在部分城市副中心与中心区已经连片的核心城市，这种高首位表现则是在核心城市中心区及城市副中心所在外围圈层，反映于图 3-25 中是核心城市中心区逐步扩大，边界逐步与粗实线（代表串联核心城市副中心的环路圈层）靠近并走向融合，这一现象带来了核心城市资源与要素集聚总量与能力的增强，也对中国都市圈内部核心城市与非核心城市之间协作互动关系的加强提出了紧迫要求，从而使得城际快速交通通道的构建在中国的创新型都市圈发展中越来越有必要。

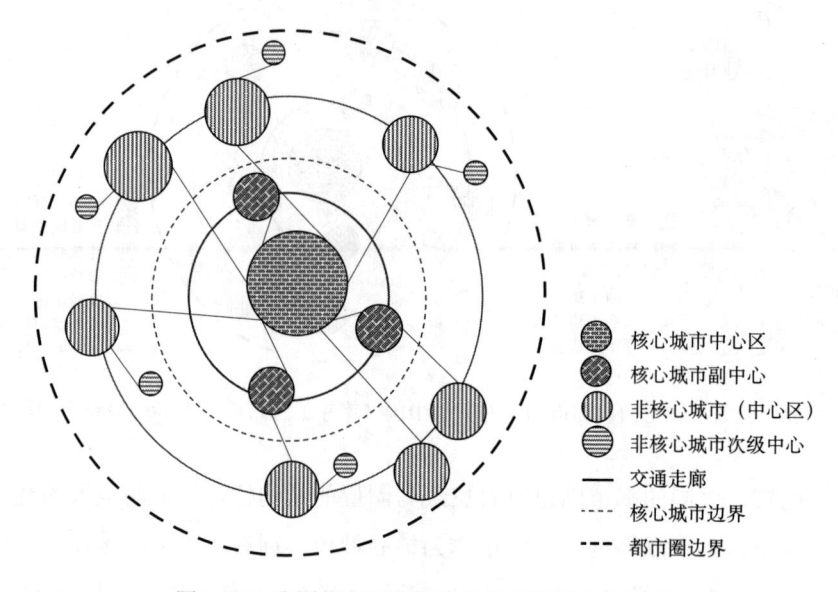

图 3-25　我国都市圈空间结构体系发展变化示意

深言之，随着都市圈内部城市间中心区互动效率与频率的提高，其各自影响的空间范围也在逐渐扩散，进而使得都市圈内部人口密度相对低的地带能够更多地接受都市圈内部临近中心的辐射，这将非常有助于整体提升都市圈对于人、物以及其他区域发展要素的聚合能力和全面提高都市圈的一体化程度。未来，以核心城市为创新"核心"引领创新型都市圈，并成为一个地区和国家经济、社会和环境全面发展的重要平台指日可待。

整体而言，美国和中国的都市圈发展都存在空间上多层次、多圈层，以及通过交通走廊沟通不同层次主要城镇的"圈层+放射"式结构，且这种空间结构将都市圈内城市聚合在一起成为相互关联的整体。基于都市圈的"圈层+放射"式结构，内部空间单元之间的发展与协作一方面可以通过城际与区际交通走廊建设带来的要素自发式流动予以推动，另一方面也可以借助不同空间单元长期以来基于各自实际发展需要形成的协议、机制或惯例予以落实。

以上两点都可以在波士顿都市圈的发展实践中得到体现。与传统城市的行政管理部门设置不同，波士顿都市圈规划委员会更加侧重的是多领域的协调管理。都市圈内部各个城镇有着自身的管理机构和组织，同时在县这一行政层级上亦有成熟系统的管理部门和人员配置，与之形成互补与对比的是，都市圈规划委员会游说于州、县两级行政部门之间，重在充分有效地协调各个城镇自身的实际发展需求，且因其并非国家设立的行政机构，其所展开的协调管理并不是直接的强制命令式，而是综合各方需求的机动引导式。就都市圈规划委员会的具体管理框架而言，其下设有（图3-26）：市政管理部门，侧重于平衡和保障城镇间居民生活所需的市政公共服务；数据服务部门，借助州政府的授权，管理和分析波士顿都市圈乃至整个马萨诸塞州的数据；区域规划执行部门，针对规划执行，且根据实际规划任务配备具体的执行小组或人员；精明增长规划部门，虽下设与传统城市管理部门名称相似的部门，但更强调创新型都市圈的集约、低碳和可持续的发展要求；副理事长管理金融、交流、政务等委员会自身的公共事务性问题，并与其他管理部门保持实时的信息畅通，与其他部门一道受命于委员会及其任命的执行理事长。

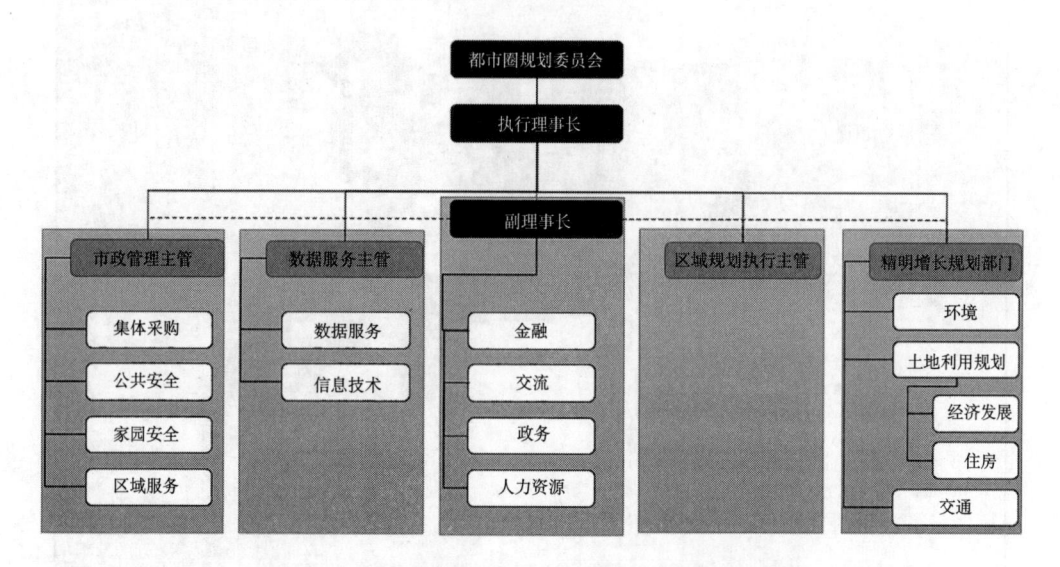

图 3-26　都市圈规划委员会的管理框架及其简要服务条目

资料来源：根据都市圈规划委员会图件资料翻译改绘。

这种管理配置既摆脱了"大区域、大机构"的尾大不掉惯性，也在一定程度上弥补了传统行政管理机构相对刻板的管理缺陷，从而使得都市圈管理更容易体现创新型都市圈的人本诉求，也更有利于各类需求、要素得到充分组织和协调。对应到中国的实际情况，在很长一段时间，甚至在现阶段创新型国家建设作为国家战略的背景下，亦有相当一部分都市圈在发展过程中未能将这种空间结构的初衷与本质予以充分体现，即前者在中国的区域性合作实践中虽有相应的实践与其对应，但后者因中国城市发展与管理基于行政边界的相对独立性而未能发挥有效的互通与协作作用，而创新型都市圈对于各类要素的组织正是通过后者的深入挖掘实现了更加高效的要素流通和利用。

空间单元之间的紧密互动是创新型都市圈形成的必然要求，而证明这类现代都市圈内部空间单元互动必要性的一个关键条件便是空间单元之间经济社会发展条件及状况的多元化。在美国，人口变化是反映都市圈内部多元现状的一个重要指标。由图3-27，波士顿都市圈内部有着多元化的人口变动趋势：既存在人口减少的地区，也存在人口增长的地区，且变化幅度各异。有人口变化即会产生生活与生产的供需

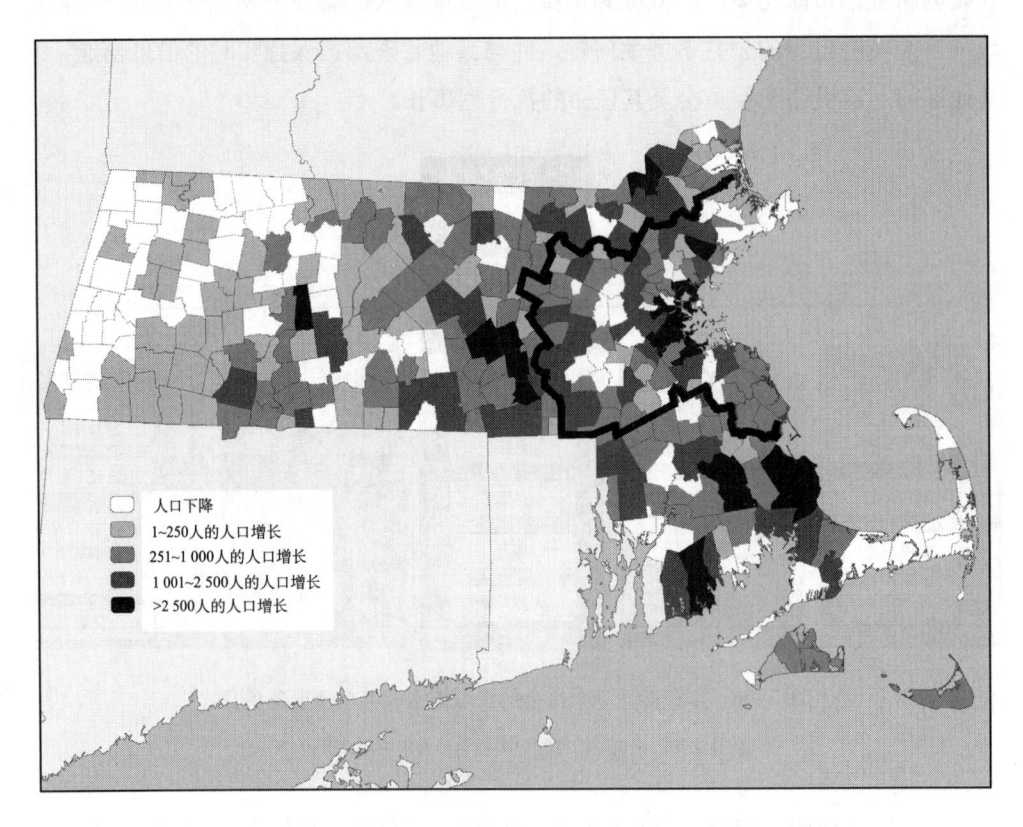

图3-27 波士顿都市圈（粗实线以内）2000～2010年人口变化
资料来源：根据都市圈规划委员会图件资料翻译[①]改绘。

---

① 资料见于 U. S. Census 2000 and 2010: Metropolitan Area Planning Council analysis.

变动。波士顿都市圈核心区属于人口增加幅度最高的地区（波士顿城市中心区和剑桥市），由此在肯定波士顿都市圈内核具有人口和资源集聚作用的同时，也呼应了都市圈内部不同行政单元发展的多元化结论，并从侧面强化了创新型都市圈发展对于人本诉求和要素全面科学组织的特定要求。相应地，这也在实践上印证了波士顿都市圈内部"圈层+放射"式结构存在的合理性，在宏观层面上实现了规划引导与发展实践之间的系统性与一致性的统一。

第四节　创新型都市圈特征的国内外实践考察小结

在国内都市圈的发展实践考察方面，现阶段中国的区域发展，尤其是都市圈这类具有跨政区特点的区域，随着高铁时代的到来，新的城市间交通走廊和通勤线路正在加紧建设，城市间有了沟通的渠道基础，摒弃了传统各自为政的状态，要素流动效率也由此明显提高。在这一过程中，伴随城际、区际交通走廊的密集化与高效化，都市圈内的各类发展要素，尤其是人力资源这一影响都市圈创新发展的核心要素，日常活动开展的空间范围因流动性而由单个城市向跨城市的区域扩展。此间，以公共服务"同城化"为代表的人本诉求日益凸显，相应地，教育、医疗、社保等社会基本公共服务领域均得到了前所未有的关注和重视。

不仅如此，近年来中国各类跨城市战略性区域的划定以及自身协调式发展的诉求掀起了国内都市圈建设的又一轮热潮。创新型城市，尤其是都市圈内部作为核心城市且集聚各类发展要素的创新型城市，对于都市圈发展的引领作用也早已不再局限于经济带动。在创新型国家建设的战略背景下，借助创新载体建设及其带来的创新活动空间拓展，创新型城市对都市圈内非核心城市的创新发展也产生了积极的带动作用。这些都市圈在发展实践中表现出来的特点与进展（图 3-28），与本研究基于逻辑推演而形成的创新型都市圈特征不谋而合，从而在实践领域勾勒出现阶段中国创新型都市圈的雏形。

在国际都市圈（区域）的发展实践考察方面，本章对美国、日本等发达国家的一系列国际案例实践进行梳理与分析，明确了创新型都市圈发展的生产、生活融合和多要素科学、全面整合要求。就演进过程而言，国际上先发地区的区域创新发展实践更多是通过特定核心地区的创新活动扩散而展开的，而这些核心地区往往具有一定的产学研结合特征，并随着生产模式的成熟而逐渐由单一的生产空间转化

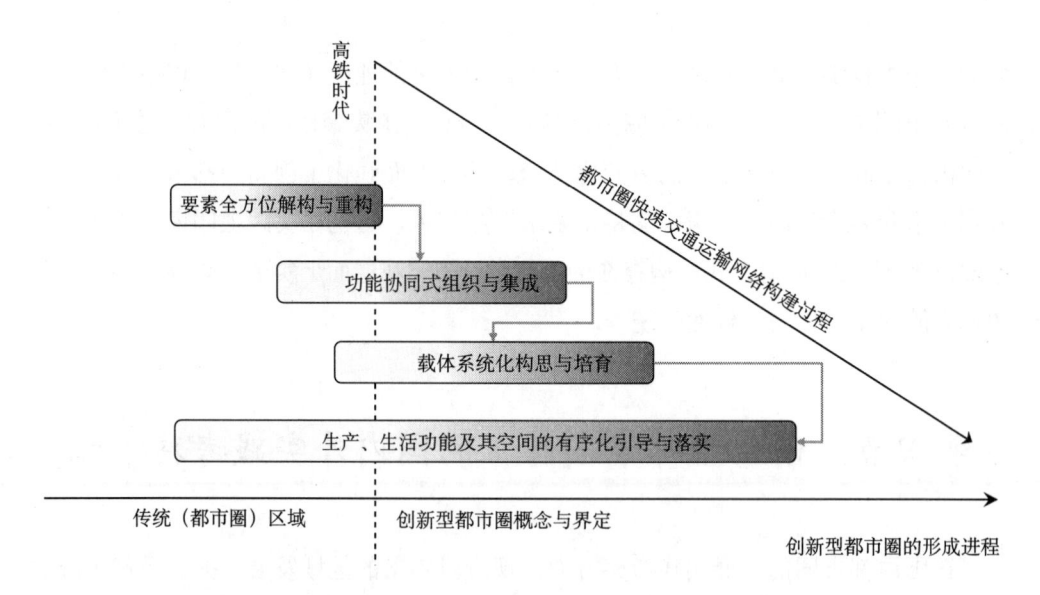

图 3-28 基于都市圈发展实践的创新型都市圈演进过程示意

为创新生产与宜居化生活相结合的综合性发展区域。且在此过程中，良好健全的公共服务配置，又会反过来促进生产创新的持续，吸引更多的科技人才来此发展，并逐步扩散，进而引领区域性全面创新发展。在对国际既有实践经验进行总结和借鉴的同时，研究立足国际视野，关注并比较了国际都市圈（区域）的发展和中国都市圈的发展存在的异同，这对明确中国创新型都市圈发展的引导思路具有积极的启发作用。

在都市圈的空间结构发展实践方面，研究又以美国的典型都市圈——波士顿都市圈为例，对比都市圈内部城镇单元的实际发展情况，解析以 MetroFuture 规划成果为代表的都市圈规划结论，评述了波士顿都市圈的宏观空间发展特点，列举了反映创新型都市圈特点的中微观行动，由此提出对中国创新型都市圈空间结构和发展方向具有借鉴意义的启示，即不再停留于传统都市圈所采用的自上而下的宏观指令式贯彻，取而代之的应当是以宏、中、微观三个层面相结合的行动和灵活机动的管理为特点的新型发展与引导模式，进而体现创新型都市圈对于人本关怀的重视以及相对强化的资源整合能力。

国际案例地区的先发经验验证了本研究提出的创新型都市圈特征，尤其是在公共服务的配置和创新载体的组织等方面，由此肯定了从创新型都市圈特征开展研究的必要性，同时也为把中国创新型都市圈发展路径的理论和实践探索结论纳入国际区域创新发展研究体系提供了可能。

第四章 创新型都市圈的实证选择及其特征绩效检验

创新型都市圈作为都市圈的一种类型,其形成与发展必然还需要立足于现阶段都市圈自身的经济社会发展条件。本章以研究选择的样本都市圈为分析对象,对各都市圈的整体发展格局情况进行分析,以反映其经济社会发展条件,并确立南京都市圈在样本都市圈中的典型性。进一步地,研究对南京都市圈的创新载体情况进行梳理,分析其与都市圈经济社会发展条件的吻合情况,验证经济社会发展条件在创新型都市圈形成过程中的基础支撑作用。同时,对于创新型都市圈形成的众多创新发展要素而言,支撑创新载体并开展创新活动的创新人才无疑是最为关键的要素,为此,研究借助对南京都市圈创新载体内部创新人才的情况调查,判断现阶段南京都市圈内部创新人才的诉求,以及诉求关联领域的发展对都市圈创新能力提升的促动作用,其间,将验证前文创新型都市圈特征的推演结论和创新型都市圈的"核心"表征。

第一节 样本都市圈的"经济—人口—土地"规模序列格局比较

本节对都市圈内部单元发展格局进行分析,在回应研究提出的"核心城市的存在是传统都市圈向创新型都市圈转型的前提"这一观点的同时,也验证创新型都市圈实证案例选择的典型性,并构成剖析创新型都市圈特征的必要研究基础。本节所采用的基础数据主要来自《中国城市统计年鉴》和《中国城市建设统计年鉴》。

一、经济产出和人口承载格局比较

经济产出和人口承载是现阶段中国的城市与区域发展中极为关注且在表征发展

成效中应用最为广泛的两项内容，因此，在对样本都市圈展开"经济—人口—土地"的三元分析中，首先对都市圈各自的经济产出和人口承载情况进行梳理，将结果作为判断都市圈发展格局的依据。

1. 都市圈整体与个案概况

整体上看，样本都市圈的经济产出和人口承载在其所在的省域范围内都有着一定的优势（图4-1）：包含四个地级市以上的都市圈，其GDP和人口数量均占到其所在省的30%以上；其中沈阳都市圈、郑州都市圈和大西安都市圈的以上两项指标均在50%以上。由此肯定了都市圈在中国省域层面所扮演的经济支撑与人口吸纳角色，也使得其在中国区域发展中的重要性不言而喻。

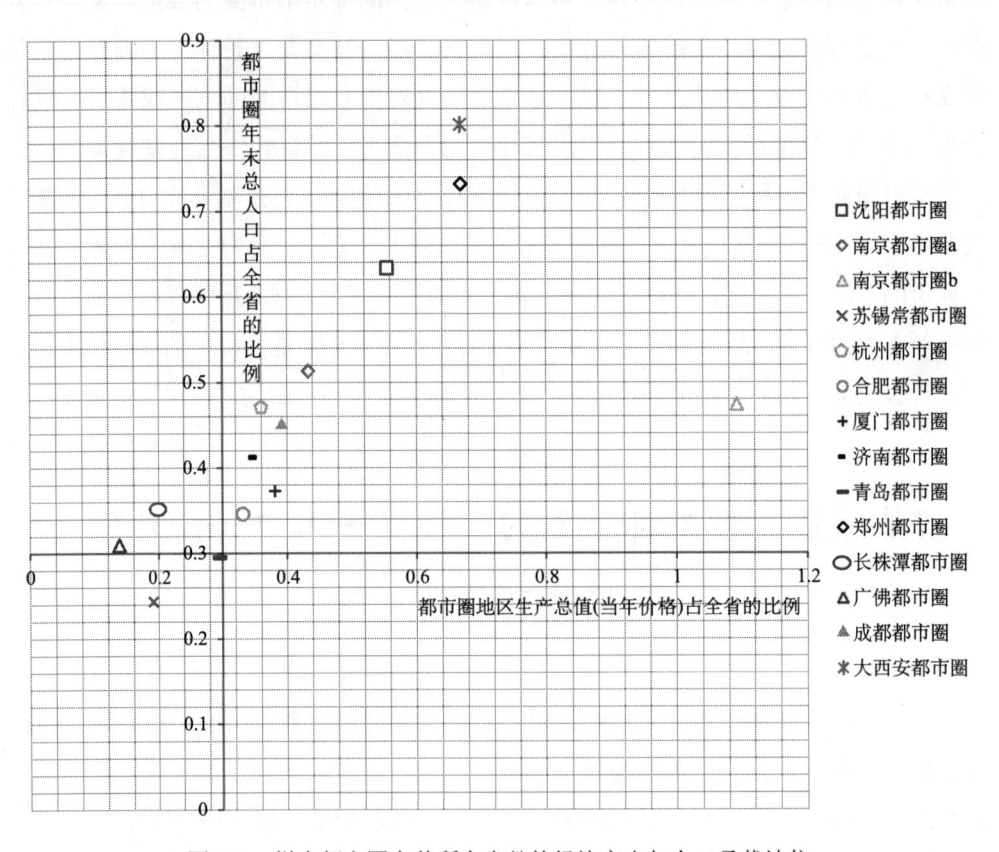

图4-1　样本都市圈在其所在省份的经济产出与人口承载地位

注：因南京都市圈涉及苏、皖两省，故将其与两省分别比较，"南京都市圈a"为都市圈与江苏省的比较，"南京都市圈b"为都市圈与安徽省的比较。

具体到个案分析层面（图 4-2），在都市圈内部核心城市与非核心城市的经济产出和人口承载方面，沈阳都市圈内核心城市沈阳市的 GDP 和人口数量均明显高于鞍山、抚顺、本溪等非核心城市；成都都市圈的经济产出和人口承载情况与沈阳都市圈极为相似，也呈现出核心城市"一家独大"、非核心城市整体"等规模聚集"的状态。南京都市圈内核心城市南京市的 GDP 和人口数量指标亦处于绝对优势的地位，但非核心城市之间在经济产出和人口承载方面也表现出各自的相对优势。比较而言，南京都市圈内的城市相比沈阳都市圈更具有经济产出和人口承载优势，具体表现为南京都市圈的城市（除宣城、滁州外）在经济产出和人口承载坐标系中均落在了 GDP＞1 000 亿元且人口数量＞200 万的区间内。杭州都市圈、大西安都市圈的情况与南京都市圈类似，虽然具有核心城市"一家独大"的情况，但非核心城市之间的差异也相对较大。合肥都市圈的状况有所不同，其核心城市合肥市人口数量与非核心城市六安市相当，但经济产出的绝对优势是较为突出的，与之情况类似的还有济南都市圈和青岛都市圈，二者的核心城市济南市、青岛市经济产出均高于都市圈内的非核心城市，但在人口承载方面有部分非核心城市与之旗鼓相当。郑州都市圈作为包含地级市数量最多的都市圈，其核心城市的经济产出与人口承载状况与济南都市圈、青岛都市圈和合肥都市圈相似，而非核心城市的特点与成都都市圈和沈阳都市圈相似，作为核心城市的郑州市，其集聚经济和人口的状态是毋庸置疑的。

与以上提及的九个都市圈不同，厦门都市圈、苏锡常都市圈、长株潭都市圈和广佛都市圈涉及的地级市数量均少于四个，但各自内部的城市泉州、苏州、长沙和广州在都市圈内都具有经济产出和人口承载指标的双优势。

2. 都市圈城市能级划分

基于对各样本都市圈内部城市经济产出和人口承载情况的比较，将各都市圈城市所在的经济与人口"能级"进行明确，形成各都市圈内部的城市能级格局（表 4-1）。其中，各个都市圈中均有第二能级的城市存在，特征是经济产出在 2 000~6 000 亿元，人口承载在 200~600 万人，尤其是厦门都市圈、合肥都市圈、长株潭都市圈，其内部城市均位于该能级范围内。沈阳都市圈、大西安都市圈、济南都市圈和郑州都市圈内又都有位于第三能级的地级城市。兼有第一能级和第二能级城市的都市圈数量最多，共计五个，分别为青岛都市圈、广佛都市圈、南京都市圈、杭州都市圈、苏锡常都市圈。成都都市圈内有分别处于第一、第二、第三能级的城市存在。

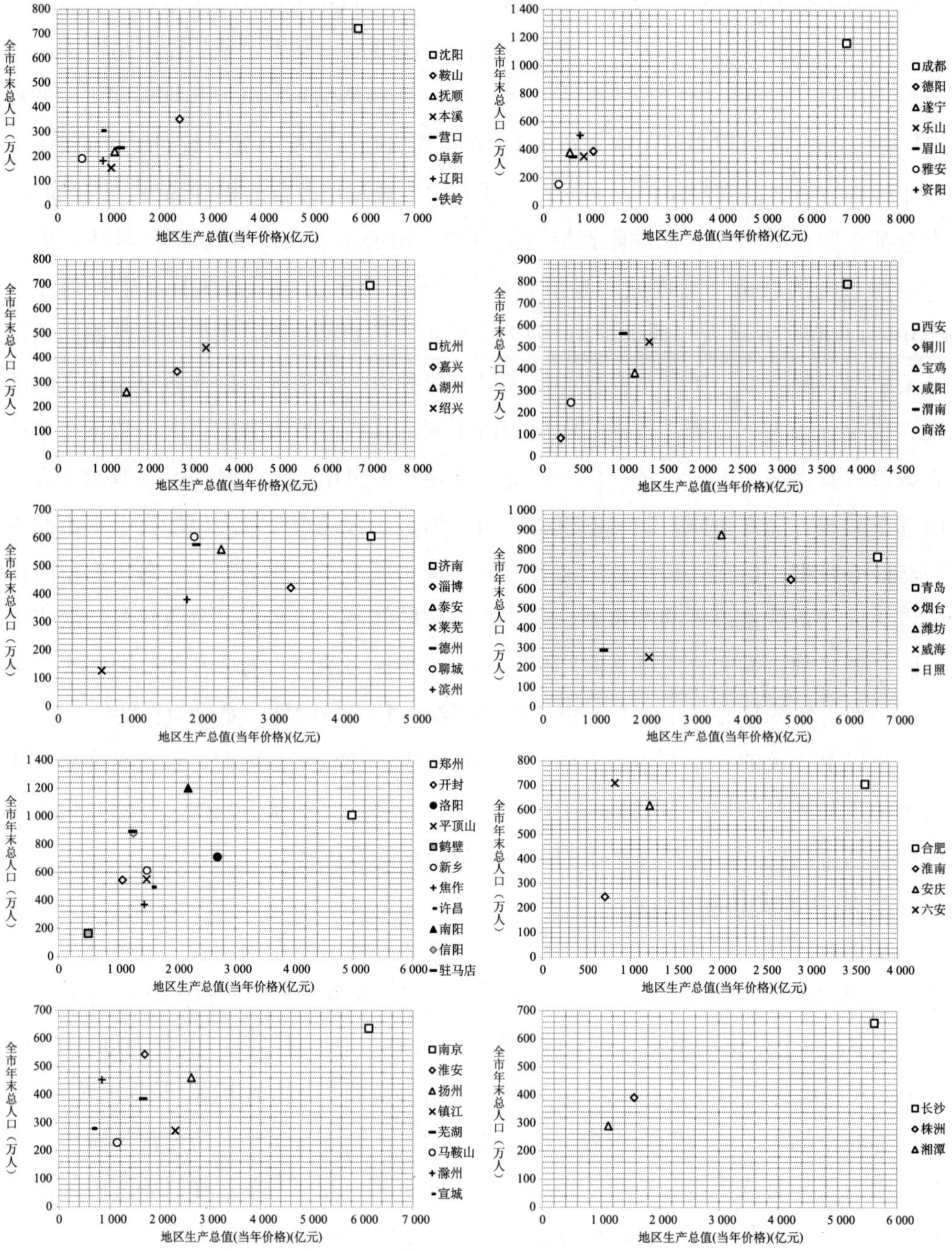
全市年末总人口（万人）
地区生产总值(当年价格)(亿元)
沈阳
鞍山
抚顺
本溪
营口
阜新
辽阳
铁岭
成都
德阳
遂宁
乐山
眉山
雅安
资阳
杭州
嘉兴
湖州
绍兴
西安
铜川
宝鸡
咸阳
渭南
商洛
济南
淄博
泰安
莱芜
德州
聊城
滨州
青岛
烟台
潍坊
威海
日照
郑州
开封
洛阳
平顶山
鹤壁
新乡
焦作
许昌
南阳
信阳
驻马店
合肥
淮南
安庆
六安
南京
淮安
扬州
镇江
芜湖
马鞍山
滁州
宣城
长沙
株洲
湘潭

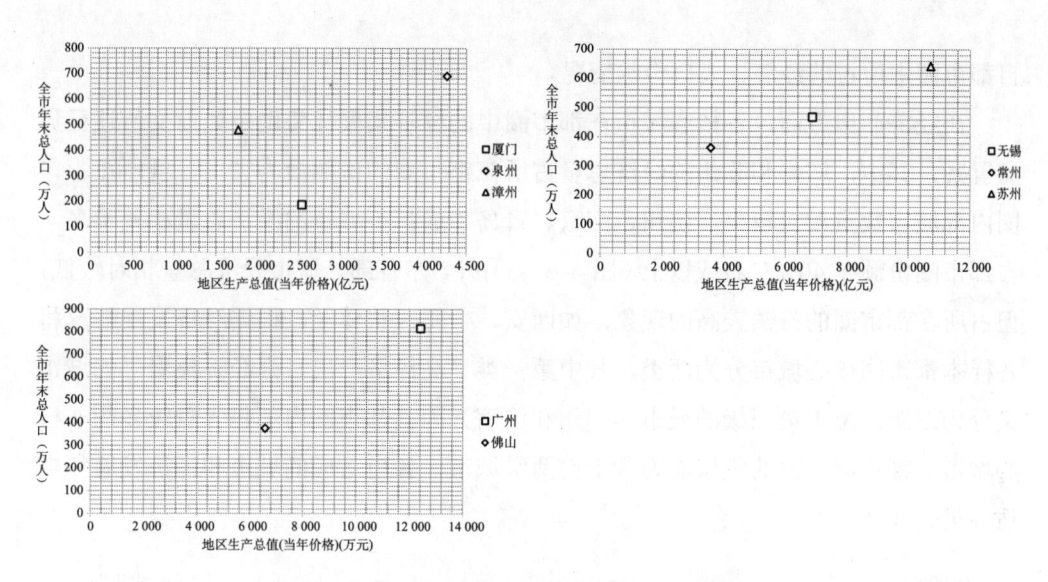

图 4-2 样本都市圈的经济产出与人口承载概况

表 4-1 样本都市圈内部的城市能级格局情况

都市圈＼能级	第一能级 X＞6 000 且 Y＞600	第二能级 2 000≤X≤6 000 或 200≤Y≤600	第三能级 X＜2 000 且 Y＜200
青岛都市圈	√	√	
厦门都市圈		√	
沈阳都市圈		√	√
大西安都市圈		√	√
广佛都市圈	√	√	
成都都市圈	√	√	√
南京都市圈	√	√	
杭州都市圈	√	√	
济南都市圈		√	√
合肥都市圈		√	
郑州都市圈		√	√
长株潭都市圈		√	
苏锡常都市圈	√	√	

注：X 表示经济产出，单位为亿元；Y 表示人口承载，单位为万人。

3. 都市圈核心城市特点

在此基础上，有必要进一步比较各核心城市的经济产出和人口承载情况及在各自都市圈中所占的经济、人口份额情况。

在经济产出方面，各核心城市在都市圈中的经济集聚优势地位如前文所述已毋庸置疑，其中，广州和苏州的经济总量占所在都市圈的份额最为突出，且所在都市圈内部城市数量相对较少；杭州、南京、青岛、成都等城市的经济总量相差不多，占都市圈份额在40%左右或以上（图4–3）；另外，亦有部分城市经济总量相对较低，但占所在都市圈的份额较高的现象，如西安、合肥。整体上，根据经济发展情况将各样本都市圈核心城市分为两类，其中第一类"高经济产出、强经济集聚"的城市又分为三级，位于第三级的城市（郑州和济南）因其都市圈内部包含着较多的非核心城市，都市圈层面的集聚能力弱于前两级城市，各自对应的城市和经济发展特点情况见表4–2。

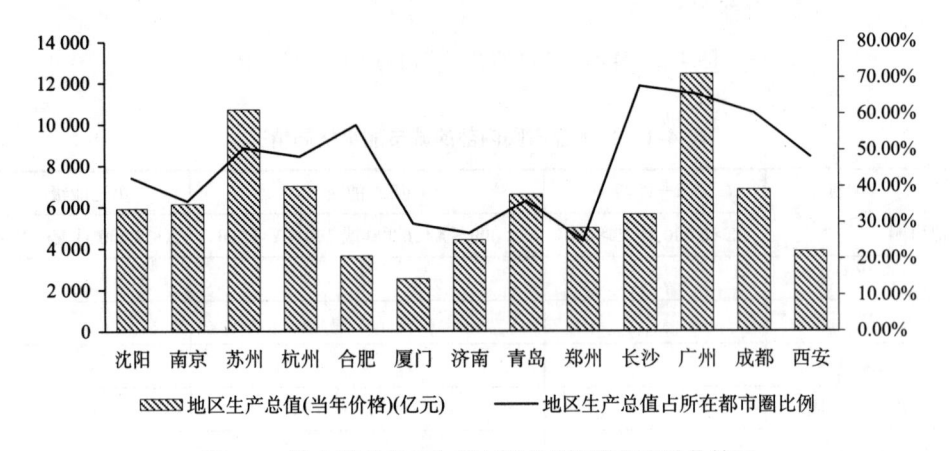

图4–3　核心城市在各自都市圈内的经济产出地位情况

表4–2　样本都市圈核心城市对应的经济产出特点及分类情况

类型		城市	特点
第一类	第一级	广州、苏州	高经济产出、强经济集聚
	第二级	成都、杭州、南京、沈阳、青岛、长沙	
	第三级	郑州、济南	
第二类		西安、合肥、厦门	（相对）低经济产出、强经济集聚

在人口承载方面，大部分核心城市的人口均在600~800万（图4–4），其中郑州、广州和成都三市均突破了800万。而在人口数量占其所在都市圈的比例方面，广州、成都、杭州等城市表现突出，其次是南京、郑州、青岛等城市，厦门市的人

口份额最低。整体上，根据人口承载情况将各样本都市圈核心城市分为三类，其中，第一类"高人口承载、强人口集聚"的城市又分为两级，位于第二级的城市虽然人口占其所在都市圈的人口份额并未明显处于高位，但因其都市圈内部包含着较多的非核心城市，且自身人口承载的绝对数量明显高于其所在都市圈的非核心城市，因而可以肯定其在一定程度上具有人口集聚优势。以上各样本都市圈内部核心城市对应的人口承载特点分类情况见表4–3。

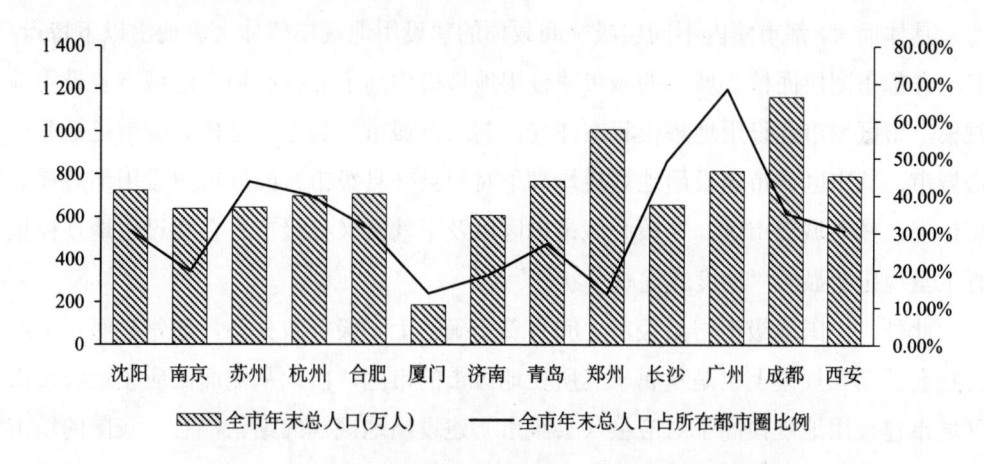

图4–4 核心城市在各样本都市圈内的人口承载地位情况

表4–3 样本都市圈核心城市对应的人口承载特点及分类情况

类型		城市	特点
第一类	第一级	广州、成都、杭州、西安、长沙、苏州	高人口承载、强人口集聚
	第二级	南京、沈阳、郑州、济南、青岛	
第二类		合肥	高人口承载、弱人口集聚
第三类		厦门	（相对）低人口承载、弱人口集聚

二、土地利用格局比较

都市圈经济产出和人口承载是其发展成效的表征，同时，作为支撑城市与区域发展各类经济社会活动的最基本要素——土地，也应是都市圈之间及其内部城市发展格局比较的重要内容，以下从用地规模和结构两个方面展开分析。

1. 都市圈土地利用规模概况

将地级市分解为市区（地级市排除市辖县及县级市后的行政区）和地级市下辖县（县级市）两个部分，对都市圈内部城市的土地利用规模情况进行剖析，可见核心城市（市区）作为都市圈发展的绝对优势角色，其统领地位的确是极为突出的，经济产出情况亦是如此。由此从侧面进一步说明，无论是县级市还是地级市（市区），二者对于上节都市圈经济产出和人口承载规律仍然是适用的。

具体而言，都市圈内不同层级空间载体的建设用地规模整体上表现出以下特点：其一，都市圈层面核心城市的城市建设用地规模均高于非核心城市的城市建设用地规模，市区城市建设用地规模状态亦同；其二，城市层面无论是核心城市还是非核心城市，其市区城市建设用地规模均高于对应县（县级市）的城市建设用地规模。整体上，核心城市市区、非核心城市市区以及下辖县（县级市）在建设用地规模指标上呈现出明显的"梯度式递减"状态。

此外，中国地级市与县级市之间有着明确的上下级行政关系，通常县级市的经济社会活动在规模上也是从属于其所在地级市的市区，由此从侧面回应了地级市市区城市建设用地规模高于对应县（县级市）建设用地规模的结论，且在我国的城市发展实践中，都市圈内不同的地级市市区作为承载对应地级市经济社会活动最为集中的地区，亦是承载和引领其所属地级市主要经济社会活动的风向标。

2. 样本都市圈土地利用结构

在比较建设用地规模之后，研究进一步地对样本都市圈各地级市城市建设用地中最为直接体现生产性和生活性的居住用地、公共设施用地、工业用地、对外交通用地和道路广场用地等五种用地的规模与比例情况进行比较分析（图4–5、图4–6）。

南京都市圈、成都都市圈和大西安都市圈的核心城市在五类用地面积方面均明显高于非核心城市，且核心城市各类用地占其建设用地总量的比例在都市圈内多数处于中等或偏上位置，整体上具有相对优势。

杭州都市圈和厦门都市圈的核心城市在五类用地面积方面均明显高于非核心城市。但在各类用地中，杭州市居住用地和工业用地占其建设用地总量的比例相比都市圈内非核心城市要低；厦门市的道路广场用地和居住用地占其建设用地总量的比例低于都市圈内的其他两市。

第四章 创新型都市圈的实证选择及其特征绩效检验 | 89

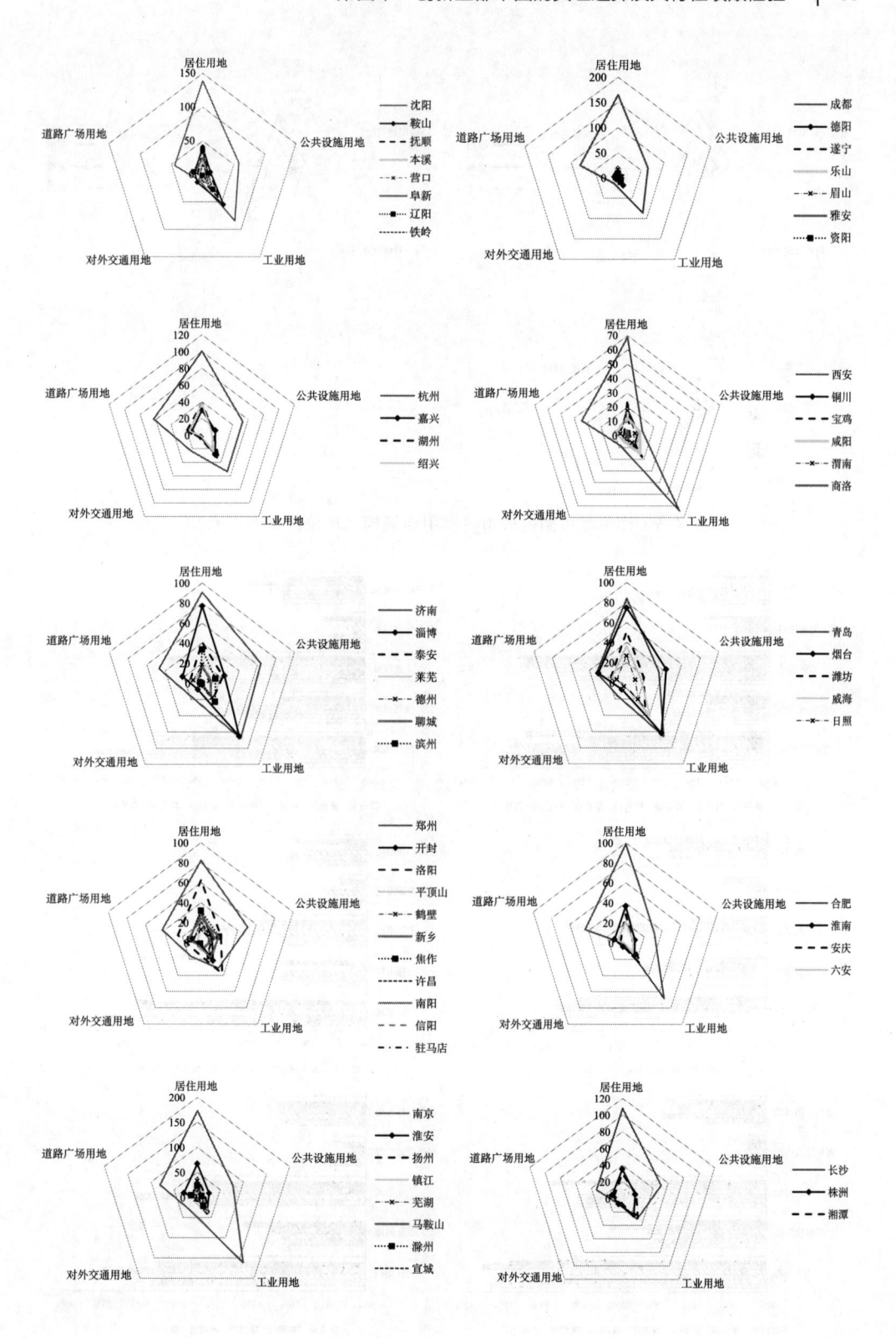

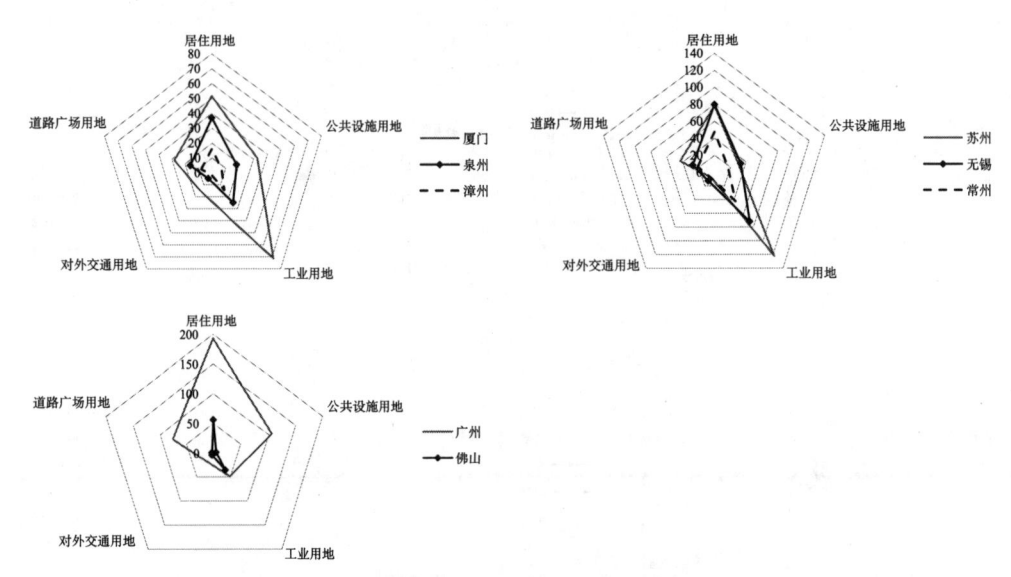

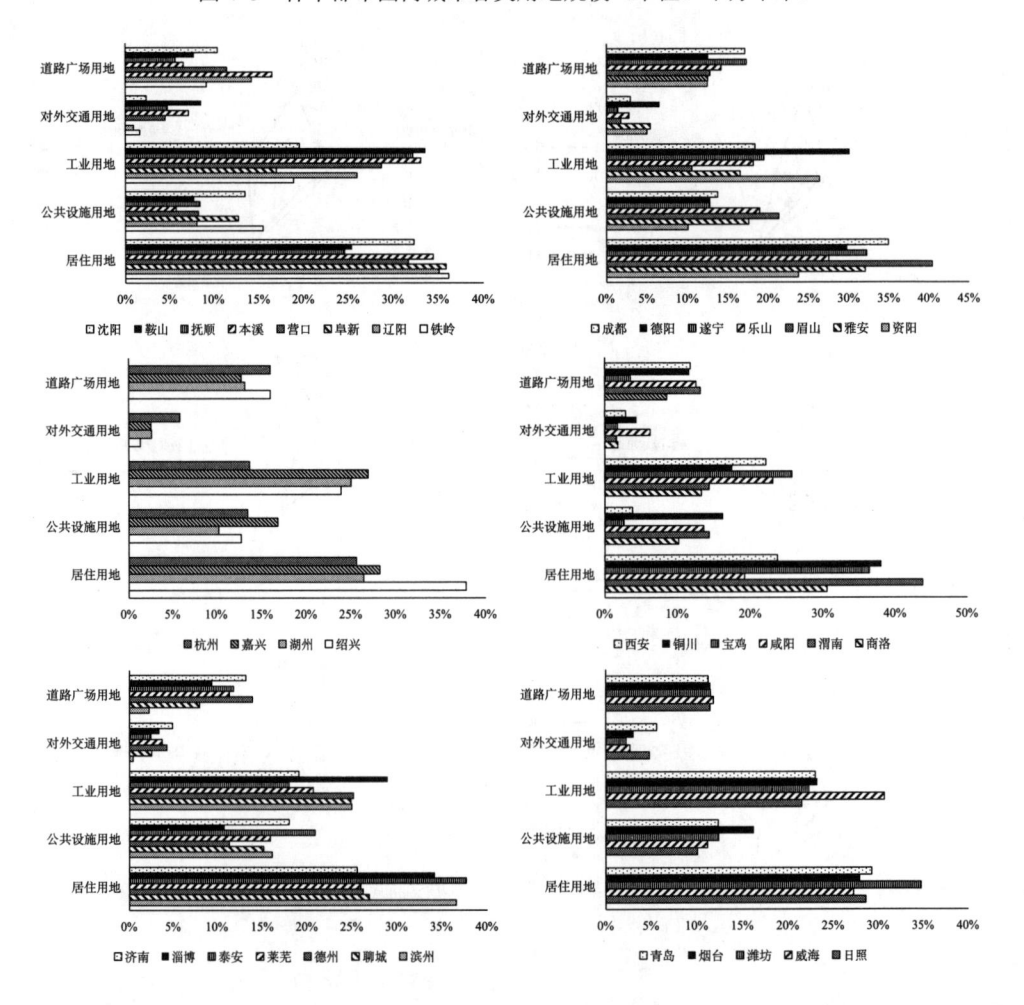

图 4-5 样本都市圈内城市各类用地规模（单位：平方千米）

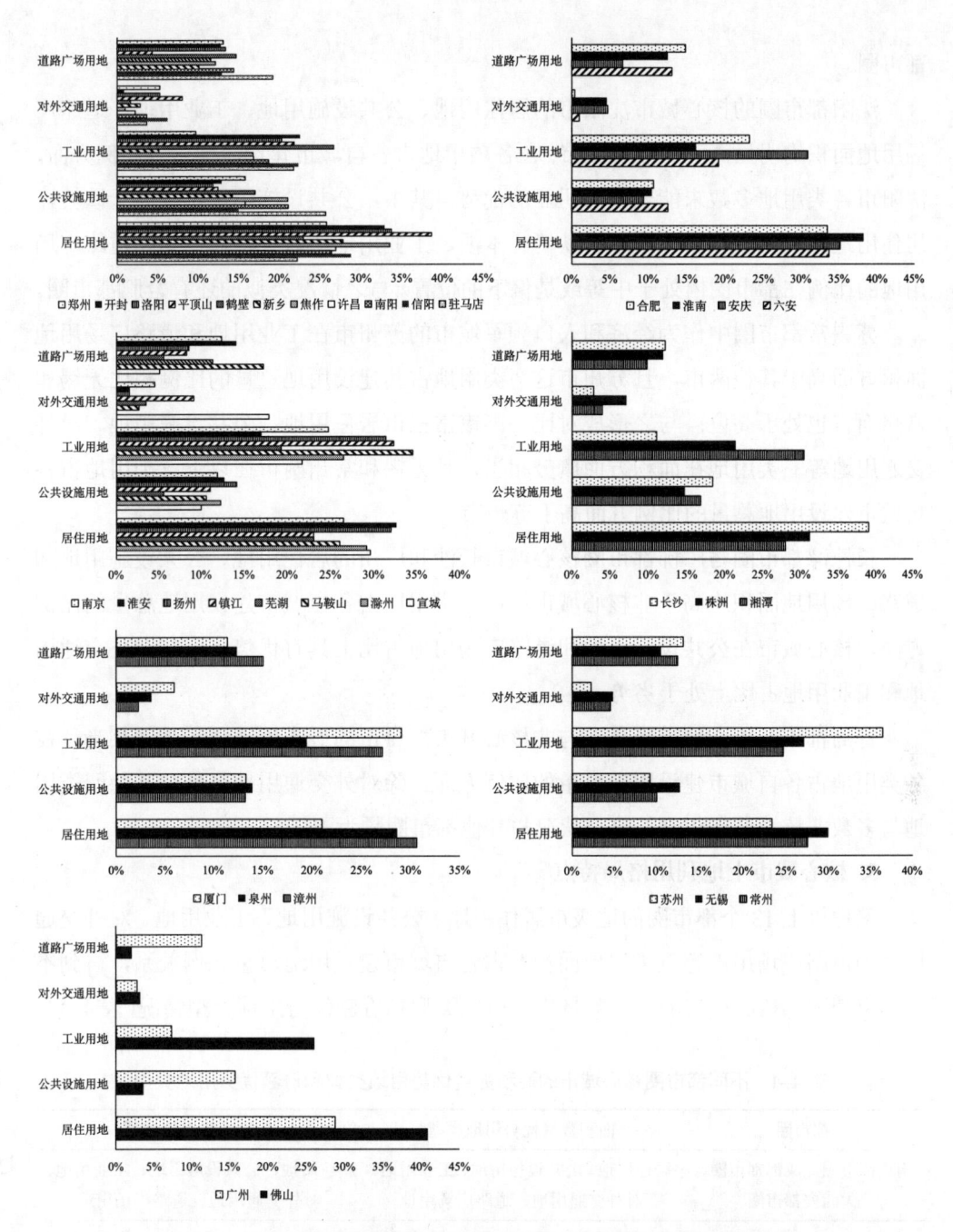

图4-6 样本都市圈内城市各类用地规模占各自建设用地总量的比例

济南都市圈的核心城市济南市的居住用地、公共设施用地、对外交通用地、道路广场用地面积高于非核心城市，在各类用地占各自城市建设用地总量的比例方面，其工业用地和居住用地的比例低于多数非核心城市。与之情况类似的还有郑州都市圈。

沈阳都市圈的核心城市沈阳市的居住用地、公共设施用地、工业用地、道路广场用地面积均明显高于非核心城市；在各项用地占各自城市建设用地总量比例方面，沈阳市各类用地多数未能表现出明显的优势，其中，公共设施用地比例低于铁岭，居住用地比例低于阜新、辽阳、铁岭、本溪，工业用地、对外交通用地和道路广场用地的比例在都市圈内处于中等或是偏下的位置。与之情况类似的还有合肥都市圈。

苏锡常都市圈中作为经济和人口领军城市的苏州市在工业用地和道路广场用地面积方面高于其他两市，且苏州市这两类用地占其建设用地总量的比例相比无锡和常州而言也处于高位；与之形成对比，苏锡常三市居住用地、公共设施用地、对外交通用地等三类用地在面积方面旗鼓相当，且无锡和常州两市在以上三类用地占各自城市建设用地总量的比例方面高于苏州市。

长株潭都市圈与广佛都市圈核心城市长沙和广州的居住用地、公共设施用地和道路广场用地面积均高于非核心城市；在各类用地占各自城市建设用地总量的比例方面，核心城市在公共设施用地和道路广场用地占比上具有优势，而在对外交通用地和工业用地占比上处于劣势。

青岛都市圈核心城市青岛市与非核心城市烟台市的五类用地面积大体相当，在各类用地占各自城市建设用地总量的比例方面，除对外交通用地之外，其他四类用地与多数非核心城市相当，这一状况与其他都市圈颇为不同。

3. 核心城市土地利用格局特点

整理以上13个都市圈的地级市居住用地、公共设施用地、工业用地、对外交通用地和道路广场用地等五类用地面积及占各自城市建设用地总量比例关系，得到不同都市圈内部核心城市的面积数量优势用地类型和份额优势用地类型情况（表4-4）。

表4-4 不同都市圈核心城市的面积数量优势用地类型和份额优势用地类型

都市圈	面积数量优势用地类型	份额优势用地类型
南京都市圈、成都都市圈、大西安都市圈	居住用地、公共设施用地、工业用地、对外交通用地、道路广场用地	居住用地、公共设施用地、工业用地、对外交通用地、道路广场用地
长株潭都市圈、广佛都市圈	居住用地、公共设施用地、道路广场用地	公共设施用地、道路广场用地
沈阳都市圈、合肥都市圈	居住用地、公共设施用地、工业用地、道路广场用地	公共设施用地

续表

都市圈	面积数量优势用地类型	份额优势用地类型
济南都市圈、郑州都市圈	居住用地、公共设施用地、对外交通用地、道路广场用地	对外交通用地
杭州都市圈	居住用地、公共设施用地、工业用地、对外交通用地、道路广场用地	公共设施用地、对外交通用地、道路广场用地
苏锡常都市圈	工业用地、道路广场用地	工业用地、道路广场用地
厦门都市圈	居住用地、公共设施用地、对外交通用地、工业用地、道路广场用地	工业用地、对外交通用地
青岛都市圈	居住用地	对外交通用地

从都市圈内部核心城市的优势用地类型视角出发可见，多数样本都市圈的核心城市在以上五类用地类型比较中具有面积数量上的规模优势，但就份额优势而言，核心城市相比于非核心城市比较突出的用地类型主要有体现其服务辐射特征及与周边非核心城市沟通特征的公共设施用地、对外交通用地、道路广场用地三类，居住用地和工业用地的份额优势不具有普遍性。

第二节 南京都市圈发展格局及创新型都市圈特征的典型性

上述样本都市圈的"经济—人口—土地"规模序列格局比较分析是选择具有典型发展格局的都市圈的依据，进一步地，从创新型都市圈特征视角出发，判断所选择都市圈的典型性，是直接回应和检验创新型都市圈特征的必要前提。为此，本节首先选择具有典型发展格局的都市圈案例，继而从支撑其创新发展的两个直接方面——创新载体和创新人才出发，回应其反映的创新型都市圈特征的典型性。

一、"经济—人口—土地"规模序列格局的典型性

通过样本都市圈在各自所在省域的经济产出和人口承载地位、每个都市圈内部城市之间以及各都市圈核心城市经济产出和人口承载情况的比较可见，目前中国以创新型城市为核心城市的都市圈样本整体上表现出三个特点：其一，都市圈对其所

在省份的经济产出与人口承载贡献举足轻重，有的甚至可以说是省域经济产出和人口承载的主体（如沈阳都市圈、大西安都市圈等），但同时都市圈之间因各自所在省域经济条件和人口基础的不同亦存在着经济产出和人口承载水平差异；其二，核心城市"高经济产出、高人口承载"态势逐步加强，并将进一步集聚所在都市圈内的经济和人口，向"强经济集聚、强人口集聚"的状态发展；其三，目前样本都市圈内部城市之间存在着发展能级差异，且具有渐次性，未有都市圈内部仅存在第一能级和第三能级城市、不存在第二能级城市的情况，都市圈内部城市存在第一和第二能级、第二和第三能级，以及第一、第二、第三能级三种能级格局，且第一和第二能级城市并存的状态作为存在渐次性的最高状态已在诸多都市圈中出现，如南京都市圈、杭州都市圈等。

继而，比较各样本都市圈核心城市的居住用地、公共设施用地、工业用地、对外交通用地和道路广场用地等五类用地规模及占各自城市建设用地总量比例情况（图4-7）可见，尽管不同城市之间的五类用地面积相差较大，且这种用地规模优势多与城市的经济产出和人口承载息息相关，但就各类用地占各自城市建设用地总量

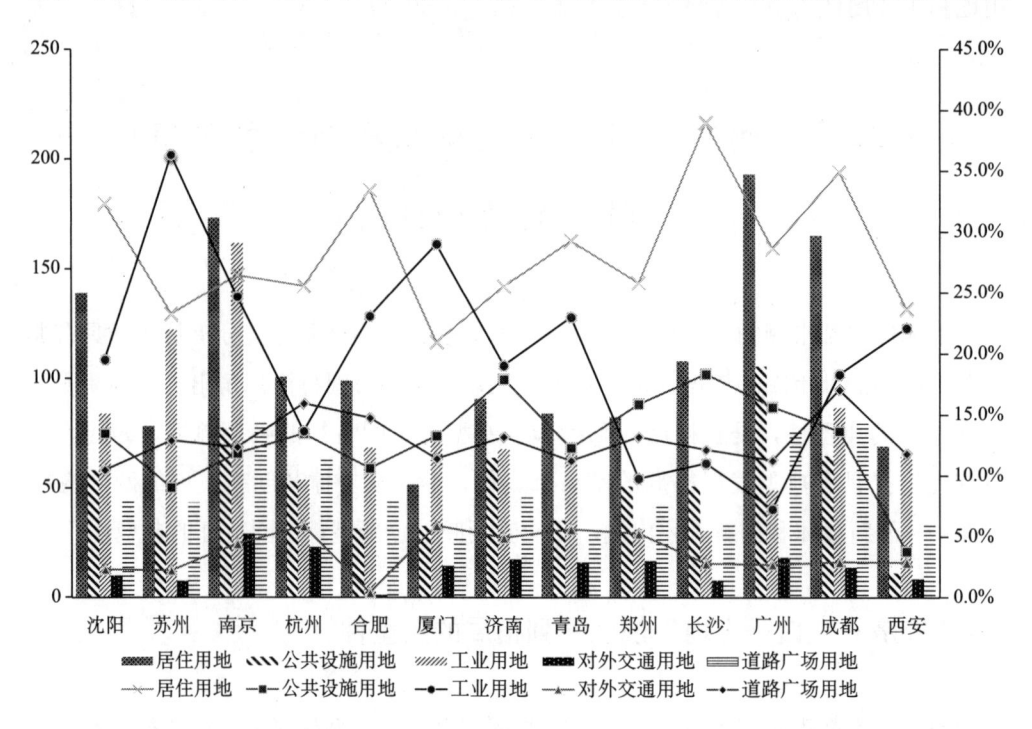

图 4-7 各都市圈核心城市的五类用地规模及占各自建设用地总量比例比较
（单位：平方千米、%）

的比例而言，不同都市圈核心城市的五类用地却有着一定的波动稳态值，居住用地、公共设施用地、工业用地、对外交通用地、道路广场用地分别对应的稳态值为28%、13%、20%、4%、13%，核心城市各类用地占比基本上在相应用地的稳态值处上下徘徊，其中，各类用地占比的数值均比较接近相对应的稳态的都市圈为南京都市圈和杭州都市圈，其次是成都都市圈和青岛都市圈。

通过以上针对中国以创新型城市为核心城市的都市圈"经济—人口—土地"三元分析，研究将中国都市圈内部城市之间的经济产出、人口承载和土地利用的次序性规模特点进行总结，形成都市圈内部城市"经济人口位"及对应的建成区范围序列的坐标示意图（图4-8），即"经济—人口—土地"三元规模序列模式图，具体阐释如下：

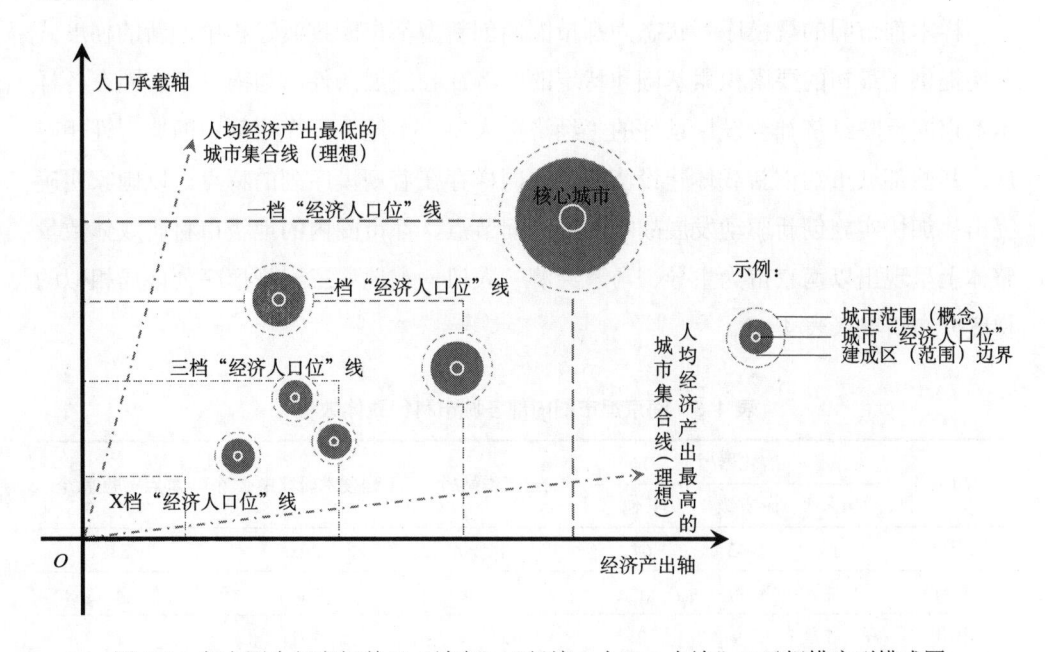

图4-8　都市圈内部空间单元（城市）"经济—人口—土地"三元规模序列模式图

设定都市圈城市的经济产出和人口承载对应轴线，分别为横轴和纵轴，每个城市的经济产出和人口承载水平便可通过坐标系中的"点位"予以反映，从而使得每个城市都具有自己的"经济人口位"，并在都市圈内部形成不同的"矩形档"，其中，核心城市位于最外围的矩形档上，称其为都市圈内"一档"，非核心城市"档"级依次类推；图中介于人均经济产出最低的城市集合线（理想）和人均经济产出最高的城市集合线（理想）之间的"矩形档"即是所有可能存在的都市圈内部空间单元

（城市）"经济人口位"。结合以上对反映城市建成区规模的城市建设用地指标的分析结论可知，核心城市市区的建成区通常大于非核心城市市区的建成区和下辖县（县级市）的核心区，故而，也可以将都市圈内城市的建成区规模次序反映在图中，且为增强结论的可辨识性，研究将规模次序通过实心圆半径大小的方式在二维坐标系中予以表现，实心圆半径越大，反映城市市区的建成区越大，由此，无论是地级市还是下辖县（县级市），亦均可以在三元规模序列模式图中找到对应的位置。

二、创新型都市圈特征的典型性

1. 南京都市圈的创新载体的建设进展

样本都市圈的规模序列状态为都市圈向创新型都市圈过渡过程中创新的梯度式传递提供了最初的要素积累基础和特定的经济社会发展条件。与南京都市圈在各样本都市圈反映经济社会发展条件的"经济—人口—土地"规模序列中的典型性相呼应，其内部城市的创新载体建设情况，也同样存在着规模序列的特点。以国家明确提出"加快实施创新驱动发展战略"为时间节点，都市圈内的地级市科研载体数量整体上呈现出以南京市为主导、与"经济—人口—土地"三元规模序列格局相似的梯度分布情况（表4–5）。

表4–5 南京都市圈内部各城市科创载体数量

市名	孵化器/个			院士工作站/个	工程技术研究中心/个	重点实验室/个
	国家级	省级	其他			
南京	14	43	64	44	298	58
镇江	6	17	1	18	134	4
扬州	3	9	0	21	151	2
淮安	2	11	0	6	42	4
滁州	2	0	0	3	18	0
芜湖	1	8	4	12	51	4
马鞍山	1	5	7	5	26	1
宣城	0	0	2	2	15	0

资料来源：根据2015年5月国家明确提出"加快实施创新驱动发展战略"后的江苏省孵化器协会和安徽省科技厅网站、江苏省科技创新平台网站相关材料整理。

同时，在诸多的创新载体内部，其空间所承载的内容整体上可归纳为研发、服务、基础设施、生态等几个方面，依次对应创新载体内部的研发空间、服务空间、设施空间、生态空间以及其他空间等子类空间。其中，研发空间是创新载体的核心；服务空间承载餐饮、购物、休闲娱乐、教育培训等生活配套服务功能和招商、创业服务、投资信贷、法律咨询等生产配套服务功能；设施空间承载道路、停车场、市政工程等配套设施；生态空间为绿地、水系等；其他空间主要是针对规模较大的创新载体，其内部还配备创新苗圃、加速器、中试车间等，部分甚至还配套有住房。各类创新载体中尤以高新技术企业的集聚程度较高，而且相对独立的科技孵化器、科技园区等内部的子类空间最为齐全。

2. 创新人才的诉求甄别：通勤时效与公共服务

创新型都市圈的形成与发展借助创新载体，其间，以创新人才为代表的人力资源正是创新载体之"创新"内涵的核心。上述创新载体内部的主要子类空间情况即是佐证。纵观当代国际创新发展浪潮，尤其是在引领世界创新发展的美国，各类支撑城市与区域创新发展的要素中，以创新人才为代表的人力资源在企业、载体、城市、区域乃至国家创新活动中的核心地位早在 20 世纪 80 年代便被由其掀起的创新创业浪潮发展经验所证实。与之呼应，在 1980 年美国企业界开展的系列问卷调查的结果中肯定了创新人才是企业创新发展动力的这一观点（图 4-9）。且在此基础上，为了实现对科研院所，尤其是高校科研活动的支持和保障（亨利·埃兹科维茨，2007），政府作为创新发展的管理者和引导者出台了对于美国城市创新发展具有划时

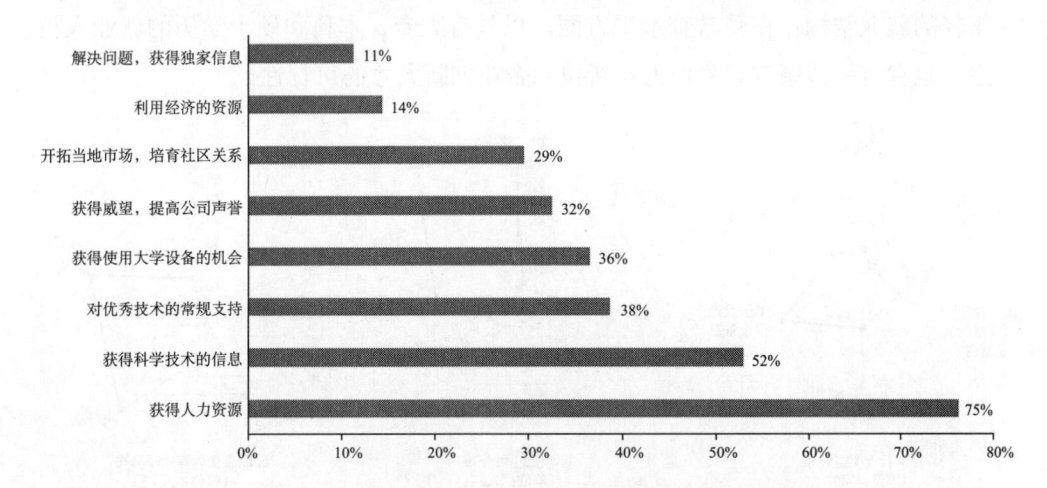

图 4-9 1980 年美国企业界支持学术研究的原因统计

资料来源：根据《麻省理工学院与创业科学的兴起》一书中的数据自绘。

代意义的《贝杜法案》(Bayh-Dole Act),自此创新活动更加趋于有序和规范。因此,现阶段政府通过提高创新载体对于以创新人才为代表的人力资源的吸引力并对其进行有序的组织,为城市与都市圈保持长远性创新竞争力提供了保障,这也是创新型都市圈核心城市能够成为创新核心和原始创新源所在地且实现创新自循环的关键所在。

需要指出的是,创新人才在影响创新载体建设的同时,自身也带来了创新型都市圈形成与发展所需要关注的相关问题,因此,关注创新人才的诉求,亦是创新型都市圈区别于一般都市圈概念,并在其经济社会发展条件基础上塑造"创新特质"的关键环节。基于对创新型都市圈发展中创新人才重要性的判断,研究在南京市和南京都市圈两个层面对该都市圈的创新人才就业活动情况进行调查,以判断创新人才的切身诉求,进而为判断除创新载体之外的创新型都市圈其他关联特征以及引导创新型都市圈的发展指明方向。

①核心城市(南京市)的创新人才就业活动情况

在南京市的调查对象选取方面,研究以我国高新技术司对于高新技术产业的分类为依据,确立被调查高新技术企业涉及的行业,具体包括信息化学品制造、医药制造、电子及通信设备制造、公共软件服务、医疗设备及仪器仪表制造、电子计算机及办公设备制造等行业,不同行业内被遴选的调查企业数量情况见图4–10a,共计96家。对企业内部工作人员发放的调查问卷共计167份(其中150份为有效问卷),被调查人员在年龄段和受教育水平的分布情况如图4–10b、c所示。在年龄段方面,以30岁左右就业人员最多,反映了高新技术企业是以研发人员为主的创新人才、较为年轻的就业结构;在受教育水平方面,以具有大专、本科和硕士学历的就业人员为主,也肯定了被调查对象作为高新技术企业创新人才的可行性。

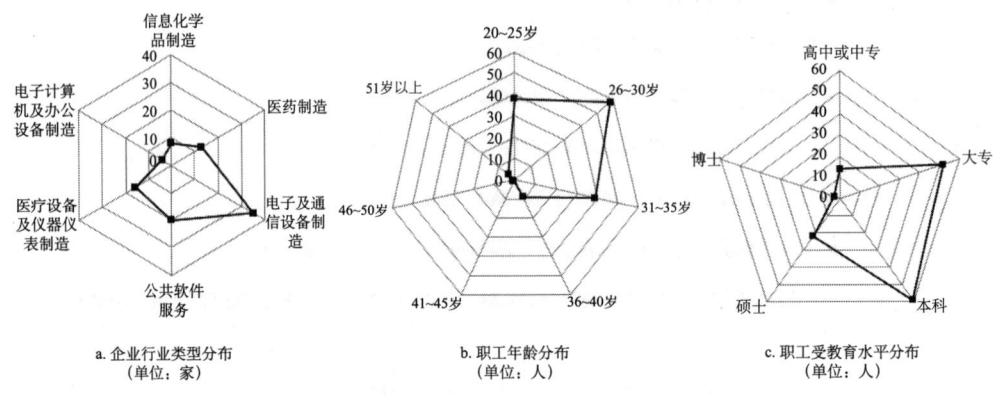

a. 企业行业类型分布
(单位:家)

b. 职工年龄分布
(单位:人)

c. 职工受教育水平分布
(单位:人)

图4–10 被调查职工基本情况和所在企业涉及行业类型情况统计

资料来源:根据问卷调查整理绘制。

创新人才在都市圈层面的流动激发了创新集聚与扩散属性，促动了创新聚变与裂变现象。为反映个体的就业空间流动现象，研究进一步统计了职工个体就业地变迁情况。150 名被调查者中有 58 人表示曾经更换过工作地点（图 4–11），且除南京本市之外，整体上被调查者曾工作过的城市以国内部分中心城市和南京周边城市为主。在位于南京都市圈内的城市中，共 9 名被调查者曾在镇江、滁州、马鞍山和淮安就业，且多为在其户籍所在地就业的情况。

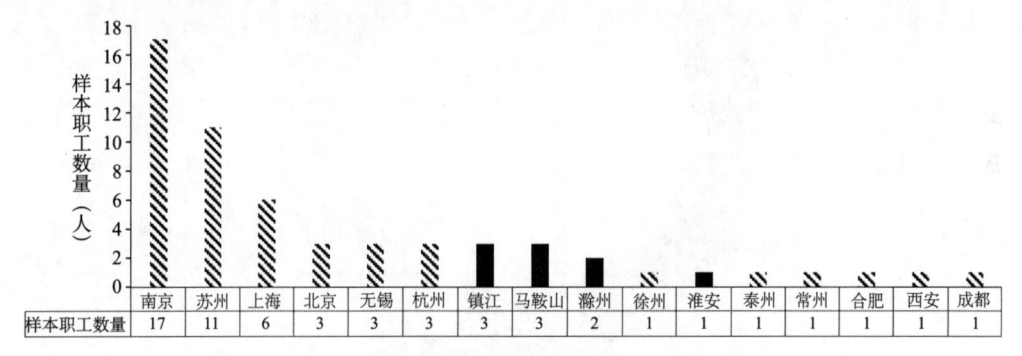

城市	南京	苏州	上海	北京	无锡	杭州	镇江	马鞍山	滁州	徐州	淮安	泰州	常州	合肥	西安	成都
样本职工数量	17	11	6	3	3	3	3	3	2	1	1	1	1	1	1	1

图 4–11　被调查者之前就业地点所在城市分布

数据来源：根据问卷调查整理绘制。

通过调查获知，被调查的高新技术企业人员选择南京市作为工作地的原因，一方面是南京市较多的高新技术企业提供了丰富的就业机会；另一方面则是快速交通线路建设及其推动下的同城化效应缩短了南京与其周边城市的通勤时间，也为被调查者就业、居住和公共服务等生活基本需求的潜在跨城平衡状态的实现提供了保障。而且南京市作为南京都市圈的核心城市，这一优势在对都市圈"经济—人口—土地"规模序列格局的分析中已有佐证，即无论是绝对规模优势，还是相对份额优势，其相比于非核心城市都有比较突出的、体现其服务辐射特征及与周边非核心城市（交通）沟通特征的公共设施用地、对外交通用地、道路广场用地等用地类型。

由此可见，伴随都市圈层面的产业合作、企业合作的实质性推进和城际快速交通线路的建设，邻近城市，尤其是开通快速交通线路的城市之间，以人才互动激活城际高新技术产业与企业合作是提升都市圈整体创新能力的必然选择，且就目前调查的高新技术企业人才的出差情况看（图 4–12），涉及技术培训、指导生产、产品推广、市场调研、项目谈判等多种原因。对于都市圈内开通快速交通线路且具有产业合作或企业合作的城市而言，人们在技术培训与项目谈判等相对耗时较短的出差情况下，能够更好地利用以高铁为代表的快速交通线路带来的都市圈内部城际通勤时效提升的优势，由此进一步为南京都市圈以南京市为创新核心、通过城际通勤时效提升和人才城际流动，实现都市圈整体创新能力的升级奠定了基础，同时也为创新型都市圈的形成与发展指明了方向。

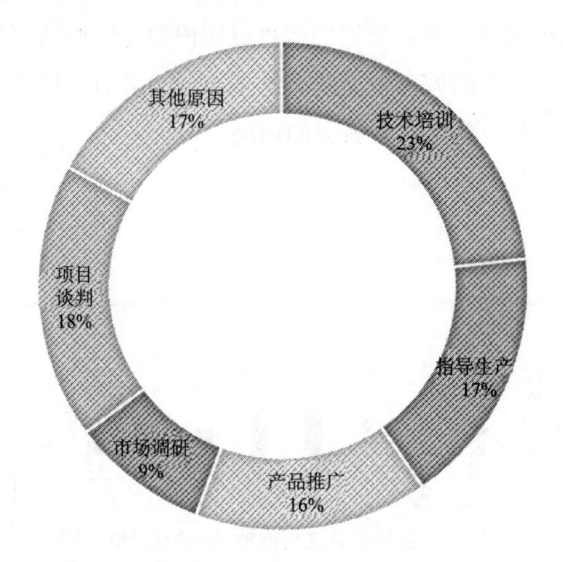

图 4-12　被调查者出差原因

资料来源：根据问卷调查整理绘制。

②南京都市圈的创新人才就业活动情况

将调查范围进一步扩大到南京都市圈内的各个城市，对各城市的科技孵化器内部科创企业工作人员进行调查。结果显示被调查对象与对南京市进行的调查的情况一样，以 35 岁以下且具有大专、本科或是硕士学位的员工（图 4-13）为主体，共计获取 477 份有效问卷。都市圈层面的创新人才调查更加具有针对性，调查问卷更加强调对创新人才切身感受与诉求等内容的关注，以进一步核验前文提及的就业通勤和公共服务设施配套等的相关分析结论。

在针对科创人员就业地选择缘由的调查中，立足就业人员依据自身需求选取的三项主要原因（图 4-14），分析可见，近家就业（原因一）是其考虑最多的因素，这在一定程度上反映了科创人员希望职住平衡的初衷，同时道路交通条件（原因二）、薪资条件（原因二）、社会福利（原因三）、居住环境（原因三）和政策条件（原因三）等方面也是其就业选择所考虑的重要因素。

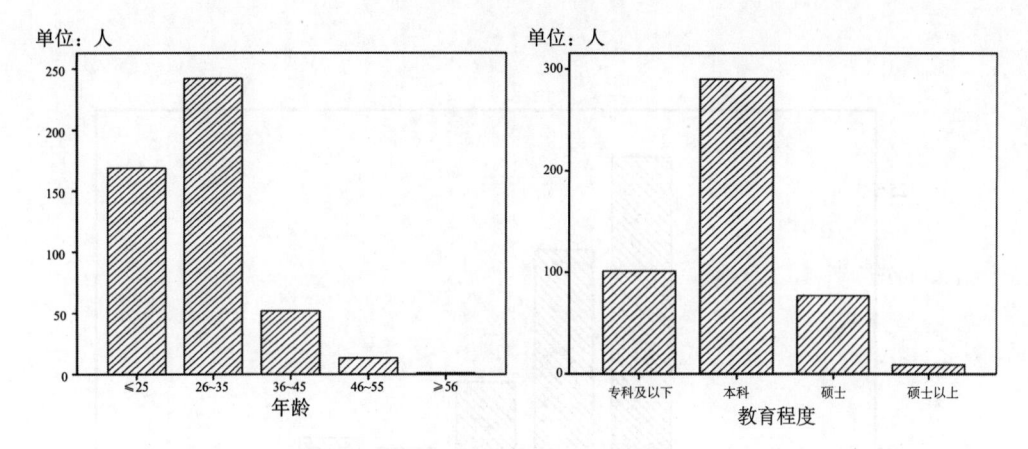

图 4–13 被调研人员的年龄段分布情况（左）和学历分布情况（右）

资料来源：根据问卷调查整理绘制。

在对科创人员理想就业环境诉求的调查中，由就业人员依据自身需求选取的三项主要理想条件（图 4–15）分析可见，良好的区位及便捷的交通（条件一）是最受科创人员青睐的理想条件，同时，科技孵化器或创新园区完善的内外部配套设施（条件二）、优质的创新平台与浓厚的创新氛围（条件二）、良好的企业待遇和完善的政府引导政策（条件三）等内容也是科创人员选择就业地时所期望的重要内容。

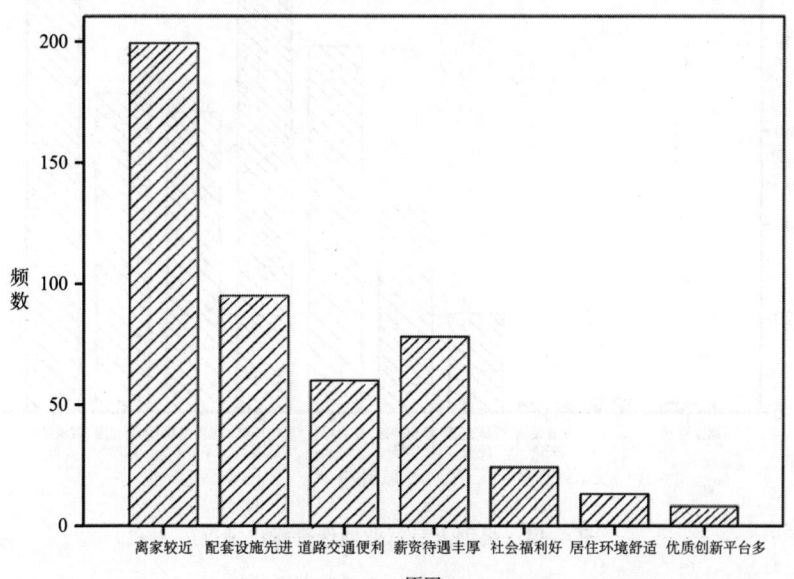

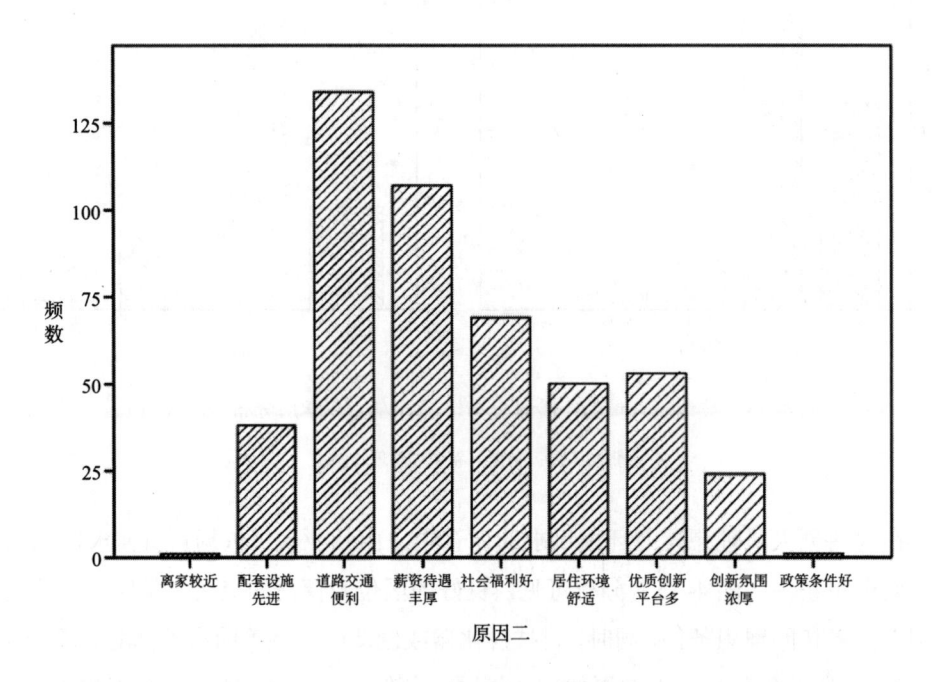

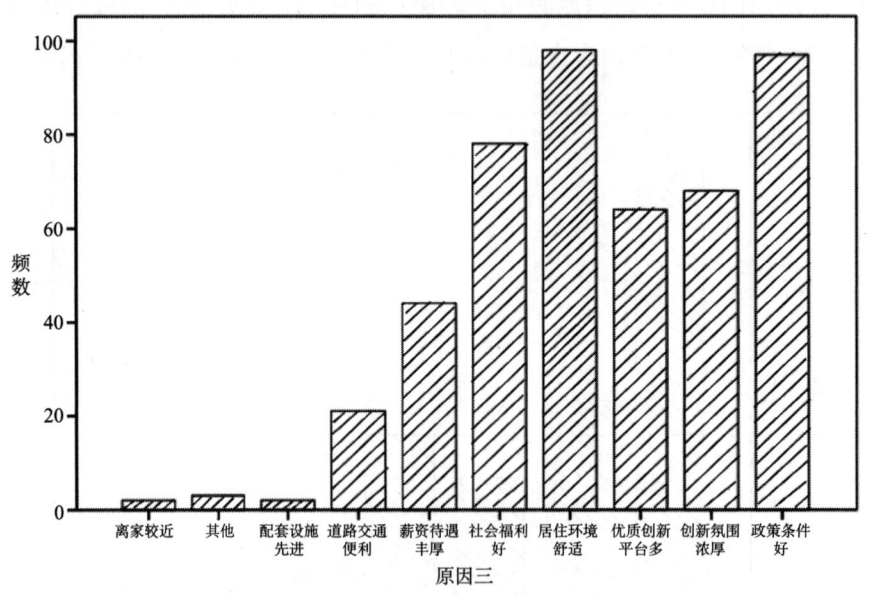

图 4-14 科创人员就业地选择缘由情况

资料来源：根据问卷调查整理绘制。

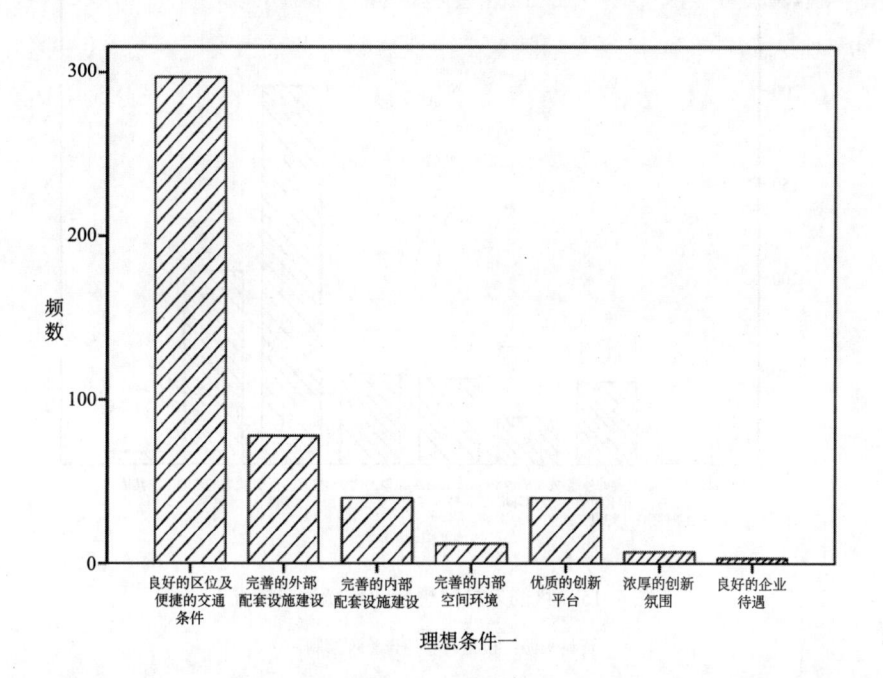

第四章 创新型都市圈的实证选择及其特征绩效检验

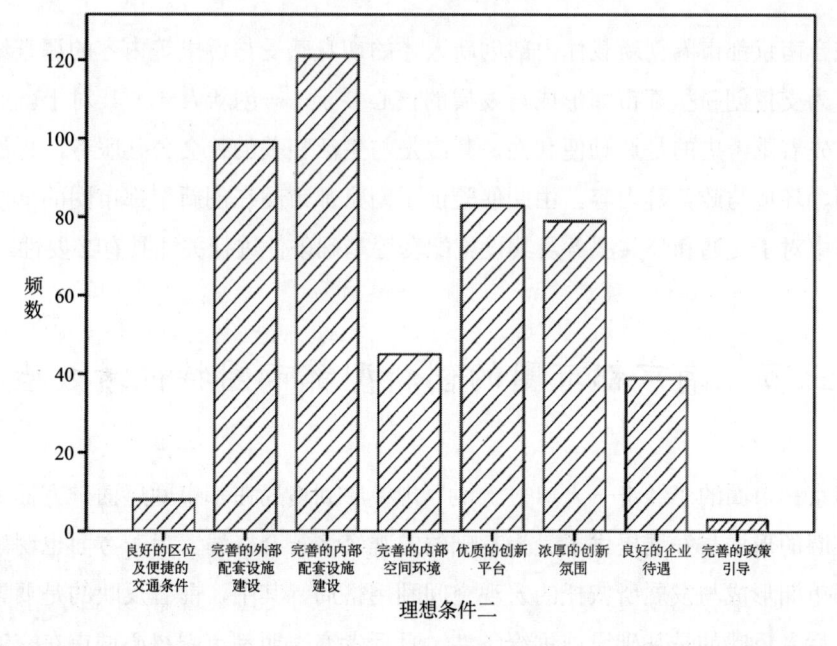

理想条件一

类别	频数
良好的区位及便捷的交通条件	~297
完善的外部配套设施建设	~78
完善的内部配套设施建设	~40
完善的内部空间环境	~12
优质的创新平台	~40
浓厚的创新氛围	~8
良好的企业待遇	~3

理想条件二

类别	频数
良好的区位及便捷的交通条件	~8
完善的外部配套设施建设	~99
完善的内部配套设施建设	~121
完善的内部空间环境	~45
优质的创新平台	~83
浓厚的创新氛围	~79
良好的企业待遇	~39
完善的政策引导	~4

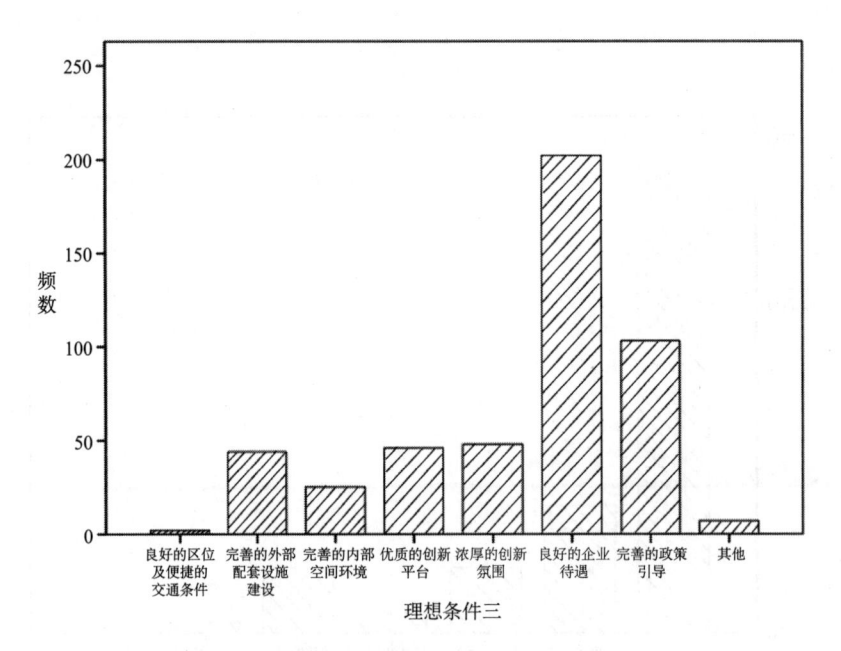

图 4–15　科创人员理想就业环境诉求情况

资料来源：根据问卷调查整理绘制。

综合南京都市圈创新载体内部创新人才的切身感受与诉求等内容的调查结果可见，作为支撑创新型都市圈形成与发展的核心要素——创新人才，其对于就业地的选择首先着重考虑的是通勤便利性，其次是与生活相关的社会公共服务，再次是创新氛围、环境与政策等内容，由此便验证了南京都市圈在创新型都市圈的形成与发展过程中对于交通和公共服务及其设施配套等基础条件进行关注具有必要性。

第三节　南京都市圈的创新型都市圈特征绩效检验

南京都市圈的"经济—人口—土地"规模序列格局在都市圈层面一方面为创新型都市圈的形成与发展提供了最为基础的宏观经济社会格局，另一方面也明确了创新型都市圈形成与发展所依托的宏观空间利用格局。其中，前者反映的是要素供给条件，后者反映的是基础设施供给条件，且后者亦表明都市圈核心城市在交通、公共服务等基础设施供给条件方面所具有的绝对优势。由于创新型都市圈发展的关键要素——创新人才具有的与交通、公共服务等基础设施供给条件相对应的通勤时效与公共服务诉求，更是肯定了本研究提出的创新型都市圈特征。研究进一步从绩效评价视角检验交通、公共服务等基础条件对于都市圈创新能力及其内部创新联系的积极促进作用,进而证实它们作为创新型都市圈特征的切实意义,以及南京都市圈以核心城市为都市圈创新核心的"核心"表征。本节相关基础数据来源于2010~2019年《中国城市统计年鉴》中关于2009~2012年、2015年、2018年的统计数据。

一、南京都市圈的基础条件评价

研究以反映南京都市圈人员流动、货物流动、信息流动、医疗条件、教育承载等方面的发展情况为变量选择视角(表4-6),兼顾对创新人才的问卷调查得出的创新人才在交通与公共服务领域的两大诉求,判断都市圈的创新发展基础条件。

表4-6 南京都市圈基础条件评价指标选择

变量遴选视角	反映基础条件的原始变量	原始变量代码
人员流动基础	铁路客运量	A_1
	公路客运量	A_2
货物流动基础	铁路货运量	A_3
	公路货运量	A_4
信息流动基础	移动电话用户数	A_5
	国际互联网用户数	A_6
	年末邮政局数	A_7
	邮政业务总量	A_8
	电信业务总量	A_9
医疗条件基础	医院卫生院数	A_{10}
教育承载基础	小学在校生数	A_{11}
	普通中学在校生数	A_{12}

考虑到因子选取的多样性,研究选择因子分析法作为都市圈创新发展基础条件的评价方法。通过因子分析,一方面可将基础条件按照关联度情况进行分解和归并,有助于更加清晰地了解都市圈的基础条件影响因子,另一方面通过主成分因子的提取可以检验交通和公共服务领域的创新人才诉求对创新能力的影响。研究首先通过KMO和Bartlett检验确认所选数据用于进行因子分析的可行性,KMO检验指标值为0.839,落于0.8~0.9的良好可行性范围之内,Bartlett检验的Sig值为0.000,表明

数据服从正态分布，适合进一步分析。

继而，将原始变量进行成分分解，得到各个成分的特征值和方差，以及正交旋转后的特征值和方差情况（表4–7），其中有两个成分的特征值大于1，即为在原始变量中提取的两个主成分。

表4–7 主因子特征值情况

成分	初始特征值情况			正交旋转后的特征值情况		
	合计	方差的 %	累积 %	合计	方差的 %	累积 %
1	7.463	62.190	62.190	6.296	52.466	52.466
2	3.122	26.018	88.208	4.289	35.742	88.208

由原始变量与主成分的旋转成分矩阵得出两个主成分对于原始变量的载荷情况（图4–16）。主成分B_1主要由铁路客运量、公路客运量、铁路货运量、公路货运量、移动电话用户数、国际互联网用户数、邮政业务总量、电信业务总量等原始变量决定，反映的是城市间的人、物、信息流的交换，且其中直接反映城市交通条件与成效的变量作用极为明显。主成分B_2主要由医院卫生院数、年末邮政局数、小学在校生数、普通中学在校生数等原始变量决定，反映的是城市医疗、教育等领域的公共服务供给条件与水平。

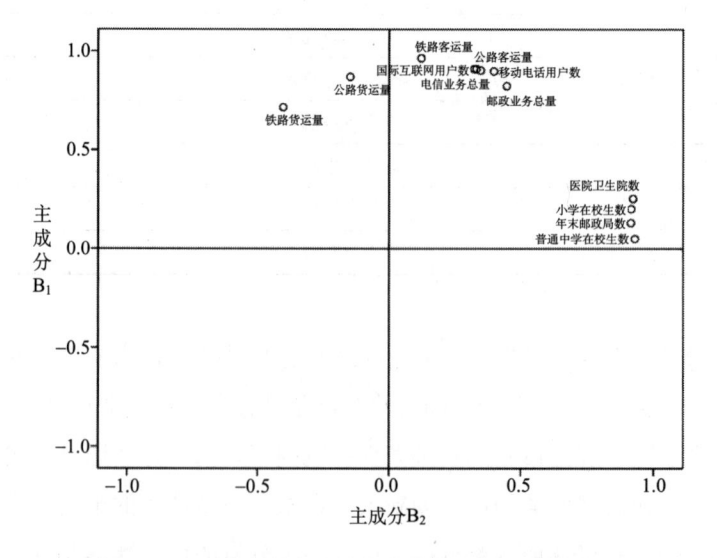

图4–16 原始变量与主成分的旋转成分矩阵散点图

在确定主成分所代表的交通与公共服务内涵之后，研究根据成分得分系数矩阵得出主成分 B_1 和 B_2 与原始变量 $A_1 \sim A_{12}$ 之间的系数关系如下：

$B_1 = 0.168 \times A_1 + 0.141 \times A_2 + 0.165 \times A_3 + 0.173 \times A_4 + 0.133 \times A_5 + 0.140 \times A_6 - 0.051 \times A_7 + 0.115 \times A_8 + 0.138 \times A_9 - 0.029 \times A_{10} - 0.038 \times A_{11} - 0.067 \times A_{12}$ （式 4—1）

$B_2 = -0.047 \times A_1 + 0.012 \times A_2 - 0.168 \times A_3 - 0.112 \times A_4 + 0.033 \times A_5 + 0.014 \times A_6 + 0.236 \times A_7 + 0.052 \times A_8 + 0.019 \times A_9 + 0.228 \times A_{10} + 0.231 \times A_{11} + 0.247 \times A_{12}$ （式 4—2）

进而，研究基于南京都市圈各城市的面板数据，经过标准化处理，以各主成分正交旋转后的方差贡献率作为权重，计算各个城市在以交通和公共服务为代表的基础条件领域的综合得分情况（表 4—8），结果表明，南京、淮安和扬州三市的交通和公共服务基础条件较好，其他市则相对落后。

表 4—8　南京都市圈各城市 2009～2018 年的基础条件情况比较

		交通因子评价得分		公共服务因子评价得分		总得分
		主成分 B_1	系数调整值	主成分 B_2	系数调整值	
南京市	2009	1.726	0.905	0.831	0.297	1.202
	2010	2.158	1.132	0.561	0.201	1.333
	2011	2.757	1.446	0.569	0.203	1.650
	2012	3.082	1.617	0.570	0.204	1.821
	2015	0.983	0.515	1.402	0.501	1.016
	2018	1.578	0.828	1.549	0.554	1.382
淮安市	2009	−0.976	−0.512	1.335	0.477	−0.035
	2010	−0.793	−0.416	1.210	0.433	0.017
	2011	−0.671	−0.352	1.171	0.418	0.066
	2012	−0.499	−0.262	1.072	0.383	0.122
	2015	−0.404	−0.212	1.033	0.369	0.157
	2018	−0.166	−0.087	0.534	0.191	0.104
扬州市	2009	−0.654	−0.343	1.264	0.452	0.109
	2010	−0.443	−0.232	0.949	0.339	0.107
	2011	−0.245	−0.128	0.841	0.301	0.172
	2012	−0.167	−0.087	0.667	0.238	0.151
	2015	−0.343	−0.180	0.455	0.162	−0.018
	2018	−0.067	−0.035	−0.013	−0.005	−0.04

续表

		交通因子评价得分		公共服务因子评价得分		总得分
		主成分 B_1	系数调整值	主成分 B_2	系数调整值	
镇江市	2009	−0.218	−0.115	−0.627	−0.224	−0.339
	2010	−0.122	−0.064	−0.719	−0.257	−0.321
	2011	0.089	0.047	−0.832	−0.297	−0.251
	2012	0.257	0.135	−0.919	−0.329	−0.194
	2015	−0.241	−0.126	−0.781	−0.279	−0.405
	2018	−0.138	−0.072	−0.688	−0.246	−0.318
芜湖市	2009	−0.306	−0.161	−0.723	−0.259	−0.419
	2010	−0.179	−0.094	−0.823	−0.294	−0.388
	2011	−0.337	−0.177	0.520	0.186	0.009
	2012	−0.015	−0.008	−0.238	−0.085	−0.093
	2015	−0.331	−0.174	−0.129	−0.046	−0.22
	2018	−0.287	−0.151	−0.203	−0.072	−0.223
马鞍山市	2009	−0.121	−0.063	−1.996	−0.713	−0.777
	2010	−0.046	−0.024	−2.022	−0.723	−0.747
	2011	−0.034	−0.018	−1.419	−0.507	−0.525
	2012	0.202	0.106	−1.498	−0.535	−0.429
	2015	−0.274	−0.144	−1.056	−0.377	−0.521
	2018	−0.463	−0.243	−0.750	−0.268	−0.511
滁州市	2009	−0.916	−0.481	1.032	0.369	−0.112
	2010	−0.728	−0.382	0.592	0.212	−0.170
	2011	−0.616	−0.323	0.620	0.222	−0.102
	2012	−0.428	−0.224	0.440	0.157	−0.067
	2015	0.359	0.188	0.166	0.059	0.247
	2018	0.262	0.137	−0.164	−0.059	0.078
宣城市	2009	−0.713	−0.374	−0.343	−0.122	−0.497
	2010	−0.497	−0.261	−0.522	−0.186	−0.447
	2011	−0.260	−0.137	−0.871	−0.311	−0.448
	2012	−0.288	−0.151	−0.693	−0.248	−0.399
	2015	−0.142	−0.074	−0.528	−0.188	−0.262
	2018	−0.326	−0.171	−0.827	−0.295	−0.466

二、南京都市圈的创新能力评价

与南京都市圈以交通和公共服务为代表的基础条件评价过程相似,研究进一步对都市圈的创新能力进行评价,指标选取方面旨在对创新能力进行直接的呈现,涉及对应的资本、人力资源与知识投入以及发展成效等多方面的衡量指标(表4-9)。首先通过 KMO 和 Bartlett 检验确认被选指标数据符合因子分析要求,进而将指标进行成分分解,得到一个成分的特征值为 6.798,其余成分特征值均小于 1,由此也表明选择该主成分作为代表各原始指标衡量都市圈创新载体发展成效和创新能力的可行性。

进一步地,研究根据成分得分系数矩阵得出主成分 D_1 与原始变量 $C_1 \sim C_8$ 之间的系数关系如下:

$$D_1=0.137\times C_1+0.134\times C_2+0.142\times C_3+0.132\times C_4+0.138\times C_5+0.131\times C_6+0.132\times C_7+0.140\times C_8$$

(式4—3)

表4-9 南京都市圈创新能力评价指标

变量遴选视角	反映创新能力的原始变量	原始变量代码
直接资本投入	科学支出	C_1
	教育支出	C_2
直接人力资源投入	科研从业人员	C_3
	教育从业人员	C_4
知识投入	百人藏书数	C_5
	万人在校大学生数	C_6
发展成效	专利授权量	C_7
	高新技术企业数量	C_8

由此推算都市圈内部各城市 2009~2018 年的创新能力变化情况(表4-10),结果表明,除南京市外,其他市的创新能力普遍较弱,但总体上有增强的趋势。

表 4–10　南京都市圈各城市 2009～2018 年的创新能力情况比较

	创新能力评价得分			创新能力评价得分	
	2009	1.704		2009	−0.324
	2010	2.041		2010	−0.133
南京市	2011	2.468	芜湖市	2011	0.064
	2012	3.290		2012	0.525
	2015	1.596		2015	−0.159
	2018	2.283		2018	−0.072
	2009	−0.537		2009	−0.702
	2010	−0.439		2010	−0.640
淮安市	2011	−0.442	马鞍山市	2011	−0.610
	2012	−0.049		2012	−0.304
	2015	−0.123		2015	−0.730
	2018	−0.227		2018	−0.751
	2009	−0.318		2009	−0.779
	2010	−0.142		2010	−0.716
扬州市	2011	−0.053	滁州市	2011	−0.726
	2012	0.348		2012	−0.407
	2015	−0.016		2015	−0.588
	2018	0.280		2018	−0.555
	2009	−0.282		2009	−0.851
	2010	−0.111		2010	−0.778
镇江市	2011	−0.079	宣城市	2011	−0.789
	2012	0.351		2012	−0.581
	2015	−0.113		2015	−0.710
	2018	−0.193		2018	−0.764

三、南京都市圈创新能力与基础条件的关系判断

将南京都市圈内部各城市的创新能力情况与以交通和公共服务为代表的基础条件进行比较（图 4–17），由结果可见，创新能力与以交通和公共服务为代表的基础条件无论是在发展格局还是发展趋势上都表现出一致性的特征。

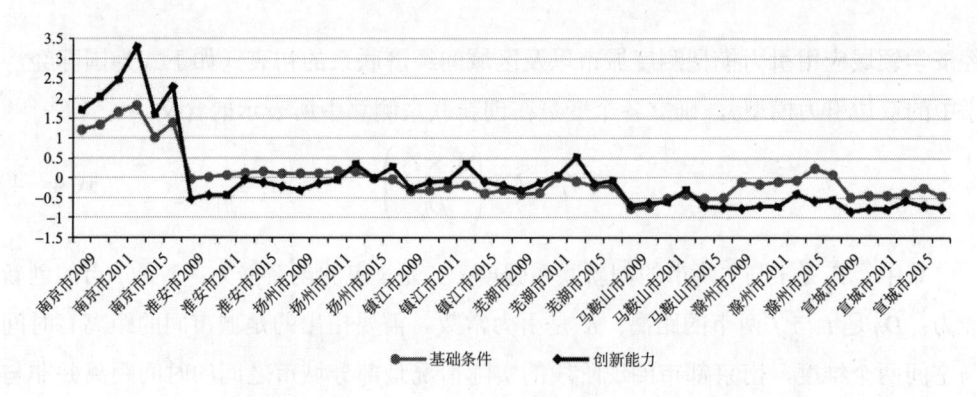

图4-17　南京都市圈各城市2009~2018年创新能力与基础条件供给能力比较

进一步地，将上述两项指标进行二维散点分布分析（图4-18），表明创新能力与以交通和公共服务为代表的基础条件二者之间有着正向关联关系，可决系数R^2为0.835，可见这一正向关联关系极为显著，由此也表明交通和公共服务的配给既可满足都市圈创新人才的就业环境诉求，也可作为创新型都市圈的关联特征和促进都市圈创新能力提升的必要支撑条件。

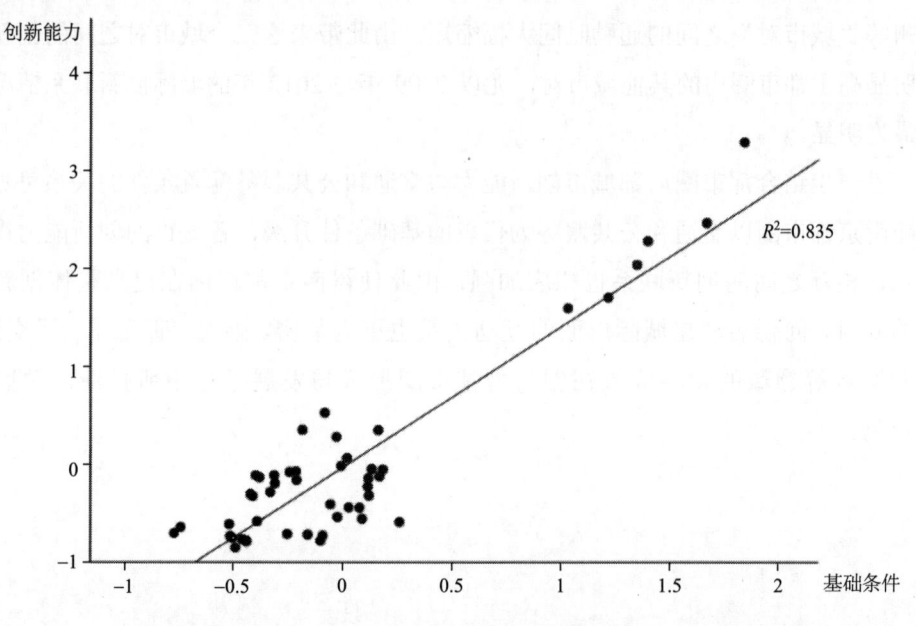

图4-18　创新能力与基础条件情况的二维散点分布及拟合关系

同时，在南京都市圈内部城市之间的创新联系方面，研究以各城市的创新能力评价结果为依据，引入力学领域的引力模型对这一关系进行说明，且参考地理学和经济学领域应用引力模型测度城市以及区域间经济联系的初衷（如下式为国际经济学中的双边引力模型），确立各个变量在创新联系测算中所表示的含义。

$$T_{ij} = K \times \left(\frac{Y_i \times Y_j}{D_{ij}} \right) \qquad （式4—4）$$

其中，T_{ij} 是 i 与 j 两市的创新联系强度；Y_i 是 i 市的创新能力；Y_j 是 j 市的创新能力；D_{ij} 是 i 与 j 两市的距离；K 是引力常数。需要指出的是城市间的距离有时间与空间两个维度，南京都市圈现阶段的实际情况是部分城市之间的时间距离并非与空间距离具有一致性，因而就创新型都市圈形成所关注的创新要素流动而言，D_{ij} 作为时间距离对于南京都市圈内部城市的创新联系测度更为适合。

依托城市创新联系的引力模型，研究取 K 值为1，D_{ij} 为城市间铁路和公路两种通勤方式中时间最短情况的数值，通过控制其他关联变量，测度城际铁路、高速铁路等快速交通带来的通勤时效变化所引起的城市间创新联系情况，测度结果表明，南京都市圈内部城市间的创新联系均呈逐年递增趋势，尤其是2010年沪宁城际铁路通车和2011年京沪高铁通车之后，伴随而来的是南京—镇江、南京—滁州、镇江—滁州等"城市对"之间的通勤时间大幅缩短，由此带来这三个城市对之间的创新联系明显高于都市圈内的其他城市对，尤以2009年与2012年的城际创新联系情况比较最为明显。

进一步结合都市圈内部城市创新能力与交通和公共服务配置条件的关系可见，伴随南京都市圈以交通和公共服务为代表的基础条件升级，各城市的创新能力得到强化，相互之间的创新联系也相应加强，由此使得南京都市圈在提高整体创新能力的同时，创新活动在城际层面的互动关系也更为紧密。因而，研究证实了交通、公共服务等领域的发展成效在创新型都市圈形成与发展过程中所扮演的关联特征角色。

第五章　南京都市圈的基础空间结构及其演化路径

南京都市圈内部"经济—人口—土地"规模序列格局从"规模"角度证实了不同城市之间要素梯度差异状况，也为创新型都市圈形成提供了最初的要素支撑条件。与"规模"视角相对应，"效率"视角下的都市圈内部空间单元评价是在既定规模序列格局基础上，探讨创新型都市圈内部包括创新活动在内的经济社会活动一体化，以及创新空间体系构建的必要途径。其原因在于，"效率"视角下都市圈内部不同空间单元评价结果反映的是不同单元之间的经济社会条件融合潜质，其对应结果是创新载体在都市圈内布局以及创新活动开展的基础空间。进一步地，研究结合经过绩效检验且为都市圈创新发展之关键要素——创新人才诉求的在交通和公共服务方面的两大特征，校核和引导该基础空间结构的组织，梳理出各自对应的"网络"表征的同时，亦可与创新载体分布现状进行比对。其间，以南京都市圈为案例的创新型都市圈形成演化路径也相应得到明确。

第一节　南京都市圈内部空间的经济社会与人口承载效率梯度

研究从效率视角出发，厘清不同空间单元与都市圈创新"核心"单元之间的融合潜质，并形成与之对应的空间结构。同时，借助梯度理论，就创新型都市圈而言，若要判断现有梯度规模序列中的哪些空间单元最容易发生创新人才活动空间的聚变与裂变现象，在创新的集聚与扩散属性下，就必然要求这些承载创新聚变与裂变现象的空间单元能够与核心城市（市区）具有相对较高的融合潜质基础。基于此考虑，研究以空间单元自身的经济社会（发展）效率和人口承载效率为评价视角，使融合潜质能够反映包括创新活动在内的各类经济社会活动的基础，明确与南京都市圈核心城市（市区）具有融合潜质的空间单元及其形成的空间结构，并结合创新型都市圈中存在核心城市作为创新核心和原始创新源所在地的特征，将此空间结构作为创新型都市圈形成与发展的基础空间结构。

一、经济社会效率梯度视角下的空间评价

作为相对全面承担一定空间范围内各类经济社会活动并具有统筹协调各类要素功能的基本单元，市县具有反映区域融合潜质的独到优势（郭正模，1989）。为此，研究将南京都市圈以县（县级市）行政边界和地级市市区[不包括市辖县（县级市）]行政边界为界线进行评价单元的划分，并借助 GIS 平台进行都市圈经济社会效率的评价。基于评价结果，以市县为单元判断南京都市圈内部不同空间单元与核心城市（市区）的区域融合潜质。

在指标选择方面，就都市圈内部城市间的区域融合这一本质而言，"效率"类指标更具有参考意义。故本节从经济、社会两个视角出发，着重城市间反映诸领域"均值"和"增速"水平的指标，遴选了地区生产总值（GDP）年增速、社会消费品零售总额年增速、人均地区生产总值和城镇非私营单位在岗职工年平均工资四项指标，以兼顾都市圈内部城市发展的经济和社会综合效率表现，具体对应关系见图5–1。其中，针对各评价单元，地区生产总值年增速反映经济发展势头与趋势，社会消费品零售总额年增速反映社会消费氛围，人均地区生产总值反映经济产出质量，城镇非私营单位在岗职工年平均工资反映居民的社会公共服务消费能力。

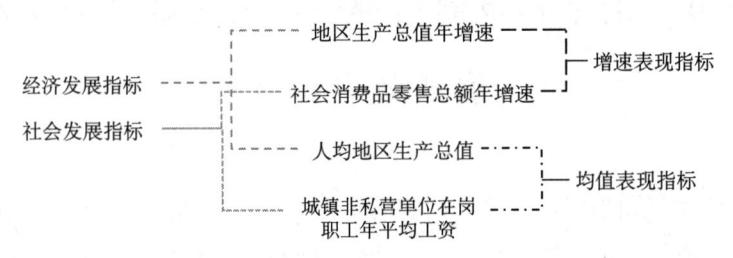

图 5–1　经济社会效率梯度视角下的空间评价指标遴选

在时间序列方面，本节以安徽省统计年鉴和江苏省统计年鉴的 2006、2010、2012 和 2019 年四年数据为基础，分别对应创新热潮在全国范围内全面掀起的起步节点、创新活动以具体空间进行落实的实践节点，以及创新型都市圈雏形渐成的现时探索

节点，既有其自身发展的合理性，又呼应了前文梳理的政策引导连贯性特点。研究对基础数据进行处理，得到以市县为单元的南京都市圈经济社会效率评价所需的以上四项指标数值。

1. 单因子时间序列评价

考虑到各项评价指标所反映内容的差异，为详细了解南京都市圈内部各评价单元的经济社会发展情况，研究首先对 2006、2010、2012 和 2019 年这一时间序列进行单因子评价，且每项单因子评价中四年的结果均采用同一套取值范围与形状的图例进行呈现，以便进行都市圈内部分单元横向比较的同时也能够进行时间序列的纵向比较。

①地区生产总值年增速

地区生产总值年增速数值区间范围的划定以各个年份的平均水平为基础，具体而言，即南京都市圈地区生产总值年增速取整后 2006 年为 17%，2012 年为 13%，2010 和 2019 年均为 20%，故以 17%和 20%作为主要区间划分基准，且考虑到各评价单元增速的区间分布特点（尤其是 2010 年），另增加 24%这一基准，不同的区间根据数值的由高到低分别对应第一、第二、第三、第四和第五梯队，形成的评价结果见图 5–2。

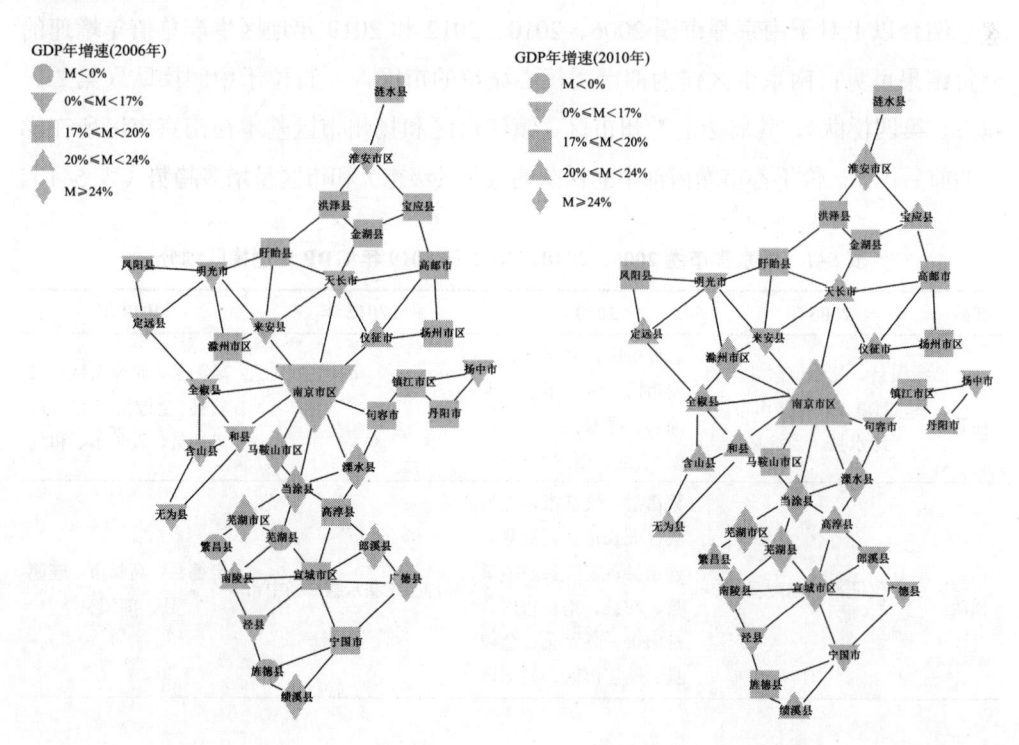

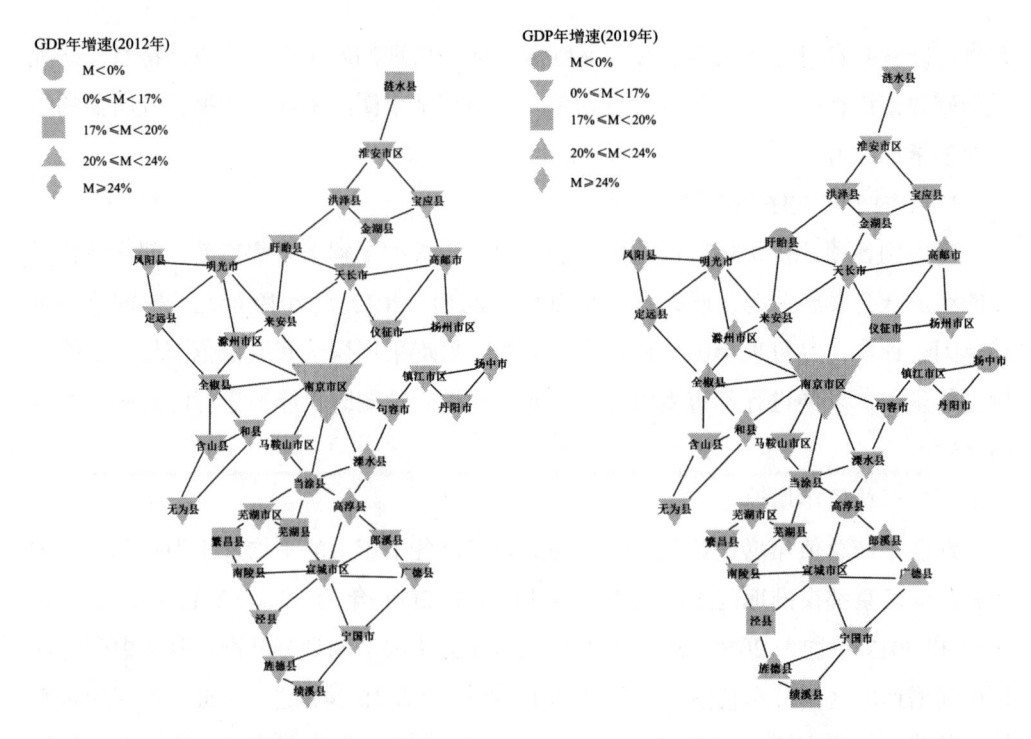

图 5-2　南京都市圈内部空间单元在 2006、2010、2012 和 2019 年 GDP 年增速的评价结果

结合以上对于南京都市圈 2006、2010、2012 和 2019 年地区生产总值年增速的评价结果可见：南京市区作为都市圈核心城市的市区，一直位于中间梯队（第二、第三、第四梯队），其周边的滁州市区、镇江市区和扬州市区基本在南京市区所在梯队的前后徘徊。位于都市圈内部中间梯队的县（县级市）和市区呈增多趋势（表 5-1）。

表 5-1　南京都市圈 2006、2010、2012 和 2019 年 GDP 增速梯队划分

梯队	2006 年	2010 年	2012 年	2019 年
第一梯队	绩溪县、芜湖市区、广德县、郎溪县、马鞍山市区、溧水县、当涂县	宣城市区、芜湖市区、淮安市区、滁州市区、当涂县、溧水县、芜湖市区、南陵县		凤阳县、滁州市区、来安县、全椒县、明光市、定远县、天长市、和县
第二梯队	仪征市、南陵县	繁昌县、仪征市、无为县、天长市、定远县、含山县、宝应县、绩溪县、和县、南京市区、丹阳市、高淳县、全椒县、镇江市区、高邮市	高淳县、溧水县、扬中市	广德县、高邮市、旌德县、郎溪县

续表

梯队	2006年	2010年	2012年	2019年
第三梯队	洪泽县、高淳县、扬州市区、涟水县、金湖县、宁国市、高邮市、盱眙县、宝应县、丹阳市、镇江市区、句容市、滁州市区	马鞍山市区、盱眙县、扬州市区、金湖县、旌德县、涟水县、凤阳县、洪泽县	繁昌县、涟水县、芜湖县	绩溪县、宣城市区、泾县、仪征市
第四梯队	来安县、扬中市、宣城市区、无为县、天长市、南京市区、淮安市区、全椒县、和县、凤阳县、明光市、泾县、定远县、含山县	扬中市、明光市、宁国市、句容市、泾县、广德县、来安县、郎溪县	南京市区、金湖县、天长市、盱眙县、洪泽县、郎溪县、句容市、滁州市区、泾县、丹阳市、广德县、含山县、南陵县、无为县、全椒县、来安县、定远县、明光市、凤阳县、绩溪县、镇江市区、宁国市、马鞍山市区、和县、淮安市区、扬州市区、芜湖县、旌德县、仪征市、高邮市、宝应县、宣城市区	芜湖县、宝应县、句容市、当涂县、宁国市、含山县、涟水县、无为县、南陵县、芜湖市区、金湖县、南京市区、淮安市区、溧水县、洪泽县、繁昌县、马鞍山市区、扬州市区
第五梯队	繁昌县、芜湖县、旌德县		当涂县	盱眙县、镇江市区、扬中市、丹阳市、高淳县

就空间表征而言，南京都市圈内部多数市县的地区生产总值年增速之间的差距呈现缩小的态势，中间梯队的市县在空间演化方面呈现由点到面的扩散态势，但位于高位梯度的市县分布仍然是呈零星散落状态，未有扩散迹象。

②社会消费品零售总额年增速

社会消费品零售总额年增速数值区间范围的划定方式与 GDP 年增速相同，即将南京都市圈各评价单元社会消费品零售总额年增速平均取整后，2006 年为 13%，2010、2012 年为 17%，2019 年为 29%，故以 13%、17%和 29%为主要区间划分基准并形成对应的梯队，评价结果见图 5–3。

结合以上对于南京都市圈 2006、2010、2012 和 2019 年社会消费品零售总额年增速的评价结果可见：南京市区由第三梯队上升至第二梯队，并在 2019 年保持在第二梯队。毗邻南京的一些县（县级市）的发展水平在 2019 年得到迅速提升，从低位梯度跃升为第一梯度，多数属于靠后梯队的县（县级市）距离南京市区相对空间距离较远。整体上处于高位梯队的县（县级市）和市区数目呈增多趋势。

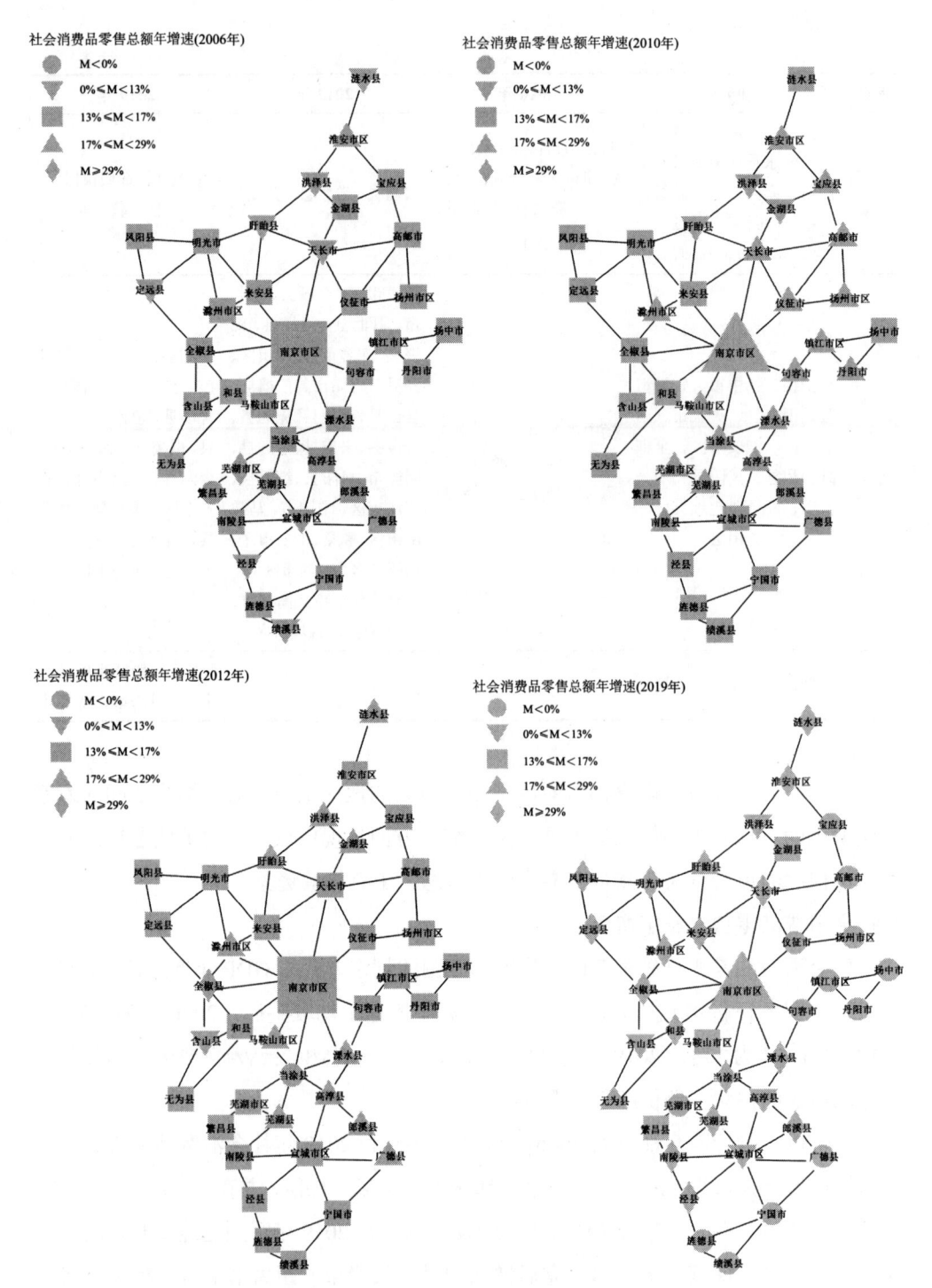

图 5-3 南京都市圈内部空间单元社会消费品零售总额在 2006、2010、2012 和 2019 年增速的评价结果

表 5–2　南京都市圈 2006、2010、2012 和 2019 年社会消费品零售总额增速梯队划分

梯队	2006 年	2010 年	2012 年	2019 年
第一梯队	芜湖市区		全椒县	凤阳县、定远县、全椒县、滁州市区、天长市、含山县、泾县、明光市、当涂县、和县、溧水县、来安县、淮安市区、涟水县、南陵县、芜湖县
第二梯队	淮安市区	高淳县、溧水县、淮安市区、芜湖市区、镇江市区、仪征市、芜湖县、马鞍山市区、南陵县、高邮市、宝应县、扬州市区、当涂县、天长市、句容市、丹阳市、南京市区、滁州市区	马鞍山市区、涟水县、溧水县、金湖县、高淳县、盱眙县、洪泽县、芜湖县、滁州市区、广德县、郎溪县	无为县、南京市区、盱眙县
第三梯队	高邮市、郎溪县、宝应县、仪征市、镇江市区、南京市区、旌德县、高淳县、溧水县、句容市、扬州市区、扬中市、丹阳市、当涂县、滁州市区、广德县、凤阳县、南陵县、含山县、明光市、马鞍山市区、全椒县、无为县、来安县、宁国市、和县、金湖县	明光市、绩溪县、宣城市区、全椒县、来安县、凤阳县、泾县、定远县、旌德县、郎溪县、广德县、扬中市、宁国市、繁昌县、和县、无为县、含山县、涟水县	繁昌县、芜湖市区、和县、镇江市区、泾县、定远县、来安县、凤阳县、明光市、南陵县、天长市、绩溪县、宁国市、南京市区、旌德县、宣城市区、扬中市、丹阳市、无为县、高邮市、句容市、仪征市、宝应县、扬州市区、淮安市区	马鞍山市区、繁昌县、金湖县
第四梯队	洪泽县、泾县、宣城市区、涟水县、天长市、绩溪县、定远县、盱眙县	洪泽县、金湖县、盱眙县	淮安市区、含山县	洪泽县、宣城市区、高淳县
第五梯队	芜湖县、繁昌县		当涂县	镇江市区、宁国市、句容市、高邮市、扬州市区、宝应县、仪征市、丹阳市、扬中市、绩溪县、广德县、芜湖市区、旌德县

就空间表征而言，南京都市圈内部市县的社会消费品零售总额年增速变化呈现"北部高于南部，西部追赶东部"的状态，并在 2019 年表现出高位梯队市县的西部连片发展态势。

③人均地区生产总值

采用前两项单因子评价的数值区间范围划定方式，以各个年份的平均水平为基础，为便于结果认知，以 5 000 为"取整"标准，南京都市圈人均地区生产总值平均水平取整后 2006 年为 15 000 元/人，2010 年为 30 000 元/人，2012 年为 40 000 元/人，2019 年为 90 000 元/人，进而以 15 000 元/人、30 000 元/人、40 000 元/人、90 000 元/人为区间划分基准，形成评价结果见图 5-4。

南京都市圈 2006、2010、2012 和 2019 年的人均地区生产总值评价结果为：南京市区在该指标上一直处于高位梯队，2012 年后跟进成为第一梯队成员的除了滁州、镇江、扬州、马鞍山和芜湖四个地级市外，其他下辖县（县级市）也多在 2019 年进入了第一、第二梯队。相对落后的是明光市、泾县、定远县和旌德县四个县（县级市）。目前所有市区和县（县级市）单元均位于都市圈的前三梯队。

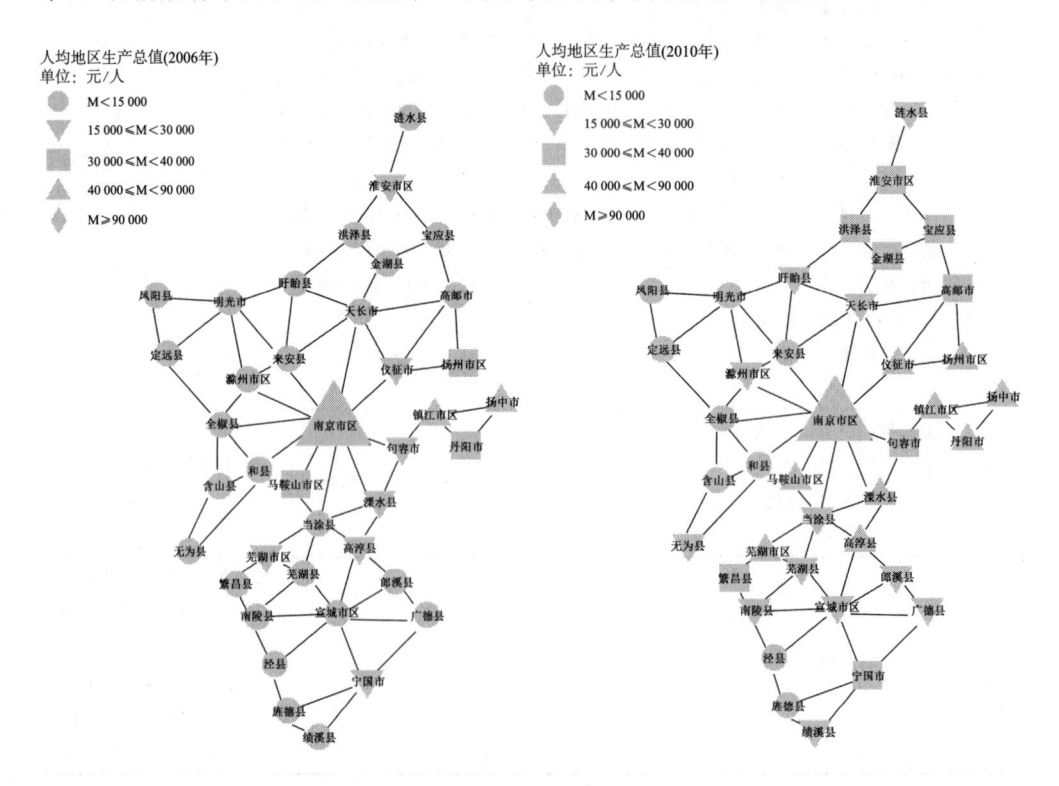

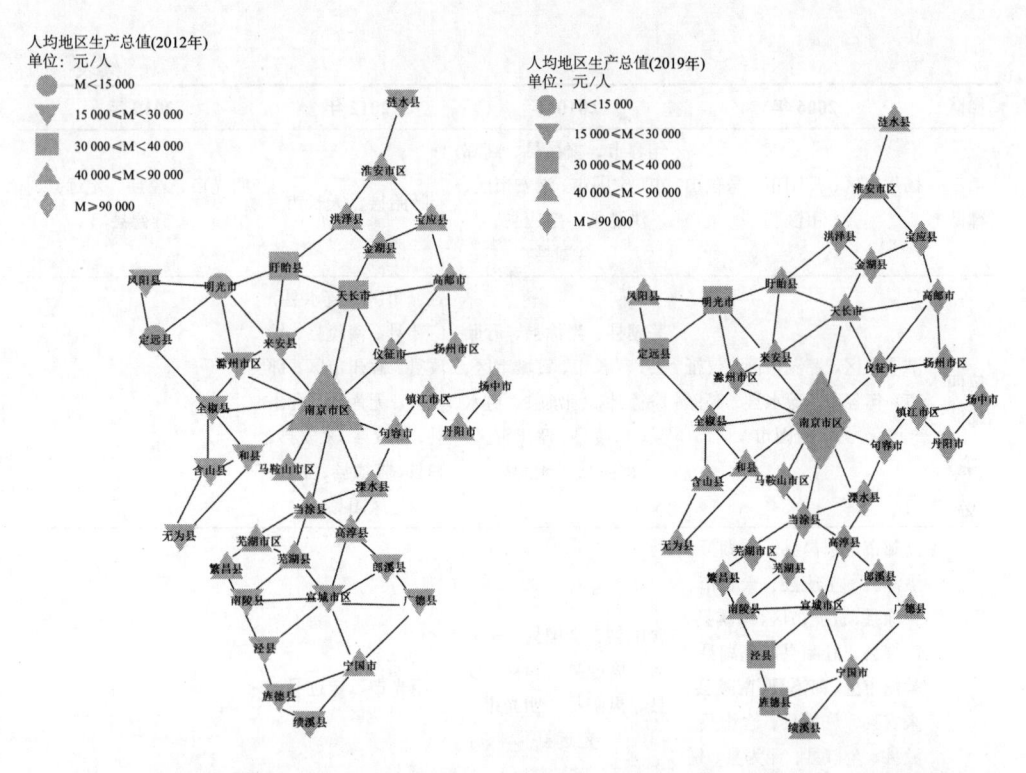

图 5-4 南京都市圈内部空间单元人均 GDP 在 2006、2010、2012 和 2019 年的评价结果

表 5-3 南京都市圈在 2006、2010、2012 和 2019 年人均 GDP 的梯队划分

梯队	2006 年	2010 年	2012 年	2019 年
第一梯队			扬州市区、扬中市、镇江市区	溧水县、南京市区、滁州市区、马鞍山市区、镇江市区、芜湖市区、扬州市区、扬中市、仪征市、丹阳市、高邮市、繁昌县、高淳县、句容市、金湖县、宝应县、宁国市、当涂县、芜湖县、洪泽县
第二梯队	南京市区、镇江市区、扬中市	扬中市、扬州市区、镇江市区、南京市区、丹阳市、马鞍山市区、溧水县、高淳县、仪征市、芜湖市区	南京市区、溧水县、高淳县、丹阳市、仪征市、繁昌县、马鞍山市区、句容市、芜湖市区、宁国市、洪泽县、高邮市、当涂县、淮安市区、金湖县、宝应县、芜湖县	淮安市区、天长市、来安县、盱眙县、涟水县、广德县、全椒县、郎溪县、绩溪县、凤阳县、南陵县、宣城市区、和县、含山县、无为县

续表

梯队	2006年	2010年	2012年	2019年
第三梯队	扬州市区、丹阳市、马鞍山市区	句容市、繁昌县、高邮市、宁国市、淮安市区、洪泽县、宝应县、金湖县	盱眙县、天长市	明光市、泾县、定远县、旌德县
第四梯队	淮安市区、芜湖市区、仪征市、句容市、溧水县、高淳县、宁国市	芜湖县、当涂县、盱眙县、天长市、宣城市区、广德县、绩溪县、涟水县、南陵县、滁州市区、郎溪县、无为县	宣城市区、涟水县、广德县、南陵县、绩溪县、滁州市区、郎溪县、无为县、含山县、全椒县、来安县、和县、旌德县、泾县、凤阳县	
第五梯队	高邮市、繁昌县、金湖县、洪泽县、宝应县、天长市、当涂县、宣城市区、绩溪县、广德县、盱眙县、芜湖县、滁州市区、郎溪县、南陵县、来安县、旌德县、含山县、泾县、全椒县、无为县、涟水县、和县、明光市、凤阳县、定远县	含山县、全椒县、来安县、旌德县、和县、泾县、凤阳县、明光市、定远县	明光市、定远县	

就空间表征而言，南京都市圈内部市县的人均GDP水平的高位梯队呈现以南京市区为中心，先北后南的双向"S"形扩散趋势，其中扬州和镇江全市是南京都市圈非核心（地级）城市中最先进入高梯度人均GDP水平行列的高位梯队。

④城镇非私营单位在岗职工年平均工资

与前三项单因子评价的数值区间范围划定方式不同，城镇非私营单位在岗职工年平均工资（以下简称在岗职工年平均工资）指标在2006、2010、2012和2019年中的具体数值变化较大，兼顾评价单元之间横向比较以及时间序列纵向比较的要求，在保持四年的数值区间范围及其表征图例统一的前提下，将每年的该指标数值划分四至五个区间，形成的评价结果见图5-5。

南京都市圈2006、2010、2012和2019年在岗职工年平均工资的评价结果是：整个都市圈内部市县单元呈现出明显递增态势，且南京市区一直处于领先的位置。镇江、马鞍山、芜湖三市的市区紧跟其后，一直处于相对次一级梯队。至2019年，除淮安市以外，其余地级市全市均位于高位梯队（前三梯队）。详情见表5-4。

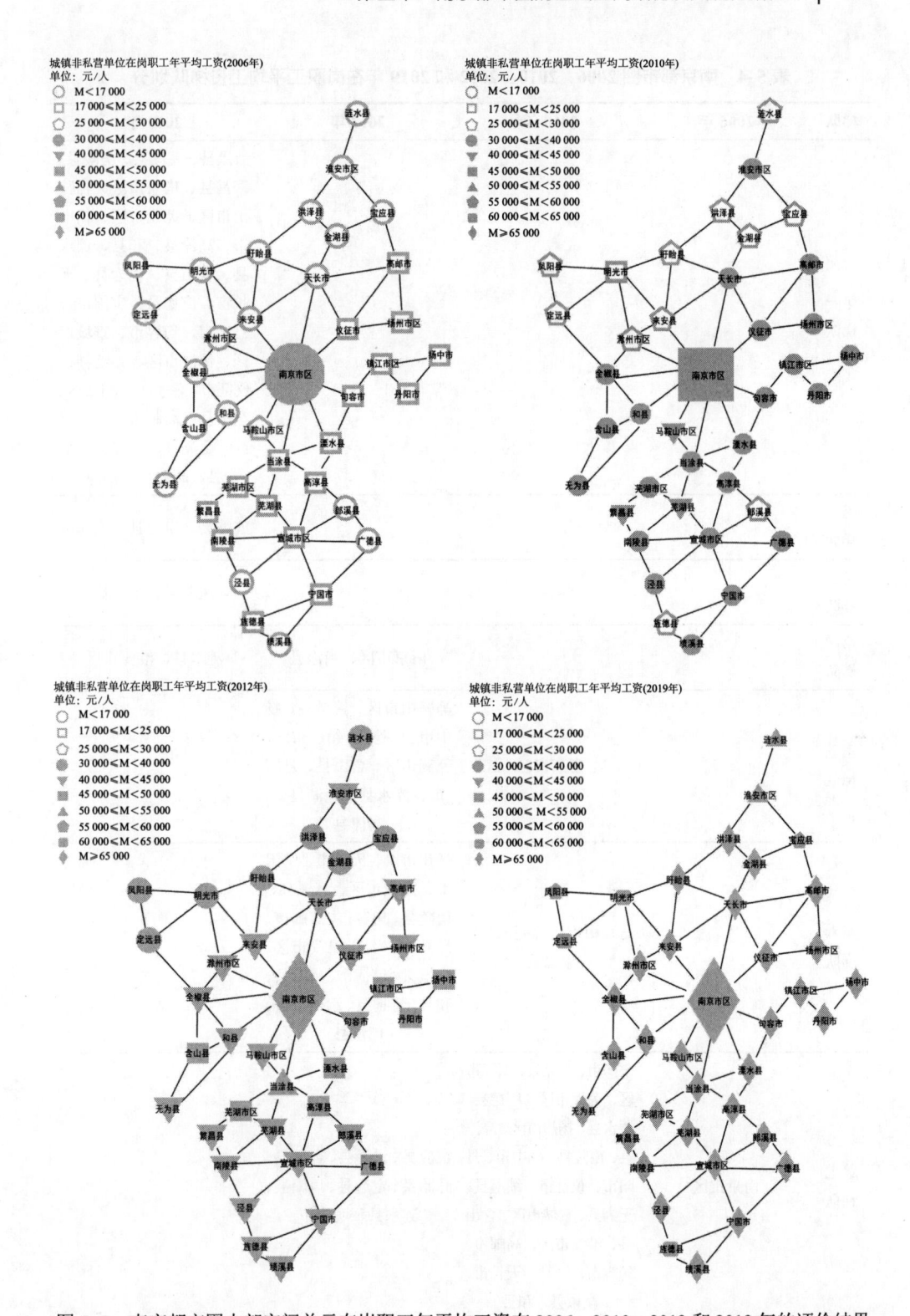

图 5–5　南京都市圈内部空间单元在岗职工年平均工资在 2006、2010、2012 和 2019 年的评价结果

表 5–4 南京都市圈 2006、2010、2012 和 2019 年在岗职工平均工资梯队划分

梯队	2006 年	2010 年	2012 年	2019 年
第一梯队				当涂县、芜湖县、南陵县、繁昌县、南京市区、马鞍山市区、芜湖市区、扬中市、高淳县、和县、溧水县、含山县、无为县、天长市、广德县、宁国市、丹阳市、句容市、宣城市区、镇江市区、郎溪县、仪征市、泾县、扬州市区、全椒县、高邮市、滁州市区、金湖县、绩溪县、来安县、盱眙县、洪泽县
第二梯队				旌德县、定远县、明光市
第三梯队				凤阳县、宝应县
第四梯队			南京市区、当涂县	涟水县、淮安市区
第五梯队		南京市区	马鞍山市区、繁昌县、扬中市、广德县、镇江市区、芜湖市区、含山县、丹阳市、溧水县、芜湖县、高淳县	
第六梯队		马鞍山市区、芜湖县、繁昌县	扬州市区、天长市、宁国市、宣城市区、绩溪县、南陵县、句容市、高邮市、泾县、无为县、淮安市区、全椒县、仪征市、来安县、和县、旌德县、滁州市区、郎溪县	
第七梯队	南京市区	宁国市、当涂县、镇江市区、芜湖市区、广德县、溧水县、扬州市区、高淳县、南陵县、扬中市、丹阳市、仪征市、绩溪县、无为县、宣城市区、含山县、淮安市区、高邮市、句容市、泾县、天长市、全椒县、和县	宝应县、洪泽县、金湖县、盱眙县、定远县、凤阳县、涟水县、明光市	

续表

梯队	2006 年	2010 年	2012 年	2019 年
第八梯队	马鞍山市区	洪泽县、来安县、金湖县、宝应县、滁州市区、郎溪县、盱眙县、旌德县、定远县、凤阳县、涟水县		
第九梯队	镇江市区、高淳县、溧水县、扬州市区、宁国市、繁昌县、仪征市、芜湖县、丹阳市、扬中市、芜湖市区、南陵县、句容市、当涂县、宣城市区、旌德县、高邮市		明光市	
第十梯队	淮安市区、广德县、无为县、洪泽县、和县、泾县、含山县、盱眙县、天长市、宝应县、来安县、郎溪县、金湖县、滁州市区、绩溪县、凤阳县、涟水县、明光市、全椒县、定远县			

就空间表征而言，南京都市圈内部市县的在岗职工平均工资水平呈现出以南京市区为引领，全域同步由低位梯队向高位梯队过渡的态势，北部的滁州和淮安两市相对落后，其多数市区周边的县（县级市）在梯队划分上低于都市圈内部的其他评价单元。

2. 多因子综合时间序列评价

单因子评价以特定因子的绝对数值表征了都市圈内部市县较为多样化的发展态势，且为判断单个评价单元的发展走势提供了依据。而为了更好地从整体上把握南京都市圈发展进程中内部空间单元的区域融合趋势与特点，研究进行了多因子的综合评价。

对于南京都市圈市县单元的多因子综合评价，第一步是对既有基础数据进行标准化。为此，研究采用 Z-Score 标准化（zero-mean normalization），即标准差标准化这一进行数据无量纲处理的最常用方法，借助 SPSS 软件对南京都市圈各个年份的数据指标进行标准化处理，消除量纲和数量级的影响，经过处理的数据符合标准正态分布，即均值为 0，标准差为 1，转化的函数为：

$$x^* = \frac{x - \mu}{\sigma} \qquad\qquad (式5—1)$$

其中，x 为样本实际数值，x^* 为标准化后数值，μ 为所有样本数据的均值，σ 为所有样本数据的标准差。

之后经过 Y 轴偏移（每个数据加 5，保证所有标准化数值为正数）、等权重求平均数处理，形成 GIS 多因子综合分析数据库，进而得出南京都市圈以市县为单元的多因子综合评价结果。在同一年的评价结果中得分越高的评价单元其经济社会综合发展水平也较高，由此形成南京都市圈分单元综合发展水平比较结论。

"十一五"规划期间，基于初期（2006 年）和末期（2010 年）的评价结果可见，都市圈内部的高发展水平市县单元已呈现出明显的沿长江布局态势，其中，除了都市圈核心城市南京市的市区占据鳌头，一直保持较高发展水平的评价单元多位于镇江、扬州、马鞍山和芜湖四个与南京市毗邻的地级市，尤其是各自对应的市区（图 5-6a，图 5-6b）。

进入"十二五"规划期后，南京市区依旧表现出最高的综合发展水平，且镇江、扬州、马鞍山和芜湖依旧是具有相对较高综合发展水平评价单元的地级城市。与此同时，宣城市的市区及下辖县（县级市）综合发展水平相比滁州以及部分县（县级市）有所提高（图 5-6c）。

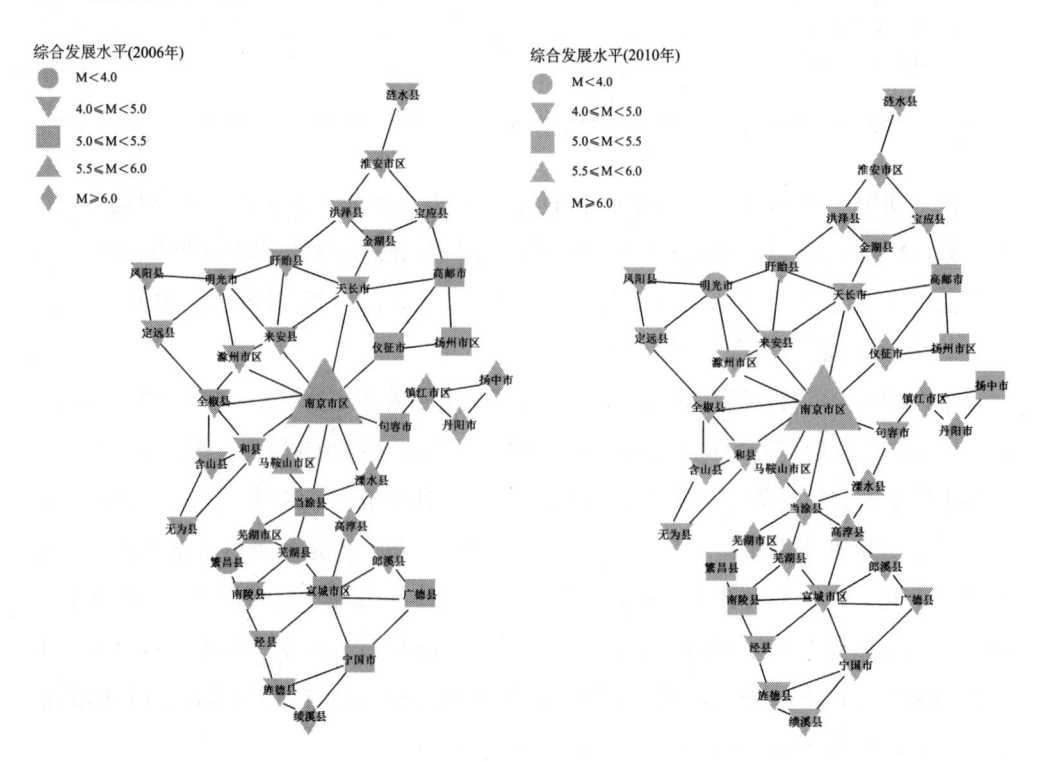

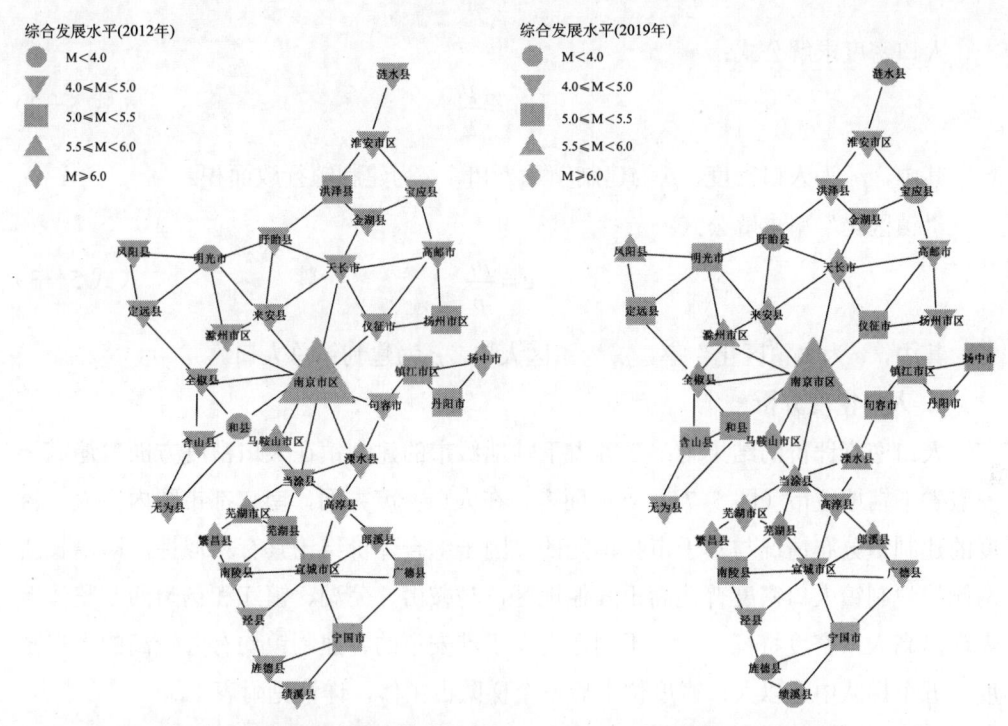

图 5-6　南京都市圈在 2006、2010、2012、2019 年的综合评价结果

到"十三五"规划期间，南京都市圈综合发展水平整体上呈现出由核心向外围圈层式递减的趋势，且中部高，南北低。以南京市区为核心的中心圈层表现出最高的综合发展水平，马鞍山市区、滁州市区以及当涂、郎溪等县级市的综合发展水平提升较快，与南京市区处于同一梯度；相反，远离核心圈层的地级城市及其下辖县（县级市）综合发展水平有所下降（图 5-6d）。

二、人口承载效率梯度视角下的空间评价

如果说基于经济社会效率的评价发现了南京都市圈主体空间发展的基础骨架，那么基于镇单元的人口承载效率评价则将从更为细致的视角印证并丰盈这一骨架。研究从人口承载角度出发，以国家统计局农村社会经济调查司编制的最新可查的《中国建制镇统计年鉴》数据为基础，整理南京都市圈内部建制镇的数量和既有统计数据，借助 GIS 平台，进行都市圈全域建制镇发展情况的分析。对于中国的镇发展而言，人口承载效率一直是反映一个镇繁荣程度的主要指标，基于人口相关的基础数据，组建南京都市圈建制镇的人口密度和"镇区化"率数据库，进行人口承载效率视角下的区域融合潜质判断。

人口密度求解公式：

$$p_d = \frac{p}{a} \qquad （式5—2）$$

其中，p_d 为人口密度，p 为建制镇总人口，a 为建制镇行政面积。

"镇区化"率求解公式：

$$e = \frac{p_t}{p} \qquad （式5—3）$$

其中，e 为"镇区化"率，p_t 为镇区人口，p 为建制镇总人口。

1. 人口密度分析

人口密度评价的结果为：江苏省下辖地级市的建制镇在人口密度方面普遍高于安徽省下辖地级市（图5-7）。具体而言，在人口密度方面，南京都市圈内高人口密度的建制镇分布情况与基于市县单元的多因子综合评价结论具有相似性，即沿长江两侧的建制镇人口密度普遍高于其他地区，马鞍山、芜湖、镇江和扬州四市整体上表现出高人口密度特征。一个不同之处在于淮安市的各建制镇均有着较高的人口密度。五个梯队中，以人口密度位于后三个梯队占主体，详情见附表1。

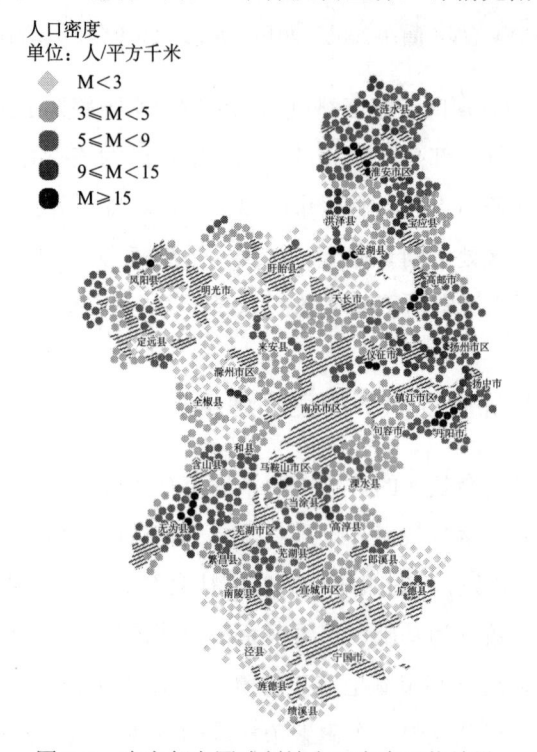

图5-7　南京都市圈建制镇人口密度评价结果

注：图中斜线区域为非建制镇区域（街道或乡），另南京市六合区有新篁镇和横梁镇两镇的数据缺失，也以斜线表示。

2. "镇区化"率分析

"镇区化"率的评价结果显示,与高人口密度的建制镇分布情况不同,各个县(县级市)单元的城关镇的该指标数值均优于本县(县级市)单元内的其他建制镇。除城关镇外,围绕南京市的建制镇"镇区化"率高于距离南京市较远的建制镇,且以扬州和镇江两市的高"镇区化"率建制镇分布最为密集。同时,这些距离南京市较近的建制镇基本上围绕南京市形成了一个高"镇区化"率"圈层"。建制镇"镇区化"率以位于第三、第四梯队占主体,详情见附表2。

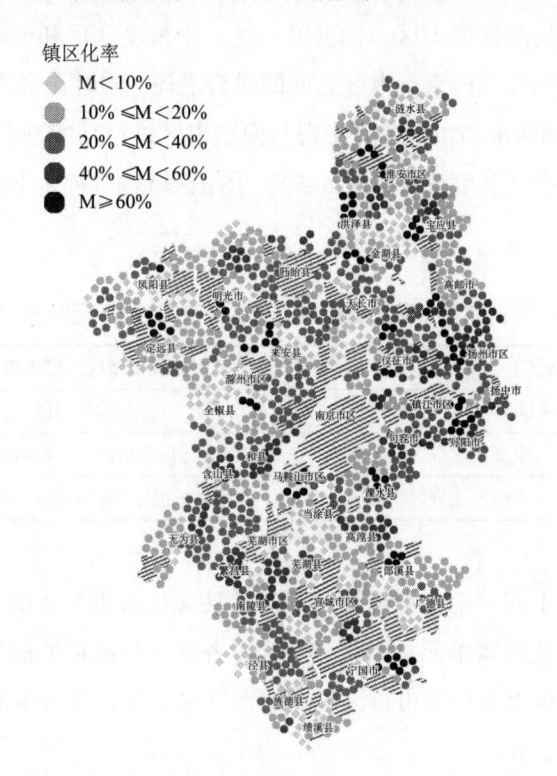

图 5–8 南京都市圈建制镇"镇区化"率评价结果

注:图中斜线区域为非建制镇区域(街道或乡),另南京市六合区有新篁镇和横梁镇两镇的数据缺失,也以斜线表示。

第二节 基于效率梯度的南京都市圈基础空间结构判断

综合以上单因子和多因子综合评价结果,可见南京市区作为都市圈内核心城市的市区在占据鳌头地位的同时，也在态势上引领周边市县的发展。从各项评价指标的空间表现和时间序列扩散情况中已可见一斑，整个都市圈中地级市市区的表现多优于下辖县（县级市）；在以上四项单因子评价比较中毗邻南京的地级市之市区多数有相对突出的表现；在综合评价结果中，除南京之外，镇江、扬州、马鞍山和芜湖四个地级市市区的综合经济社会效率相对突出。上述效率视角下的空间评价结论表明南京都市圈内部以核心城市联动周边城市的区域融合条件业已成形。

进一步地，研究将南京都市圈内的评价单元按照经济社会效率和人口承载效率情况进行分类，分为高密度1区、低密度2区、中密度3区和低密度4区，以反映都市圈内其他空间单元与南京市市区之间的融合潜质。同时在中密度3区内，镇江、扬州、马鞍山和芜湖四市的市区具有实现与南京市区进行功能融合的潜能与可行性，界定为中密度3区中高密度分区（表5-5），也是区域融合视角下的都市圈"准高密度1区"。

表5-5 南京都市圈内部地级市市区与空间维度分区匹配情况

密度分区		地级市市区（评价单元）
高密度1区		南京市区
中密度3区	中高密度分区	镇江市区、扬州市区、马鞍山市区、芜湖市区
	中低密度分区	滁州市区、宣城市区、淮安市区

与地级市市区不同，南京都市圈内部的各县（县级市）乡镇单元是南京都市圈组成主体，尤其是建制镇单元。因此，研究将各县（县级市）拆分为建制镇单元，并结合前文评价结果以及地级市市区所在的密度区情况，进一步增加中密度3区涉及的空间单元（表5-6）。

需要指出的是，研究中形成的评价结论，与传统都市圈反映空间结构与形态的"空间布局"结论不同，本研究是将评价单元自身经济社会发展与人口承载的效率内涵及其"功能"属性融入到了空间布局之中，形成兼具区域融合潜质和空间形态表现的基础空间结构（图5-9）。

上述南京都市圈基础空间结构分析中，因子评价肯定了都市圈内部不同空间单元与南京市市区之间的融合潜质，并阐释了都市圈内部市县空间单元发展效率的层级关系；继而，研究提出与南京都市圈的基础空间结构相对应的抽象圈层（图5-10），其与不同密度分区之间的对应情况见表5-7。

表 5-6 南京都市圈内部县级单元各镇与空间维度分区匹配情况

密度分区		县（县级市）的建制镇（评价单元）
中密度 3 区	中高密度分区	扬中市（新坝镇、八桥镇、西来桥镇、油坊镇）、丹阳市（界牌镇、新桥镇、后巷镇）、芜湖县（湾沚镇）、句容市（宝华镇）、天长市（秦栏镇）、仪征市（真州镇）、繁昌县（繁阳镇）、南陵县（籍山镇）
	中低密度分区	繁昌县（孙村镇）、广德县（桃州镇）、宁国市（中溪镇）、洪泽县（蒋坝镇、高良涧镇、老子山镇）、金湖县（黎城镇）、含山县（环峰镇）、南陵县（许镇镇）、郎溪县（建平镇）、高邮市（高邮镇）、绩溪县（华阳镇）、全椒县（襄河镇）、泾县（泾川镇、榔桥镇）、无为县（无城镇）、宝应县（安宜镇）、来安县（新安镇）、涟水县（涟城镇、高沟镇、梁岔镇）、当涂县（姑孰镇）、旌德县（旌阳镇、三溪镇）、凤阳县（府城镇、临淮镇）、定远县（定城镇）、和县（历阳镇）、明光市（管店镇）
低密度区		都市圈内部县（县级市）单元内部的其他乡镇

注：括号内是县级单元内部在中密度 3 区发挥主要引领作用的建制镇，该建制镇即为位于中密度 3 区的评价单元。此外，部分设有街道的县级市单元其内部街道虽未在基于建制镇单元的评价结论中，但作为县级单元的发展核心（以"县城街道"形式存在），其经济社会发展及人口承载效率情况也必然在县（县级市）内处于较高水平，并位于研究划分的中密度 3 区内，结合县级单元评价结果，研究判定扬中市的三茅街道、兴隆街道，溧水县的永阳街道，高淳县的淳溪街道，丹阳市的云阳街道，宁国市的西津街道、河沥街道、竹峰街道、天湖街道、汪溪街道、南山街道在中高密度分区；盱眙县的盱城街道，天长市的天长街道，明光市的明南街道、明东街道、明西街道、明光街道，句容市的华阳街道在中低密度分区，表中未予以列出。

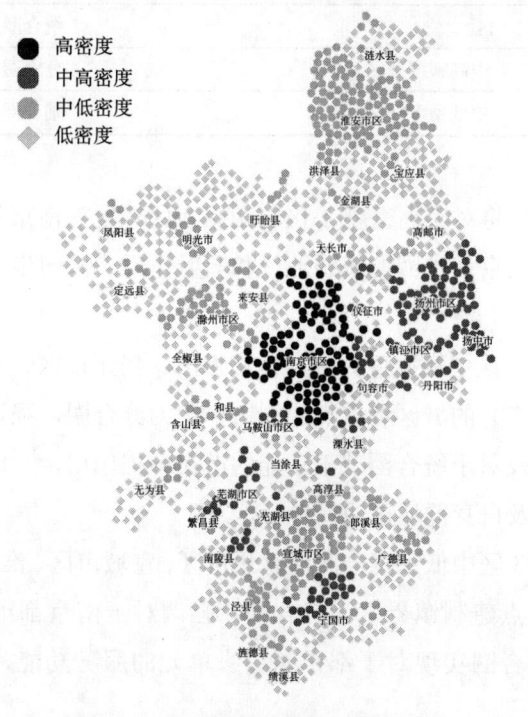

图 5-9 南京都市圈的基础空间结构

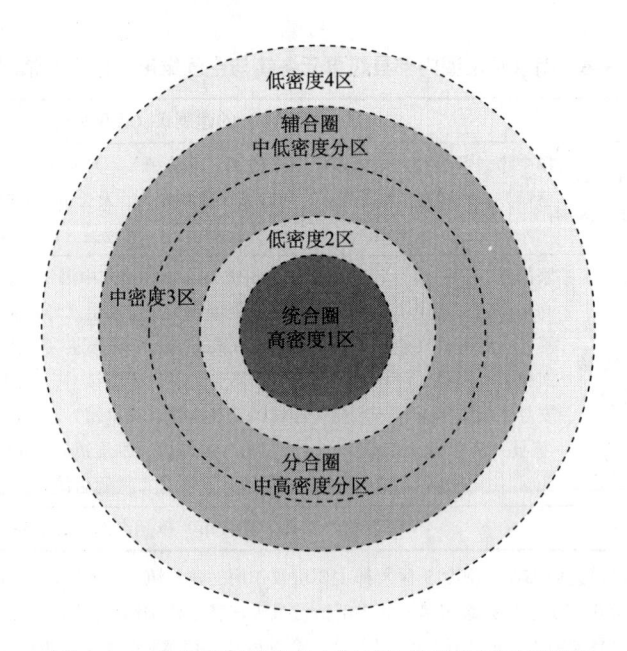

图 5-10　南京都市圈基础空间结构的抽象圈层式结构

表 5-7　南京都市圈圈层划分与空间维度分区的对应关系

密度分区		评价单元对应的南京都市圈"圈层"
高密度 1 区		统合圈
中密度 3 区	中高密度分区	分合圈
	中低密度分区	辅合圈

具体而言，研究将对应高密度 1 区的南京市区界定为南京都市圈的统合圈，强调单元整体在整个南京都市圈的统领地位和辐射作用，并同步带动核心城市边缘单元的发展。

将对应中密度 3 区中高密度分区的镇江市区、扬州市区、马鞍山市区、芜湖市区及部分县（县级市）的城区和重点建制镇界定为分合圈，强调不同单元个体与统合圈的紧密关联以及对于统合圈若干功能的潜在分担作用，与统合圈一道影响核心城市的边缘单元以及自身的城市边缘单元。

将对应中密度 3 区中低密度分区的滁州市区、宣城市区、淮安市区及部分县（县级市）的城区和重点建制镇界定为辅合圈，强调对于南京都市圈整体性的强化作用。该圈层辅助统合圈实现对于都市圈边缘单元的服务功能，并具有转化为分合圈的可能。

第三节　南京都市圈的创新型都市圈演化路径

创新人才对于通勤效率和公共服务配置的诉求，以及基础条件的绩效检验肯定了交通、公共服务等领域的发展成效对创新型都市圈形成与发展的促进作用，也呼应了前文提及的我国现阶段都市圈发展中出现的典型现象——快速交通线路的建设与公共服务的同城化推进。同时，基于融合潜质判断的南京都市圈基础空间结构则从空间视角解剖了都市圈的经济社会效率和人口承载效率，明确了经济社会要素集聚及其引发的包括创新活动在内的经济社会活动开展的基础空间。研究视该基础空间结构为都市圈创新空间体系形成的"基础"，借助创新型都市圈特征进一步推演南京都市圈的创新型都市圈的结构表征与形成路径。

一、时空关系变化下的都市圈新时空结构

南京都市圈的快速交通线路建设带来了都市圈内部城际通勤效率的提高，与这一现实相对应的是都市圈时空关系条件的变化。结合都市圈内部空间单元自身所具有的空间尺度，研究提出以下假设：在城市间（如核心城市和非核心城市之间）通勤时间足够短的情况下，即出现图中"$t(MK_O)$（核心城市中心到核心城市市内某点的通勤时间）$=t(MN)$（城际通勤时间）$+t(NK_A)$（非核心城市中心到非核心城市市内某点的通勤时间）"或是"$t(NK_A)=t(MN)+t(MK_O)$"的情况，若$t(MK_O)$和$t(NK_A)$分别为核心城市和非核心城市创新人才在各自城市内部上班可以接受的最大通勤时间，并以此为半径，形成两类城市对应的临界圈层（图5-11的左图虚线），这一圈层内的区域有着城际通勤活动发生的优势条件与可能性，研究将其命名为"市区通勤区"。在这种情况下，整个都市圈在时间维度上便可以被划分为"二元时间位"结构，其中第一时间位状态中的 O′、A′、B′、C′空间（图5-11的右图F_2中的四个实心圆），即为各个城市内部的"市区通勤区"，在时空关系变化后由O、A、B、C四市内的处于原始时间位的空间转化而来；第二时间位状态中都市圈除去O′、A′、B′、C′的空间，仍然处于原始时间位。

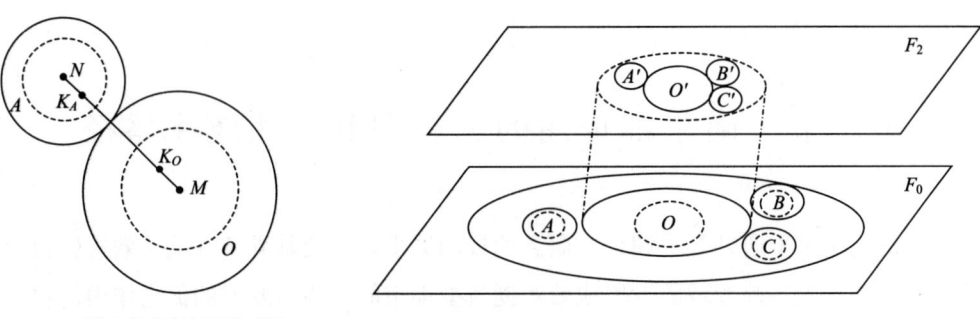

$t(MK_O)$（核心城市市内通勤时间）= $t(MN)$（城际通勤时间）+ $t(NK_A)$（非核心城市市内通勤时间）

图 5-11 都市圈内部"二元时间位，一元空间位"时空结构演化过程示意

与前文国际案例比较中提及的中国都市圈空间结构和基于融合潜质判断的南京都市圈基础空间结构相对应，都市圈的圈层结构关系也会随着时空关系的变化而改变。在通常情况下，图 5-12 中左图中的高密度 1 区对应的是核心城市内部（同时也是都市圈内部），包括创新活动在内的各类经济社会活动密度最高和公共服务配置最为集中的地区（与核心城市的"市区通勤区"在空间上具有重叠）。中密度 3 区对应的是非核心城市内部各类经济社会活动密度最高和公共服务配置最为集中的地区（与非核心城市的"市区通勤区"在空间上具有重叠），但其活动密度低于 1 区。低密度 2 区对应的是核心城市以及非核心城市靠近核心城市一侧的边缘地带，各类经

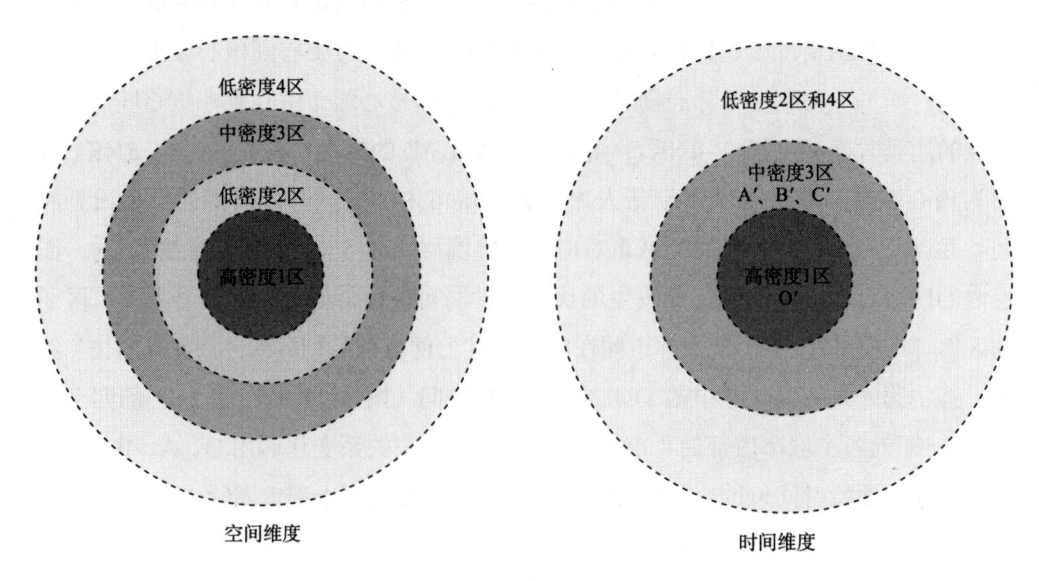

图 5-12 新时空关系条件下都市圈内部时空维度分区结构

济社会活动密度和公共服务配置密度及能级低于 1 区和 3 区。低密度 4 区位于都市圈的边缘地带。由图 5—12 可见，通勤时间由小到大的圈层次序与空间距离由近及远的圈层次序不同，以核心城市"市区通勤区"（O′）为代表的高密度 1 区（基础空间结构中的统合圈）和以非核心城市"市区通勤区"（A′、B′、C′）为代表的中密度 3 区（基础空间结构中的分合圈与辅合圈）在空间维度上被低密度 2 区隔开，而在时间维度上二者却是"接壤"的。究其原因，在于以高铁为代表的快速交通网络提高了都市圈内的城际通勤效率，继而通勤效率的提高又颠覆了以往通勤时间与通勤距离具有正向相关关系的都市圈内部城市及其相互之间的时空关系条件。

二、新时空结构下的创新型都市圈形成路径推演

基础空间结构的判断明确了都市圈分街镇单元的经济社会和人口承载效率，为创新人才在都市圈内的选择性布局以及创新活动的开展提供了支撑，进一步地，都市圈内部传统时空关系向新时空关系的升级，在提高以创新人才为核心的创新要素城际流通效率的同时，也为都市圈层面的创新人才流动和包括创新活动在内的各类经济社会活动的一体化提供了契机。创新人才对公共服务的诉求，推动了都市圈层面创新载体聚变与裂变现象的产生和创新空间体系的生成，从而支撑创新型都市圈的形成。其中，反映创新型都市圈形成路径的创新人才流动和创新空间体系构建过程落实到都市圈的基础空间结构上可以归结为以下两个发展方向：

方向 1：新时空关系下都市圈内部核心城市与非核心城市之间在时间维度上跨越空间维度中的 2 区，实现 1 区与 3 区的要素流动，而创新人才这一核心要素便是具有能力承担这类通勤成本同时又最可能具有该类城际通勤需求的人力资源。基于都市圈基础空间结构所反映的都市圈各类发展要素的集聚与扩散成效，创新人才这一创新型都市圈的核心发展要素在特定空间上以载体的形式促进创新的聚变与裂变，由此推动都市圈层面中密度 3 区与高密度 1 区包括创新活动在内的经济社会活动一体化和以核心城市为创新核心的创新空间体系构建。

方向 2：时空关系的变化促成了都市圈内部空间单元发展的"二元时间位、一元空间位"时空结构，在进一步推动都市圈包括创新活动在内的经济社会活动一体化和提高都市圈全域创新能力的诉求下，必然要求处于第二时间位的区域（通常为低密度区）与处于第一时间位的区域（通常为中、高密度区）能够进行以创新人才为核心的要素互动，使得处于第二时间位的区域在都市圈的转型升级过程中不被边缘

化，且能逐步提升自身的创新能力。

其中，针对方向1，一方面最为直接的发展方式即是提高不同城市之间的创新人才流动数量与效率，加快都市圈内部高密度区与中密度区之间的创新活动一体化进程，为以创新载体为创新活动承载空间的聚变与裂变现象出现打好"质量"基础；另一方面是通过建设新的快速交通线路，增加中密度区内非核心城市"市区通勤区"的数量，尤其是今后颇有潜力成为第一时间位的非核心城市"市区通勤区"的数量，为以创新载体为创新活动承载空间的聚变与裂变式拓展的发生奠定基础。

针对方向2，一方面最为便捷的发展方式即是进一步优化都市圈整体通勤条件，提高低密度区（2区和4区）及其对应城市"市区通勤区"（高密度1区和中密度区2区）的通勤效率，使得在扩大各城市"市区通勤区"空间范围的同时，缩小低密度区的空间范围；另一方面则是扩大中、高密度区与低密度区以创新人才为代表的人力资源要素集聚与扩散流动，在都市圈全域层面推动以创新载体为创新活动承载空间的聚变与裂变进程。

前文对于南京都市圈基础空间结构的判断，是指导其创新型都市圈演化路径的基础，即从都市圈内部单元的经济社会发展效率以及人口承载效率出发，立足空间研究的功能视角，搭建起最初的南京都市圈以南京市为核心、由传统都市圈向创新型都市圈转型的经济社会活动一体化结构，进而为创新人才在都市圈的流动，和以创新载体为创新活动承载空间的聚变与裂变的发生奠定基础。在验证了南京都市圈存在创新"核心"这一表征之后，研究进一步确立南京都市圈的创新型都市圈演化路径的思路框架（图5-13）。

研究将创新型都市圈演化路径的剖析思路框架阐释如下：都市圈的基础空间结构是创新人才择业择居和选择开展创新活动的重要参考，作为一类特定群体且是创新型都市圈形成的关键要素，创新人才又有着高通勤时效和公共服务配置的特定微观诉求。这些诉求既是影响创新人才创新活动空间选择的因素，同时也成为影响创新型都市圈形成的因素。以南京都市圈为例，其作为众都市圈中具有典型规模序列格局和创新"核心"表征的代表，必然面临着相应的时间位升级和同城化推进形势。时间位升级和同城化推进在响应创新人才诉求和促进都市圈创新能力提升的同时，也将对创新人才的创新活动空间选择产生影响。在学理上，时间位升级和同城化推进，既可对都市圈基础空间结构进行校核，也可对创新空间生成与组织模式产生引导，并对应着创新型都市圈假设中的快速交通网络和公共服务网络两大表征。研究通过判断创新人才诉求校核下的都市圈基础空间结构，为都市圈的创新空间体系形

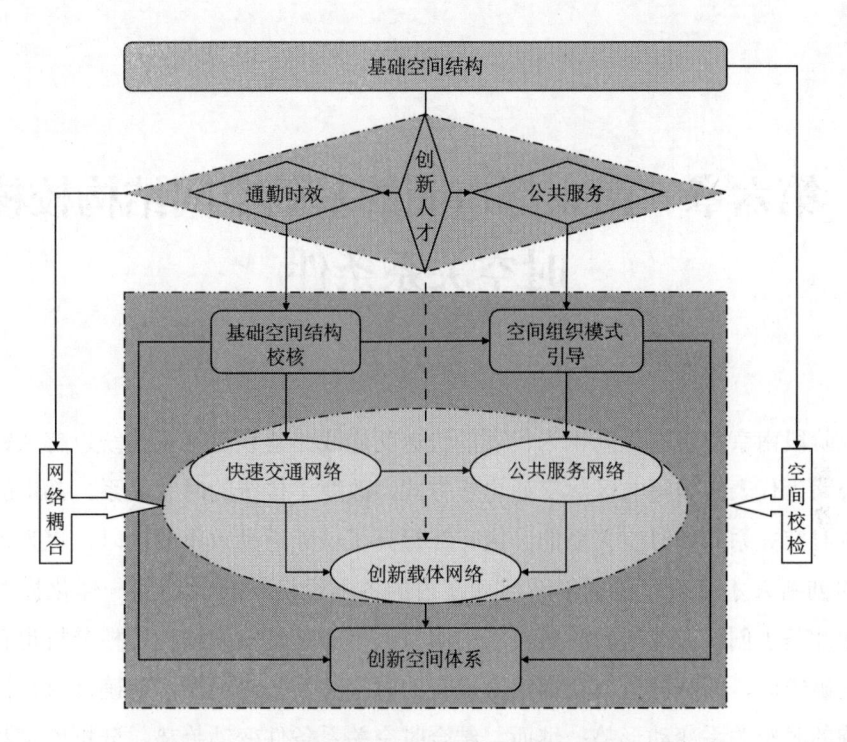

图 5-13 创新型都市圈演化路径的剖析思路框架

成提供了支撑。之后，研究结合都市圈中普遍存在的以创新型城市为核心的创新活动拓展现象，梳理南京都市圈现有承载创新人才和创新活动的创新载体网络发展情况，由此确立都市圈的实际创新空间体系，以检验创新人才诉求影响下依托基础空间结构推演形成的都市圈创新空间体系。基础空间结构和创新空间体系的一致性则使得创新型都市圈三大网络表征及其在创新型都市圈形成过程中所扮演的角色得到验证。

第六章　南京都市圈的基础空间结构校核：时空关系条件

现阶段南京都市圈以高铁为代表的快速交通线路建设更新了传统以普通铁路、高速公路为代表的城际与区际交通出行方式，改变了传统的时空关系。都市圈内部由传统时空关系向新时空关系的升级，在提高了城际通勤效率的同时，也为都市圈层面的创新人才流动和包括创新活动在内的各类经济社会活动的一体化提供了契机，由此基于创新人才通勤时效诉求的南京都市圈基础空间结构校核分析也有了相应的突破方向，即从分析南京都市圈现有的时空关系条件出发，明确南京都市圈正在面临的时空关系变动形势；继而，结合时空关系条件变动趋势，分析南京都市圈内部以南京市为中心的可达性变化情况；然后，基于现阶段都市圈内部不同空间单元的可达性评价结论，校核南京都市圈的基础空间结构，并明确位于不同圈层的空间单元。在此分析过程中验证创新型都市圈"快速交通网络"的表征假设。

第一节　南京都市圈的城际时空关系条件

都市圈内部核心与非核心城市角色的差异使得对于都市圈城市间的时空条件分析需要考虑两个层面，即核心与非核心城市间的时空条件分析，以及非核心城市间的时空条件分析。

一、核心与非核心城市间的时空关系条件

通常在界定（核心）城市"×小时通勤圈"之时会以直线距离为衡量标准，在图纸上表现为圆形的通勤圈，但事实上这一衡量方式的概念性往往大于实际意义，因为城市间的通勤并非真正的直线通勤，具体的时间消耗需要与通勤线路挂钩。为

此，研究以谷歌地图数据为基础，对南京都市圈内部核心城市南京市（市中心）与其他非核心城市（市中心）的实际驾车通勤距离和时间情况进行搜集和分析，发现位于南京市"1小时通勤圈"附近的城市为马鞍山和镇江；"1.5小时通勤圈"附近的城市为滁州、芜湖和扬州；"2小时通勤圈"附近的城市有宣城和淮安；"2.5小时通勤圈"附近的城市为巢湖。

随着高铁线路的通车，南京都市圈内部分城市与南京市之间的通勤时间进一步缩短，尤其是位于京沪和沪宁线上的城市。为此，研究选取介于未开通和全部开通高铁线路的中间时间——2015年，进一步梳理了不同城市之间借助列车出行的最短通勤时间，以强化对比（表6–1）。

表6–1 2015年南京都市圈内南京市与其他城市的站对站直达列车通勤时间情况

互动城市	站对站最短时间	高铁建设情况
滁州—南京	18分钟	有高铁
镇江—南京	19分钟	有高铁
扬州—南京	1小时27分钟	无高铁
淮安—南京	无直达火车	无高铁
马鞍山—南京	58分钟	无高铁
宣城—南京	2小时36分钟	无高铁
芜湖—南京	1小时41分钟	无高铁
巢湖—南京	3小时38分钟	无高铁
合肥—南京	1小时2分钟	有高铁

资料来源：根据12306网站的官方运营线路信息整理。

将南京都市圈内南京与其他城市的汽车、列车通勤所需的时间进行比较（图6–1），通勤时间明显缩短的是滁州和镇江，两市借助高铁出行时，到南京的通勤时间均小于0.5小时，即均在南京市的"0.5小时通勤圈"以内；列车通勤对马鞍山、扬州和芜湖三市到南京市的通勤时间影响不大；巢湖与南京的列车通勤时间反而慢于汽车。

在高铁尚未开通之前，南京都市圈内部的城市间通勤活动基本以汽车通过高速公路实现，而由汽车通勤时空距离二维散点分布图（图6–2）可见，南京都市圈内部非核心城市的时空簇群基本上可以分为两级：马鞍山、镇江、滁州、扬州和芜湖等城市组成距离核心城市（南京市）的第一时空簇群，淮安、巢湖和宣城等城市组成第二时空簇群。

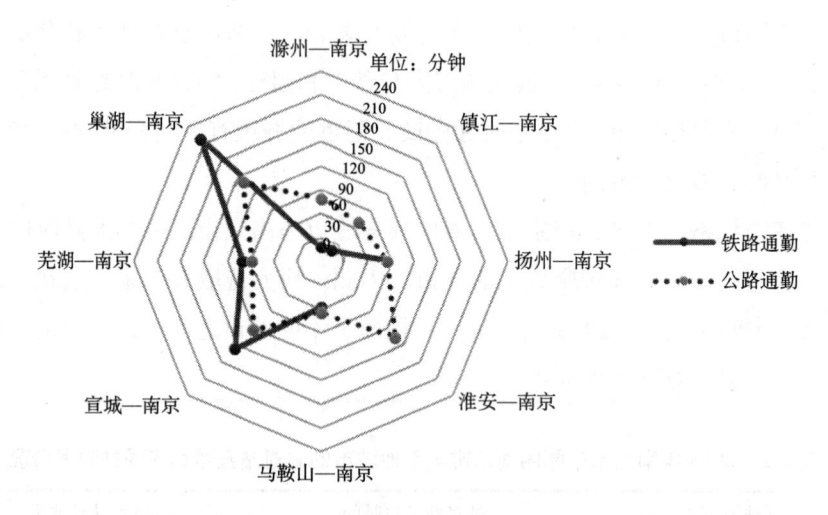

图 6-1 南京都市圈内部南京市与周边城市的列车与汽车通勤圈层时效对比

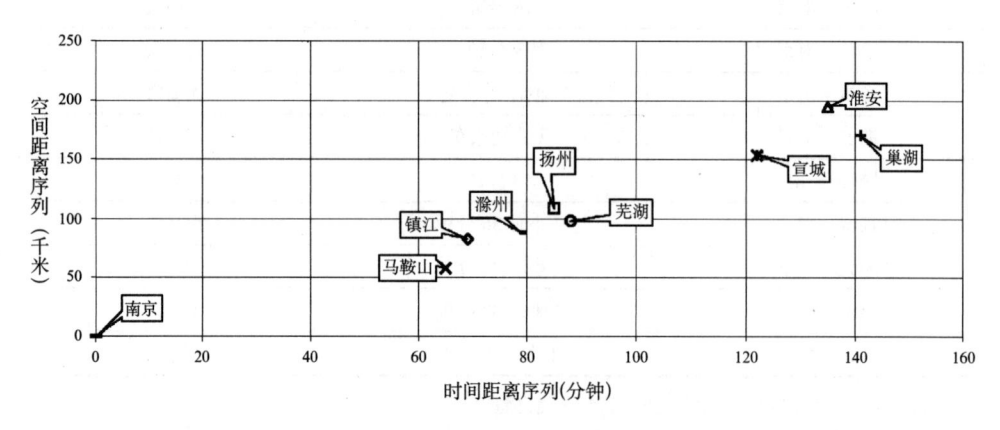

图 6-2 高铁开通前都市圈内部城市与南京市之间的时空距离二维散点分布情况

与此同时，这两个时空簇群各自对应的时间距离圈和空间距离圈（以南京市为中心）均有着很高的"形态"相似度，这一结论由南京都市圈内城市时空距离拟合函数线的可决系数情况（$R^2=0.9555$）可以得到证实（图 6-3），体现出极高的拟合性。

高铁线路的开通改变了南京都市圈内部分城市与核心城市的时间距离。综合以上对于汽车与列车通勤时间的比较，选取南京市与非核心城市间的最短通勤时间，再与对应的空间距离绘制成南京都市圈内部城市时空距离二维散点分布图（图 6-4）。南京都市圈内部非核心城市的时空簇群基本上可以分为三级：镇江、滁州等城市组成距离核心城市（南京市）的第一时空簇群，马鞍山、扬州和芜湖等城市组成第二时空簇群，淮安、巢湖和宣城等城市组成第三时空簇群。

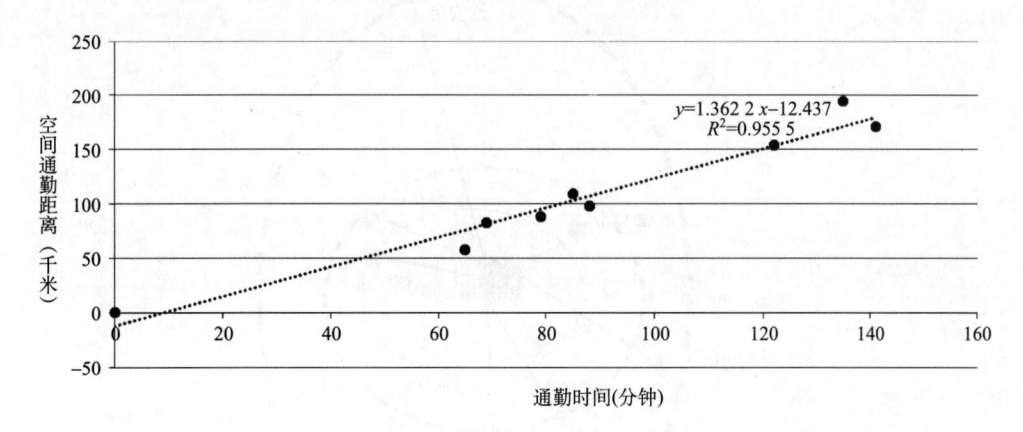

图6–3 高铁开通前都市圈内部城市与南京市之间的时空距离二维线性拟合情况

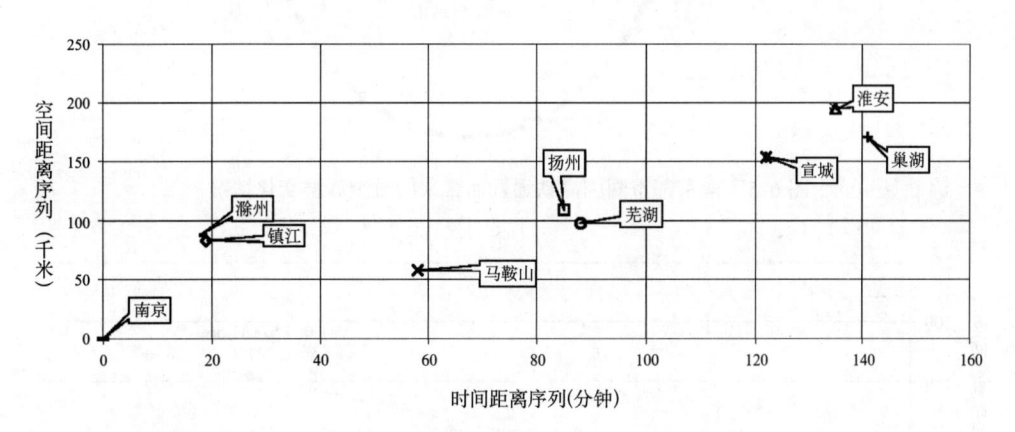

图6–4 高铁开通后都市圈内部城市与南京市之间的时空距离二维散点分布情况

与借助汽车通勤的情况不同，高铁开通极大地缩短了滁州和镇江与南京市的时间距离，使得都市圈内部出现了通勤效率更高的时空簇群（图6–5）。

由此时的南京都市圈内城市时空距离拟合函数线（图6–6）可见，这一阶段的函数线斜率因城市间通勤存在多样类型的交通工具而被压低（汽车通勤下该函数线斜率为1.362 2，高铁开通状态下的函数线斜率为1.007 5），而拟合度的降低（R^2由0.955 5下降至0.797 7）也在一定程度上说明了此种多样类型交通工具通勤的状态并非稳态。随着今后城市间高铁线路的铺设，这一拟合度必然会逐步回归至更高状态，而彼时城市时空距离拟合函数线的斜率也将会抬升。

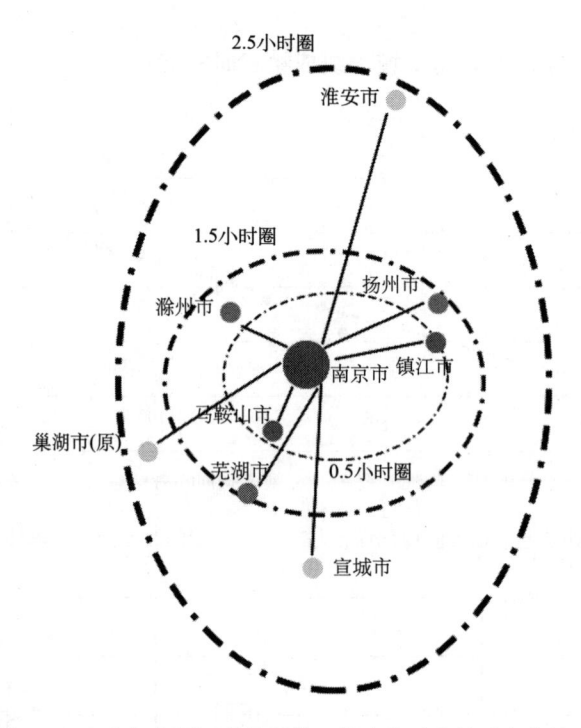

图 6–5　南京都市圈因高铁通勤而带来的时空簇群变化情况

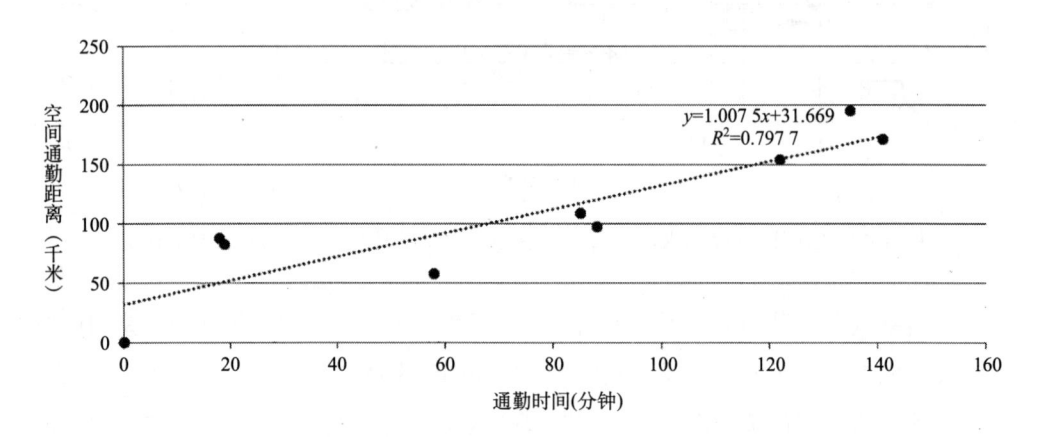

图 6–6　高铁开通后都市圈内部城市与南京市之间的时空距离二维线性拟合情况

二、非核心城市间的时空关系条件

采用与核心城市和非核心城市的时空关系条件分析相同的思路，对非核心城市间的时空关系条件进行分析。因在同样的交通方式条件下，毗邻城市间的联系应当大于非毗邻城市，基于这一现实状况，本研究对南京都市圈内毗邻的非核心城市之间的驾车通勤距离、时间及铁路路线情况进行梳理，发现与核心和非核心城市间的火车通勤情况不同的是，南京都市圈内部毗邻的非核心城市相互间均未有高铁线路开通（表6-2），依靠火车通勤在仅考虑城际时间的情况下，仅有马鞍山—芜湖、扬州—滁州、芜湖—宣城三对城市的火车通勤时间小于汽车。即便如此，无论是火车还是汽车通勤，毗邻的非核心城市之间的通勤时间均在半小时以上，故可以进一步判断，南京都市圈在本研究选择的对比时段，内部毗邻的非核心城市之间通勤时间尚未因为交通方式的不同而有明显的差异，非核心城市间相对高效的通勤方式依然是汽车。

表6-2 南京都市圈内部毗邻的非核心城市之间的站对站直达列车通勤时间情况

互动城市	站对站最短时间	高铁建设情况
淮安—滁州	无直达火车	无高铁
滁州—马鞍山	2小时25分，K551（共计5趟车）	无高铁
扬州—淮安	4小时18分，K245（共计1趟车）	无高铁
马鞍山—芜湖	37分，K875（共计13趟车）	无高铁
扬州—滁州	1小时43分，K94（共计1趟车）	无高铁
马鞍山—宣城	1小时32分，K101（共计9趟车）	无高铁
扬州—镇江	2小时26分，T7788（共计1趟车）	无高铁
芜湖—宣城	49分，K1263（共计21趟车）	无高铁

资料来源：根据12306网站的官方运营线路信息整理。

第二节 时空关系条件影响下的都市圈可达性变化

都市圈内部时空关系条件的变化对传统依托空间距离判断城市间通勤时间的认知产生影响，亦为直接从时间角度认识城市间通勤关系提供了依据，一个集中反映即是都市圈内部空间可达性情况的变化。

一、时空关系条件变化与都市圈"圆缺"原理

研究结合上述时空关系条件变化的两种状态,将高铁时代到来的过程中都市圈内核心与非核心城市之间的时空距离拟合函数线变动轨迹进行理论抽象,提出时空关系条件变化的两阶段论。

阶段 1:以都市圈内非核心城市与核心城市的时空距离均处于稳定状态 F_0 为初始状态(对应图 6-3 汽车通勤的时空二维线性拟合状态);伴随高铁时代的到来,部分非核心城市(A)与核心城市(O)之间的时间距离(即通勤时间)因高铁线路的贯通而明显缩短,而都市圈内其他非核心城市(B)与核心城市(O)尚未发生时空关系条件变化,两种情况同时存在使得都市圈处于不稳定状态 F_1,都市圈时空拟合函数线的斜率小于原始稳定状态 F_0(对应图 6-6 高铁通勤的时空二维线性拟合状态,为高铁时代的中间状态)。

阶段 2:之后,随着非核心城市中与核心城市有高铁线路贯通的数量逐渐增多,这些非核心城市与核心城市之间的时间距离缩短,从而使都市圈时空拟合函数线的斜率陡增,并跨越初始稳定状态 F_0 到达高铁时代的新稳定状态 F_2。整个过程如图 6-7 所示。

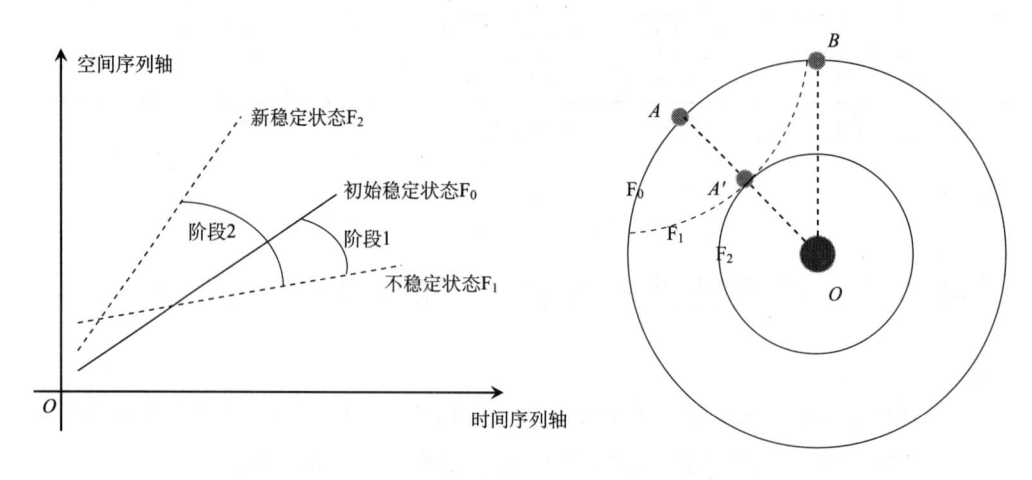

图 6-7 高铁建成前后都市圈内城市间时空关系变化阶段与变化过程示意

注:右图外圈层为空间距离层和高铁建成前时间距离层的叠合,内圈层为高铁建成后的时间距离层,下同。

核心与非核心城市之间时空关系条件和非核心城市之间的时空关系条件都是都市圈内部城市间通勤时效的影响因素，在假设转乘时间为零且不考虑任何转乘成本的前提下，仅以通勤时间为通勤路径选择的标准。如果非核心城市间的通勤时间大于借助核心城市实现"曲折"通勤的时间，则有可能发生毗邻非核心城市居民出行依然选择绕行核心城市的情况，尤其是在毗邻非核心城市之间时空条件尚未变化、通勤时效尚未提升的情况下，这种现象极有可能会出现。而如果整个都市圈内部城市间的通勤效率均相继同进度提高，则会缩小都市圈内部以核心城市为中心的通勤时间圈，即在由 F_0 到 F_2 的过程中，核心城市（O）与非核心城市（A 和 B）之间的通勤时间圈会由 OAB 向内缩至 OA′B′（图 6–8）。

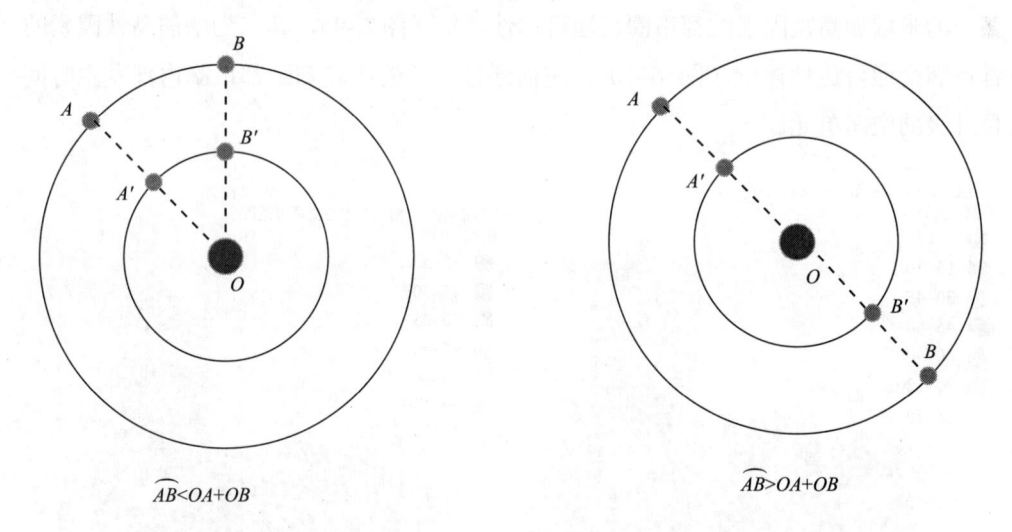

$\overset{\frown}{AB}<OA+OB$　　　　　　　　　　$\overset{\frown}{AB}>OA+OB$

图 6–8　高铁建成前后核心城市（O）与非核心城市（A 和 B）的时空关系比较

注：左图为初始稳定状态下非核心城市间通勤小于借助核心城市实现"曲折"通勤的情况示意，右图反之。

上述演化过程对应到南京都市圈的实际情况，具体表现则是都市圈内部城际通勤人群因高铁等快速城际通勤线路的开通而进入"频次高、时间短"的城际通勤状态，改变了初始稳定状态下（以汽车或火车主导的城际通勤）的通勤方式。高频、高速状态下以创新人才为代表的人力资源的城际通勤，亦带动了其他要素与资源城际流动的有序跟进，其间，城市间包括创新活动在内的各类经济社会活动的关联度亦进一步提高。不仅南京都市圈，目前高频、高速的城际通勤状态已在国家规划政策中有了明确的指引说明，如《国家新型城镇化规划（2014—2020 年）》第十三章"强化综合交通运输网络支撑"中，针对东部地区明确提出"建成以城际铁路、高速公路为主体的快速客运和大能力货运网络"等内容。

二、都市圈可达性变化及其时间位升级

快速交通线路的建设改变了传统都市圈的时空关系条件，由此带来的都市圈"圆缺"原理的本质在于快速交通线路作为要素城际、区际流通的渠道，提升了都市圈内部若干空间单元之间的可达性。为此，研究对南京都市圈内部空间做 90 m×90 m 的栅格化处理以进行交通可达性评价。为辨识快速交通线路建设带来的都市圈内部空间的时间位变化情况，将以核心城市南京市为中心的可达性评价结果分为两部分，其一为未增加高铁因素的都市圈交通可达性评价（图6-9），其二为增加高铁因素的都市圈交通可达性评价（图 6-10），进而通过二者的比较判断都市圈内部发生时间位升级的空间单元。

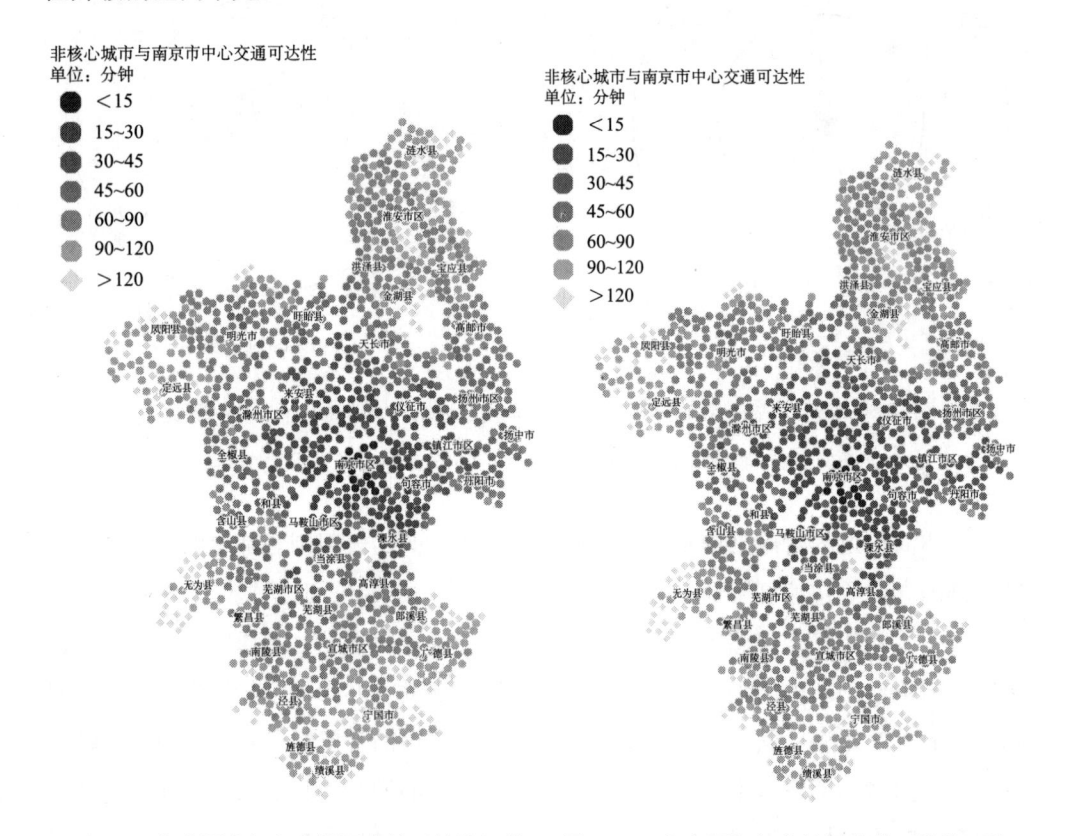

图6-9　都市圈未加入高铁因素的可达性评价　　图6-10　都市圈加入高铁因素的可达性评价

南京都市圈内部高铁建设带来非核心城市与南京市之间通勤效率显著提高的是镇江和滁州两市，尤其是镇江市区和丹阳市以及滁州市区，均出现了明显的时间位升级情况。这些受快速交通线路建设影响的非核心城市与核心城市之间的通勤时间已由大于 1 小时（主要在 60~90 分钟和 90~120 分钟两个区间）缩短为小于 45 分钟（主要在 30~45 分钟区间）。

由南京都市圈可达性比较分析可见，空间距离的远近不再是决定距离衰减效应的唯一因素，由于高铁的建设，部分城市中心城区间的通勤时间甚至小于某一城市到与其在空间距离上邻近的郊县地区，即呈现出地理空间距离与时间距离不再对应的新时空关系。这一时间位升级现象随着都市圈内部快速交通网络的形成，将更为明显。与此同时，城市依托高铁站点进行功能与空间布局的再次调整亦是必然。现阶段沪宁高铁沿线的"倚站造城"及城市交界带"边界新城"的实践即是这一必然性的有力实证，也是今后南京都市圈发展的先行考鉴经验。

第三节　基于交通可达性的基础空间结构校核

以高铁建设为标志的快速交通网络构建带来城际通勤效率和可达性的提高，由此也必然会对创新型都市圈发展的基础结构产生影响，由此校核的作用不言而喻，而若要论证快速交通网络构建给城际就业通勤活动带来的变化，则还需要从通勤频率视角进行考量。需要指出的是，沪宁动车组和高铁开通运行后，南京都市圈内作为核心城市的南京市已与非核心城市镇江市迈入了"轨道交通公交化"时代，尤其是镇江市内部的镇江市区和丹阳市。南京与镇江（市区）每日的高铁和动车组班次目前已有 80 趟左右（南京—镇江有 85 趟、镇江—南京有 77 趟）（图 6-11）；南京与丹阳每日的高铁和动车组班次目前将近 60 趟（南京—丹阳有 57 趟、丹阳—南京有 56 趟）。另外，南京与滁州的高铁和动车组班次相对少于镇江，目前不到 20 趟（南京—滁州有 18 趟、滁州—南京有 15 趟）。

从每天具体时段的发车趟数成对情况看，结论如下：

南京与镇江（市区）：南京—镇江的发车最高峰在"19:00~19:59"区间内（图 6-12），镇江—南京的发车最高峰在"8:00~8:59"区间内，由此便为"业南居镇"职住格局的形成和以就业为导向的城际日常通勤活动发生提供了支撑。此外，两个方向在中午前后，即上午 11 点至下午 3 点又有若干小高峰存在，在一定程度上支撑了具有偶然性特征的出差、旅游等城际出行活动，这在研究者对不同时段车站通勤人员的访谈中也得到了印证。

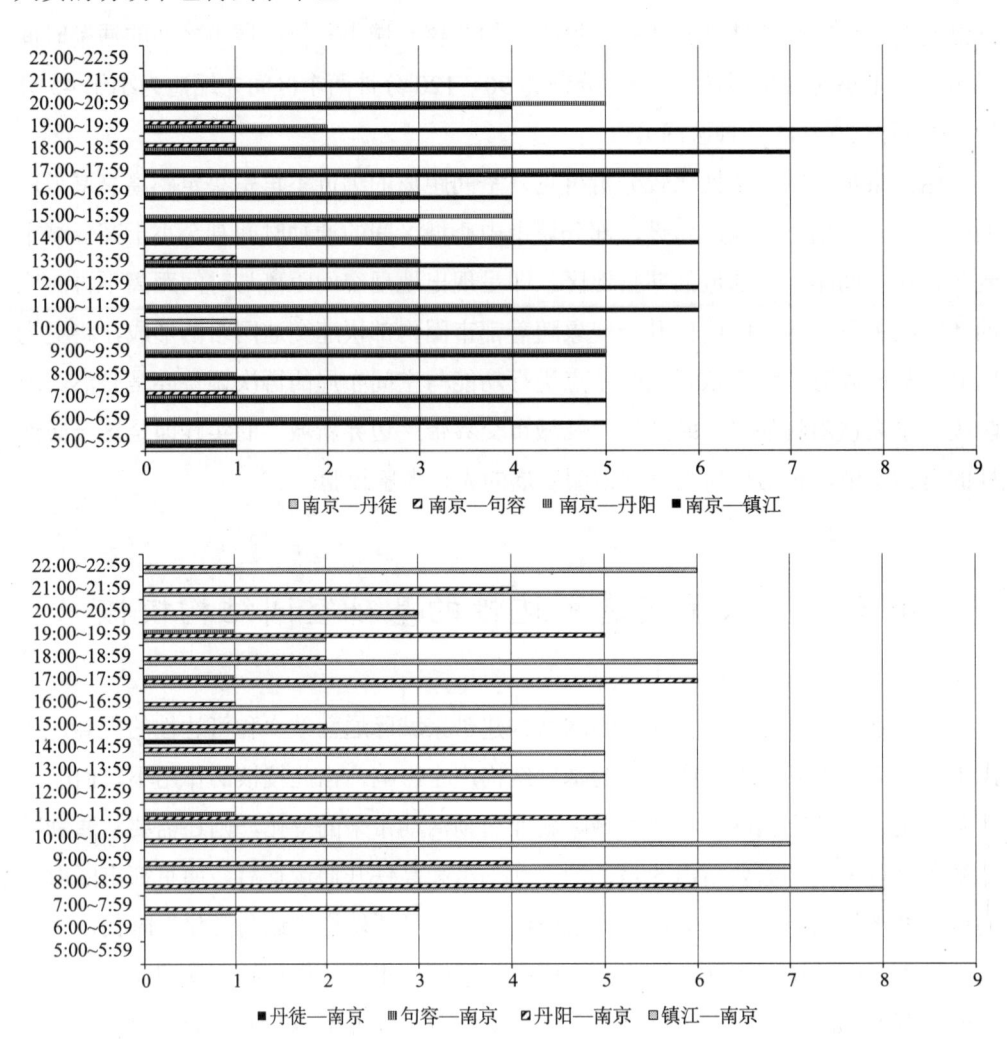

图 6-11　以南京为起点、终点的空间单元高铁和动车组开通趟数情况对比

南京与丹阳：南京—丹阳的发车最高峰在"17:00～17:59"区间内（图 6-13），丹阳—南京的发车最高峰在"8:00～8:59"和"17:00～17:59"两个区间内，相比于南京与镇江之间的"19:00～19:59"高峰区间而言，南京与丹阳之间的下午高峰早了两个小时，且南京与丹阳之间的各时段发车数量的波动幅度更大、更为明显，但整体上南京与丹阳之间的高铁与动车发车情况还是为城际日常通勤提供了很大的可

能性。

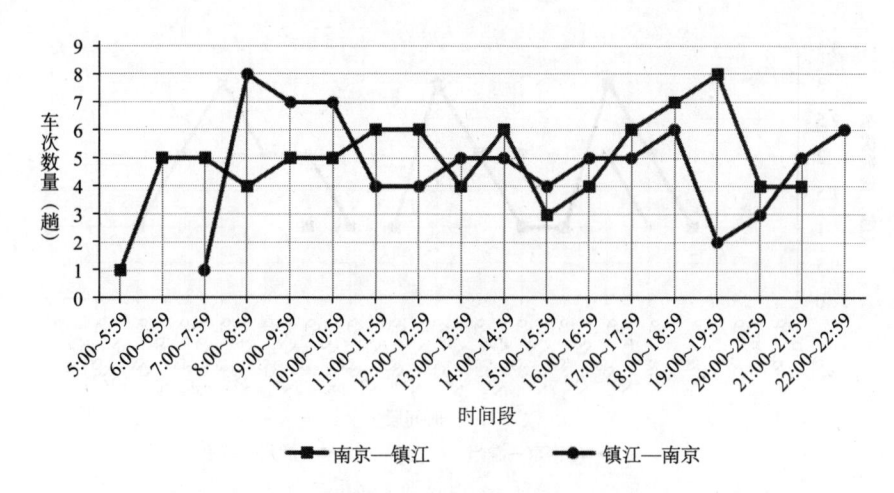

图 6–12　南京与镇江（市区）的高铁和动车组一天各时段发车数量统计

注：此处未将南京—丹徒的数据纳入其中。

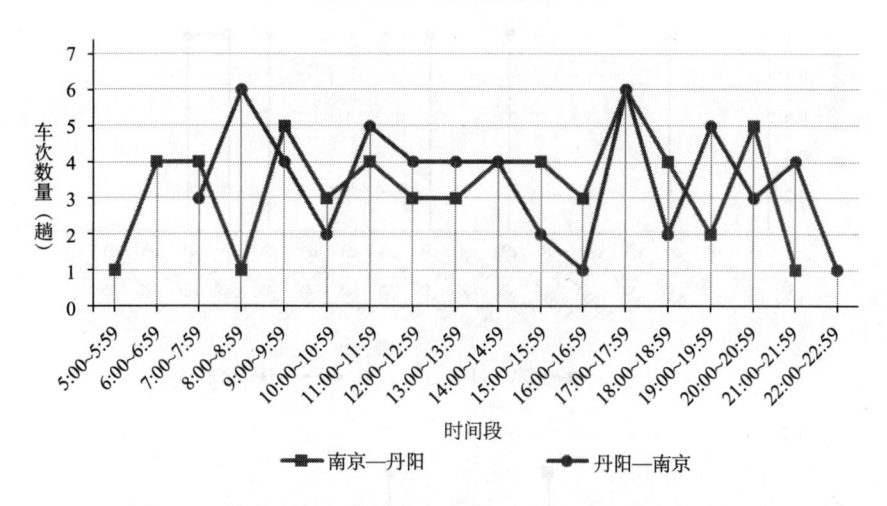

图 6–13　南京与丹阳的高铁和动车组一天各时段发车数量统计

其他：南京与滁州（图 6–14）一天的发车数量高于南京与句容、南京与丹徒（图 6–15），但由于三者的发车数量都远低于南京与镇江（市区）、南京与丹阳，相比而言，目前为城际日常通勤提供支撑的可能性较小。

整体而言，在南京都市圈内与南京市贯通高铁和动车组的空间单元中，镇江（市区）的表现最为突出，且在同一时间有多趟列车发车，加之高铁和动车组高效的时间通勤效率，"高频、高速"的城际通勤成为了现实，并随着城市内部轨道交通线路、公交线路对接效率的提高，将逐步改变都市圈内部传统的时空通勤距离与城际关系。

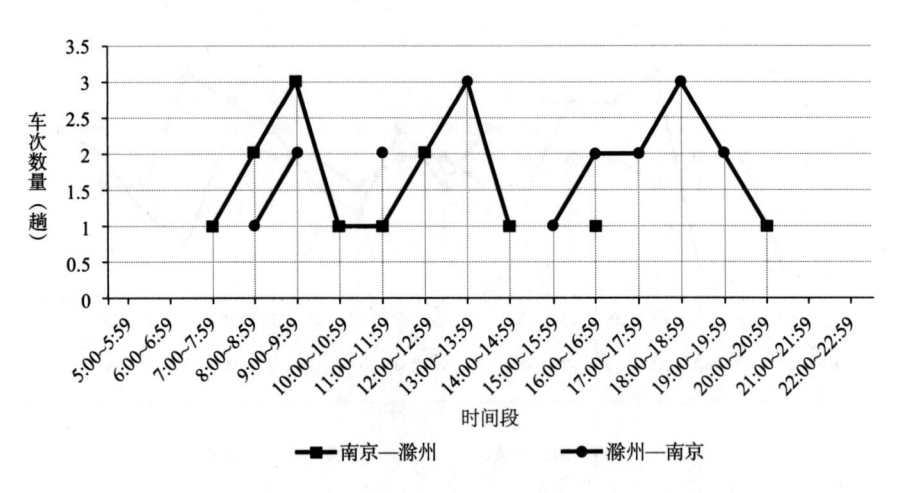

图 6-14　南京与滁州的高铁和动车组一天各时段发车数量统计

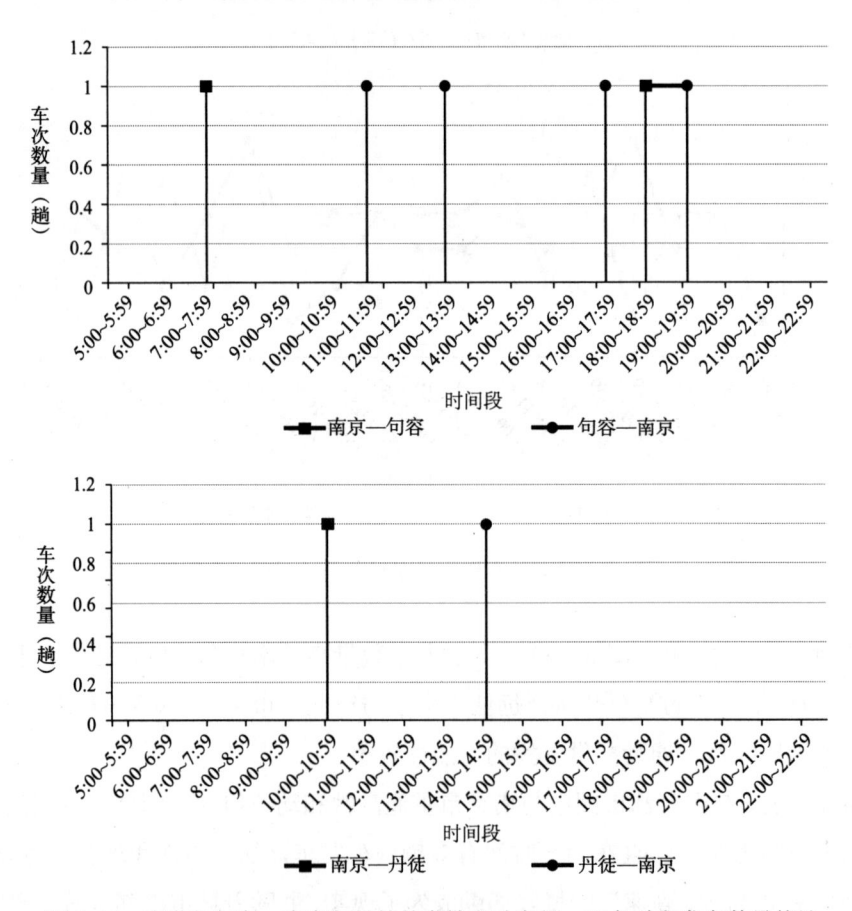

图 6-15　南京与句容、南京与丹徒的高铁和动车组一天各时段发车数量统计

进一步地，将南京都市圈的综合可达性分析结论采用均值加权的方式落实到乡镇空间单元，从而得到南京都市圈以乡镇为空间单元到南京市的可达性评价结果（图6–16）及位于不同时间区间的具体评价单元目录（附表3）。

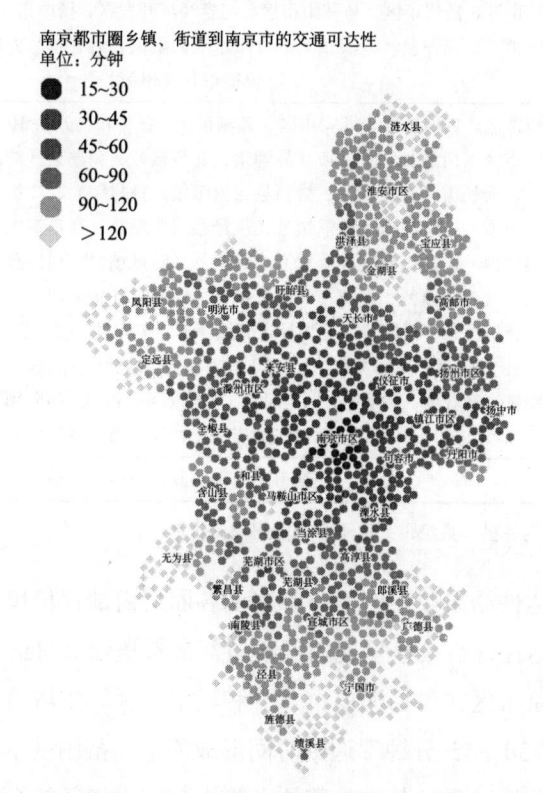

图6–16 以南京市（市政府）为中心的南京都市圈乡镇（街道）交通可达性分析结果

注：分析中除南京市区外，各地级市和县（县级市）含有街道的市区均作为一个整体来进行评价，如"××市区（街道）"；南京市区因面积明显大于都市圈内其他城市，将其内部的浦口、六合和江宁三个区以及栖霞区位于市区边界地带的街道（龙潭、靖安、尧化、燕子矶、仙林、马群、铁心桥、梅山等）拆分成单个街道和乡镇进行评价，与该图对应的列表梳理情况亦是如此。

由对评价单元所在时间区间的梳理结果可见，前文界定的都市圈内部位于中密度3区中高分区的分合圈层内部分街镇至南京市中心的通勤时间超过了1个小时。而从被调查的创新人才目前的通勤时间情况来看，多数在1小时以内，即城际通勤在1小时以内的情况对于都市圈层面的创新人才流动具有更大的可行性。因此，结合研究对分合圈在都市圈中发挥作用的界定，将这些与南京市中心通勤时间大于1个小时的评价单元降至辅合圈，与原辅合圈评价单元共同组成新的辅合圈；原分合圈中的剩余评价单元与镇江、扬州和马鞍山三市的市区构成新的分合圈（表6–3）。

表 6–3　基于交通可达性结果校正的南京都市圈内部评价单元与空间维度分区结构匹配情况

圈层分区		评价单元
高密度区（统合圈）		南京市区
中密度区	分合圈	镇江市区、扬州市区、马鞍山市区、句容经济开发区、扬中市（新坝镇）、溧水县（永阳镇）、高淳县（淳溪镇）、丹阳市（云阳镇、后巷镇）、句容市（宝华镇）、仪征市（真州镇）
	辅合圈	滁州市区、宣城市区、淮安市区、芜湖市区、扬中市（八桥镇、西来桥镇、油坊镇）、扬中市区（街道）、丹阳市（界牌镇、新桥镇）、芜湖县（湾沚镇）、天长市区（街道）、天长市（秦栏镇）、繁昌县（繁阳镇、孙村镇）、广德县（桃州镇）、宁国市区（街道）、宁国市（中溪镇）、洪泽县（蒋坝镇、高良涧镇、老子山镇）、金湖县（黎城镇）、含山县（环峰镇）、盱眙县（盱城镇）、南陵县（籍山镇、许镇镇）、郎溪县（建平镇）、高邮市（高邮镇）、绩溪县（华阳镇）、全椒县（襄河镇）、泾县（泾川镇、榔桥镇）、无为县（无城镇）、宝应县（安宜镇）、来安县（新安镇）、涟水县（涟城镇、高沟镇、梁岔镇）、当涂县（姑孰镇）、旌德县（旌阳镇、三溪镇）、凤阳县（府城镇、临淮镇）、定远县（定城镇）、和县（历阳镇）、明光市区（街道）、明光市（管店镇）、句容市（华阳镇）
低密度区		都市圈内部的其他街道和乡镇

注：括号内的街镇即为各县（县级市）位于不同圈层的评价单元。

与基于交通可达性结果校正的南京都市圈各圈层内部评价单元目录相对应，南京都市圈在根据可达性评价校核呈现的创新型都市圈基础空间结构见图 6–17。

具体而言，南京市区（包括浦口、六合和江宁三区）主城范围的平均通勤时间在 30 分钟以内。"30～45 分钟"通勤时间形成的空间范围基本可以将南京市的开发区、副城的大部分地区囊括其中，整体上除少数较为偏远的街道和乡镇外，平均通勤时间均在 1 小时以内，故而维持前文将南京市区作为南京都市圈发展统合圈的结论。分合圈内的评价单元不但在发展结构上与南京市区具有高融合潜质，而且能够通过交通联系加快实现与南京市区的互动，通勤时间均在 1 小时以内，其中乡镇单元均隶属于南京市区周边的县市。辅合圈内的评价单元或是仅在发展结构上与南京市区具有高融合潜质，但通勤时间高于 1 小时（多位于"60～90 分钟"的区间，如芜湖市区和原中密度 3 区中高分区的街镇）；或是在通勤时间方面小于 1 小时，但融合潜质相对较弱（如滁州市区）；亦或是在以上两个方面均低于分合圈层中的评价单元（如原中密度 3 区中低分区中的街镇）。

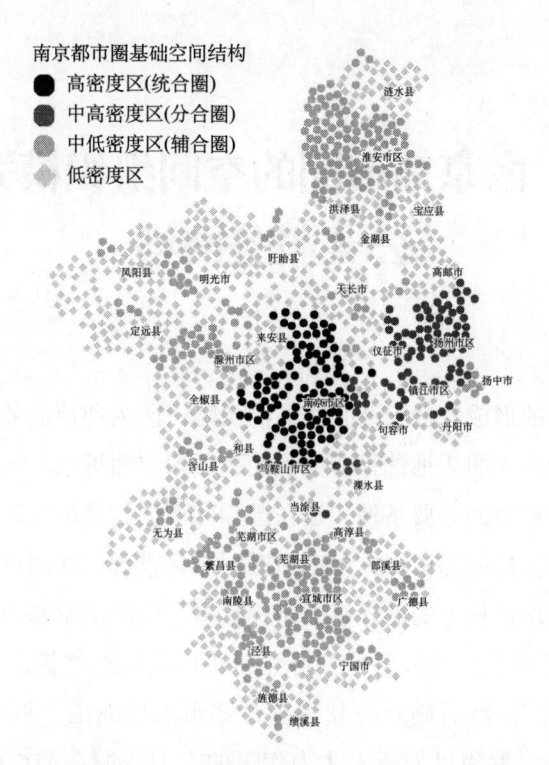

图 6–17　基于交通可达性结果校正的南京都市圈基础空间结构情况

第七章　南京都市圈的空间组织模式引导：
公共服务网络

创新型都市圈的形成有赖于公共服务的保障，因为便捷高效的公共服务是区域同城化进程中创新人才职居地选择所关注的重要内容和诉求，同时，其还是营造创新氛围、反哺创新活力的必要条件。这在国际区域创新发展实践中已被证实，且其在都市圈层面的一体化亦为中国诸多都市圈同城化推进关注的重点。本章立足都市圈层面快速交通网络校核下的基础空间结构，首先明确南京都市圈现阶段公共服务的配置特点，继而基于公共服务配置特点和快速交通网络提出都市圈空间组织的"神经元链接模式"，然后确立公共服务在都市圈层面由"城市网"升级为"区域网"的引导方向，保障以创新人才为代表的人力资源在都市圈层面实现公共服务诉求，佐证南京都市圈在公共服务领域所具有的与创新型都市圈特征相对应的网络表征。

第一节　公共服务的"城市网"式配置特点

现阶段公共服务的配置在能级与体系上多以所在市县自身依托行政层级界定的城镇体系为参照，而在空间分布上多以所在市县的空间结构为蓝本，由此形成了现阶段各市县公共服务配置在自身内部相对独立但自成体系的组织与布局结构。公共服务的这一配置特点在南京都市圈内部不同市县单元中的体现亦是较为明显，如淮安市中心城区的公共服务布局即是以不同城市中心等级及其分布的情况规划的布局位置与结构（图7-1）；芜湖市的公共服务条目体系构建也是与市域城镇体系和市域空间布局规划结构相吻合（图7-2、表7-1）。

第七章 南京都市圈的空间组织模式引导：公共服务网络 | 155

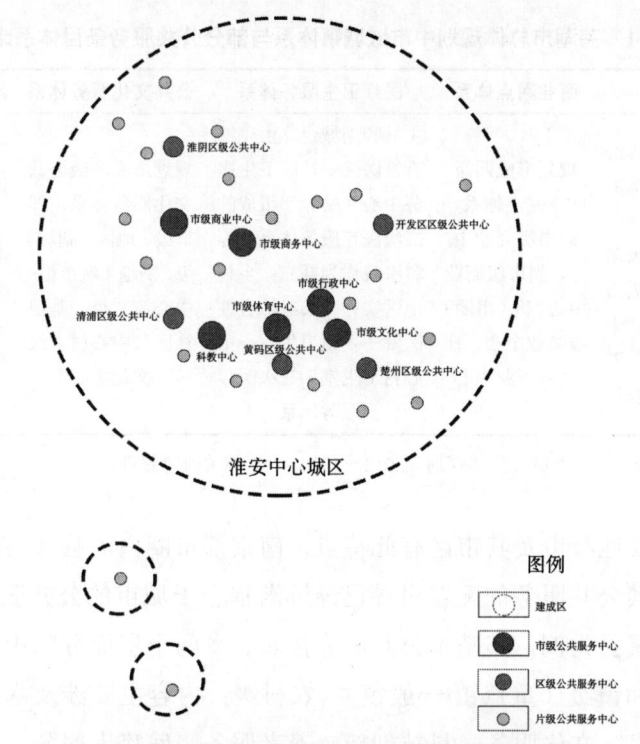

图 7-1 淮安中心城区公共服务设施规划布局示意

资料来源：据《淮安市城市总体规划（2008～2030）》相关内容整理。

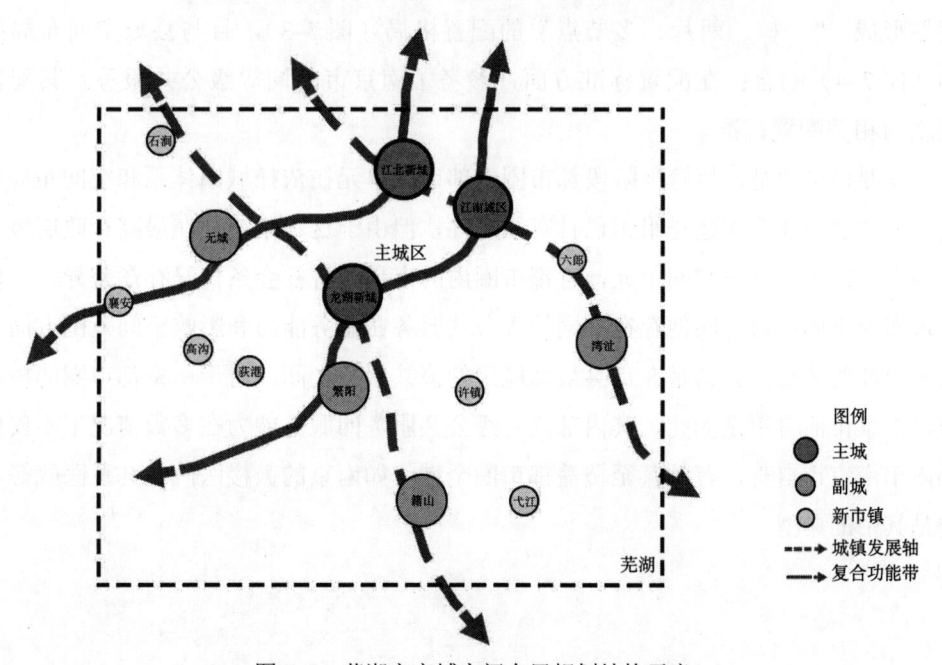

图 7-2 芜湖市市域空间布局规划结构示意

资料来源：据《芜湖市城市总体规划（2012～2030 年）》相关内容整理。

表 7–1 芜湖市总体规划中市域城镇体系与部分公共服务条目体系比较

市域城镇体系	商业网点体系	医疗卫生服务体系	公共文化服务体系	公共体育设施体系
规划形成四级城乡等级结构体系，一级：芜湖主城，即中心城区；二级：无城、湾址、繁阳和籍山四个副城，为市属四个县城；三级：十一个中心镇；四级：若干个中心村和自然村	规划形成四级商业网点体系，即市级商业中心、副市级商业中心、区（组团）级商业中心、社区级商业中心	主城和副城建立由"综合性医院—社区卫生服务中心（站）"组成的二级医疗服务体系，专科医院作为补充；乡村地区实行"县级综合性医院—乡镇卫生院—中心村卫生室"三级医疗服务体系	规划形成四级公共文化服务体系，即市级、地区（副城）级、街道（新市镇+中心镇）级、基层社区（中心村）级文化中心	规划形成四级配置公共体育设施按照市级、地区（副城）级、街道（新市镇+中心镇）级、基层社区（中心村）级

资料来源：根据《芜湖市城市总体规划（2012～2030 年）》相关内容整理。

同时，不仅地级市及其市区有此特点，南京都市圈内的县（县级市）亦有同样的特点，且其公共服务的配置引导已经逐渐耦合于城市的公共服务体系之中。以宣城市的郎溪县为例，其基本公共服务按城、乡两个层面分为中心城市级、片区级、社区级和镇级（重点镇/一般镇）、农村级；内容主要涉及基础教育、医疗卫生、公共体育、文化服务、科技创新、养老服务、残疾人服务、就业与住房保障、行政管理、商贸金融等十项；基本公共服务配置以郎溪县的城乡体系为基础，规划形成"一核、两片、多节点"的配置格局（图 7–3），且与县域空间布局结构（图 7–4）吻合；在配置标准方面，参考了南京市的同等级公共服务及其配套设施的相关配置标准。

需要指出的是，尽管现阶段都市圈内部市县单元在依托城镇体系和空间布局结构的公共服务体系构建与组织已具有系统性，但由于这一系统性在最高行政层级上仅局限于地级市这一空间单元，且都市圈内的市县经济社会条件又存在差异，所以都市圈内不同市县之间便存在着同等级公共服务在服务能力和影响空间范围方面具有差异性的情况，尤其是在市县最高能级的公共服务之间。对于南京都市圈的核心城市南京市而言更是如此，其内部高等级公共服务的服务能力在多数情况下不仅仅局限于南京市自身，有的甚至覆盖都市圈全域，如南京的鼓楼医院、儿童医院等，便是其中的典型。

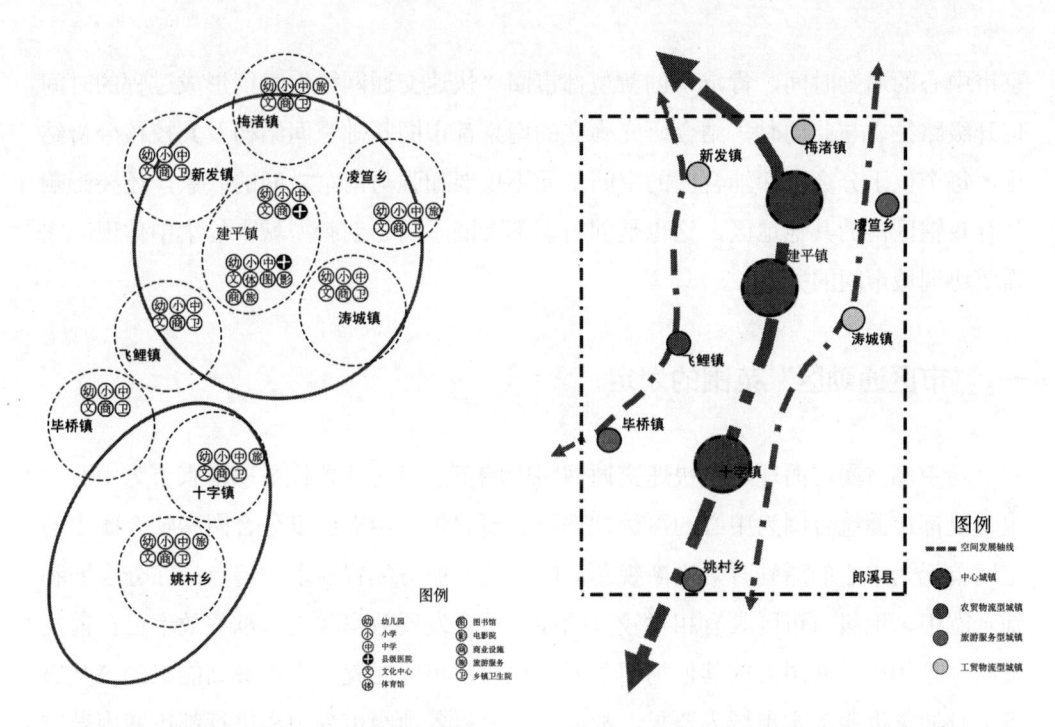

图 7-3　郎溪县公共服务体系规划示意

资料来源：据《安徽省郎溪县城乡一体化规划》相关内容整理。

图 7-4　郎溪县空间布局规划结构

资料来源：据《安徽省郎溪县城乡一体化规划》相关内容整理。

第二节　空间组织的"神经元链接模式"架构

面对公共服务配置的现实情况，南京都市圈层面公共服务网络形成的直接引导途径即是立足都市圈内部城市现已建设和规划建设的公共服务"城市网"，进行都市圈范围内的公共服务网络跨城整合。基于现阶段都市圈内部不同城市内部规划引导的相对独立且自成系统的公共服务"城市网"，如何构建南京都市圈的公共服务"区域网"便成为其创新型都市圈形成所必然要面对和解决的问题。

对于南京都市圈内部的公共服务"区域网"的构建，一方面需要遵从公共服务自身的"集中式"配置特点，另一方面则需要协调各个公共服务"城市网"，使不同城市之间能够在都市圈这一空间层次上实现高效统筹，进而服务整个都市圈。立足以上两个着力点的创新型都市圈公共服务网络构建，正是南京都市圈响应创新人才公共服务同城化诉求、奠定创新型都市圈创新空间基础的必然要求。

前文以南京市为中心的都市圈可达性分析明确了南京都市圈内部不同位置与南

京市中心的通勤时间，肯定了创新型都市圈"快速交通网络"表征形成过程的时间位升级路径。与此同时，结合研究确立的南京都市圈基础空间结构及其校核分析结论，每个位于分合圈和辅合圈的空间单元不仅要加强与南京之间的联系，还要影响其行政辖区内的其他地区，这也是创新型都市圈不同于创新型城市的集中体现，它需要协调城市间的关系。

一、"市区通勤区"范围的划定

南京都市圈层面现阶段快速交通网络影响下的可达性评价是以南京市为中心，也是以都市圈统合圈为中心的可达性评价。研究进一步提出以分合圈和辅合圈中的空间单元为中心的通勤时效判断视角，呼应公共服务配置要求与特点。在分合圈和辅合圈中，地级市市区具有相对较高的经济社会发展效率和人口承载效率已在前文证明，且相比于圈层内的其他街镇单元，地级市市区配置了本市最高能级的公共服务，且通常以服务本市域为要求，故而，研究以各地级市为中心进行都市圈内部空间至评价单元所属地级市的可达性评价（图 7–5），探讨南京都市圈内部的通勤时效。

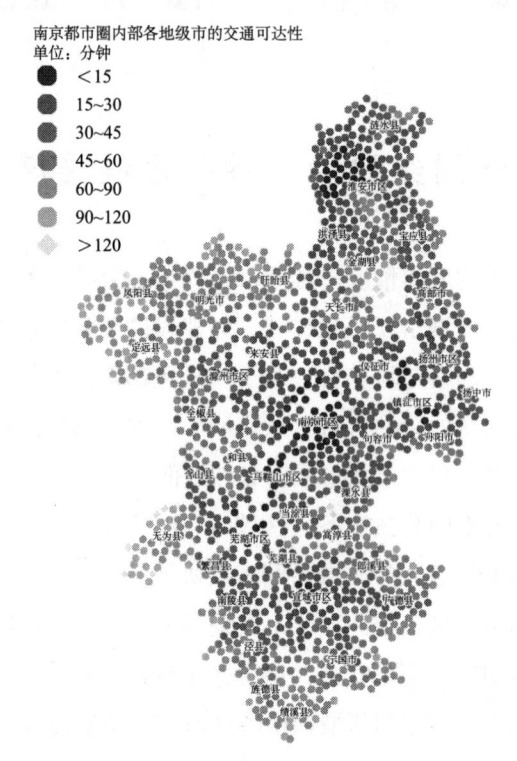

图 7–5 南京都市圈内部以各地级市为中心的可达性分析

第七章 南京都市圈的空间组织模式引导：公共服务网络 | 159

研究从实践角度界定前文定义的"市区通勤区"范围，并结合前文校核后的基础空间结构，旨在构建都市圈内部空间组织模式及其对应的公共服务"区域网"，并引导创新人才的"居住—就业—公共服务"三大需求在都市圈层面实现平衡。

前文都市圈内部不同地区到核心城市南京市中心的可达性评价中，30 分钟的通勤时间范围基本上覆盖了市区的核心地带和市内主要交通走廊沿线，与之情况相似，在南京都市圈内到各个地级市中心的可达性分析结论中，都市圈内非核心城市的 30 分钟时间通勤范围也基本覆盖了各自市区的核心地带及其市内主要交通走廊沿线，"＜15 分钟"、"15～30 分钟"、"30～45 分钟"以及"45～60 分钟"四个时间段的通勤范围基本覆盖了都市圈内部所有地级市的市区。

将以上综合可达性分析结论采用均值加权的方式落实到乡镇空间单元，从而得到以乡镇为空间单元、至不同地级市中心的可达性评价结果（图 7-6），且与该可达性评价结果相对应，研究亦得到南京都市圈内各个街道、乡镇以各自所属地级市为中心所在的通勤时间范围情况，见附表 4。

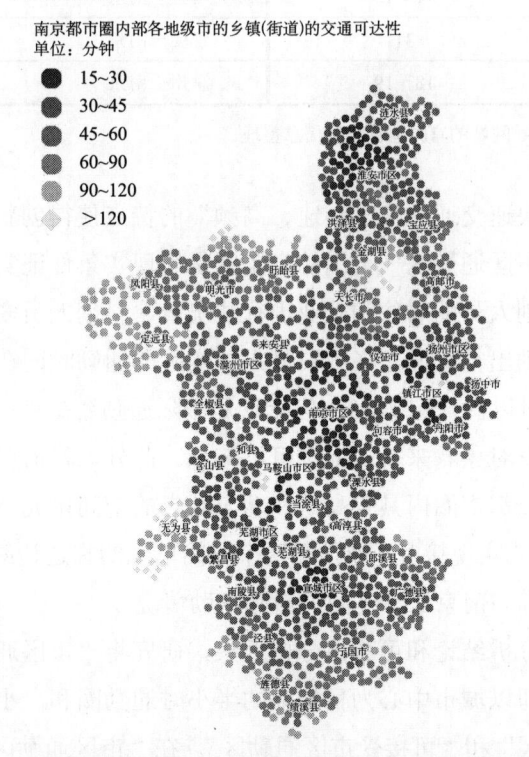

图 7-6 以各个地级市为中心的乡镇（街道）的交通可达性分析结果

注：其中除南京市市区外，各地级市和县（县级市）含有街道的市区均作为一个整体来进行评价，如"××市区（街道）"。南京市区因面积明显大于都市圈内其他城市，将其内部的浦口、六合和江宁三区以及栖霞位于市区边界地带的街道(龙潭、靖安、尧化、燕子矶、仙林、马群、铁心桥、梅山等)拆分成单个街道和乡镇进行评价。对应的列表和后文的"市区通勤区"划分亦做如此处理。

从创新人才的微观诉求视角出发，考虑其出行所面临的现时通勤条件情况（表7–2）。以南京和镇江两市的城际通勤为例，南京到镇江的高铁最短通勤时间为19分钟，这一情况中，假设某城际通勤创新人才住在南京（镇江）小于15分钟的通勤时间范围内，到镇江（南京）小于15分钟的通勤时间范围内上班，在不考虑接驳时间的前提下，基本上可以与在南京（镇江）15～30分钟和30～45分钟通勤时间范围内开展职住活动的创新人才的日常上班时间相差无几。若将通勤人员可以接受的通勤时间界定为1小时，则其在采取城际职住方式时可以选择的职住通勤时间范围还可以进一步扩大。

表 7–2　南京与都市圈内开通高铁的城市（区县）站站通勤耗时情况

站站通勤	耗时（分钟）	站站通勤	耗时（分钟）
南京—镇江	19～33	镇江—南京	19～30
南京—丹阳	25～55	丹阳—南京	25～47
南京—句容	11～13	句容—南京	11～13
南京—丹徒	31	丹徒—南京	30
南京—滁州	18～19	滁州—南京	18～19

资料来源：根据12306网站的官方运营线路信息整理。

综上，如果说快速交通网络"高速、高频"的特点使得创新人才的城际通勤成为了可能，那么"市区通勤区"范围的划定则是用现实条件证实这一可能的必要步骤。从被调查的科创人员的居住和就业出行情况看，科创人员多以主城区和近郊区为居住地点，在通勤出行方面，多数科创人员实际的通勤时间在一小时以内，理想的通勤时间是半小时以内（图7–7）。但无论是城际通勤还是市内通勤，通勤时间在一小时之内在被调查对象看来基本上都可以接受。此外，目前已是城际职住情况的被调查对象多居住在都市圈内具有高铁和动车站点的空间单元，通过"快速城际线路+市内交通"的方式实现接驳，或是在两个空间单元的临近边缘地带，通过城际公交实现，如镇江句容与南京江宁之间的城际通勤情况。

基于以上调查分析结论和可达性分析结果，研究将"市区通勤区"范围在时间维度上予以界定，即以城市中心为目的地的半小时通勤圈和一小时通勤圈，分别对应"理想市区通勤区"和"可接受市区通勤区"。在"市区通勤区"范围内，创新人才的城际或城内"居住—就业—公共服务"三大需求均可根据自身实际情况得到相应的实现。结合都市圈内部以各个地级市为中心、以乡镇（街道）为评价单元的可达性分析结果，将南京都市圈内不同城市的"市区通勤区"所涉及的空间单元进行梳理，形成现阶段南京都市圈各城市"市区通勤区"范围内的街道、乡镇目录(表7–3)。

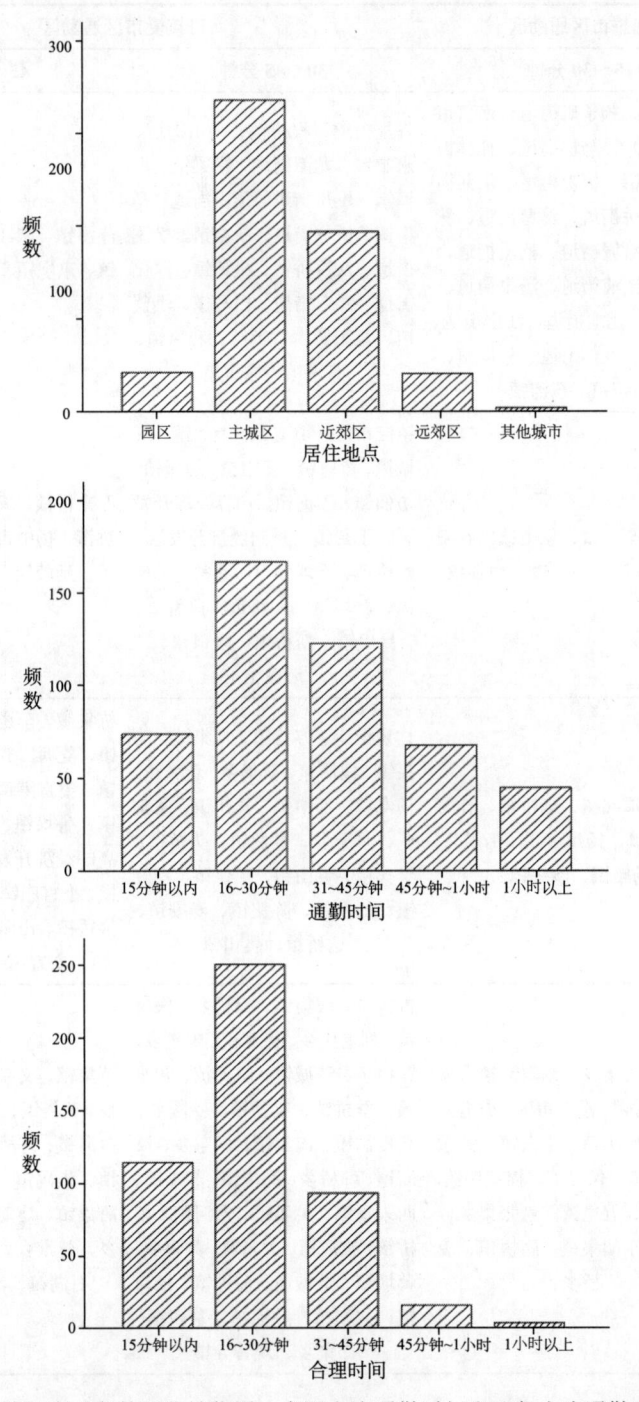

图7–7 被调查对象的居住地位置、实际上班通勤时间和理想上班通勤时间情况

资料来源:根据问卷调研资料整理。

表 7-3 南京都市圈内的"市区通勤区"涉及的空间单元目录

	理想市区通勤区	可接受市区通勤区	
	15～30 分钟	30～45 分钟	45～60 分钟
南京	尧化街道、燕子矶街道、南京市区（街道）、马群街道、仙林街道、玉带镇、梅山街道、沿江街道、铁心桥街道、葛塘街道、秣陵街道、盘城街道、栖霞街道、龙袍镇、江浦街道、汤泉街道、泰山街道、龙池街道、江宁街道、长芦街道、湖熟街道、拓塘镇、马鞍镇、东沟镇	谷里街道、程桥镇、汤山街道、永宁镇、龙潭街道、横梁镇、瓜埠镇、雄州街道、顶山街道、马集镇、桥林街道、新篁镇、横溪街道、八百桥镇、星甸镇、淳化街道、禄口街道、白马镇、洪蓝镇、永阳镇、竹镇镇、和凤镇、石湫镇、东屏镇	淳溪镇、阳江镇、古柏镇、漆桥镇、东坝镇、靖安街道、晶桥镇
镇江	蒋乔镇、辛丰镇、象山镇、谷阳镇、宝华镇、高资镇、司徒镇	镇江市区（街道）、上党镇、埤城镇、黄梅镇、云阳镇、边城镇、访仙镇、丁岗镇、句容经济开发区、下蜀镇、丹阳经济开发区、姚桥镇、宝堰镇、后巷镇、郭庄镇、新坝镇、大路镇、白兔镇、吕口镇、新桥镇、陵口镇、后白镇	西来桥镇、天王镇、珥陵镇、八桥镇、扬中市区（街道）、油坊镇、延陵镇、茅山镇、界牌镇、华阳镇
扬州	八里镇、瓜洲镇、施桥镇、朴席镇、西湖镇、扬州市区（街道）、杨庙镇、沙头镇	甘泉街道、方巷镇、刘集镇、湾头镇、槐泗镇、新集乡、新城镇、杨寿镇、邵伯镇、真州镇、谢集乡、月塘乡、真武镇、头桥镇、李典镇、青山镇、丁伙镇、宜陵镇、仙女镇、陈集镇、泰安镇、送桥镇、樊川镇	杭集镇、车逻镇、马棚镇、天山镇、菱塘回族乡、浦头镇、黄塍镇、望直港镇、汉留镇、西安丰镇、鲁垛镇、界首镇、小纪镇、高邮经济开发区、郭村镇、曹甸镇、小官庄镇、丁沟镇、大仪镇、吴桥镇、山阳镇、龙虬镇、氾水镇、安宜镇、周山镇、武坚镇
淮安	丁集镇、袁集乡、东双沟镇、城南乡、王营镇、淮安市区（街道）、新渡乡、码头镇、王兴镇、武墩镇、赵集镇、保滩镇、棉花庄镇、南马场乡、五里镇、老张集乡、钦工镇、东胡集镇、席桥镇、凌桥乡	古集乡、成集镇、徐杨乡、朱桥镇、刘老庄乡、徐溜镇、宋集乡、三树镇、涟城镇、陈师镇、和平镇、季桥镇、梁岔镇、茭陵乡、高良涧镇、南集镇、城东乡、溪河镇、韩桥乡、渔沟镇、苏嘴镇、西宋集镇、吴集镇、岔河镇、车桥镇、施河镇、大东镇、黄码乡、蒋坝镇、淮城镇、前进镇、泾口镇、共和镇、顺河镇、岔庙镇、徐集乡、观音寺镇	范集镇、义兴镇、吴城镇、黄营乡、黄集镇、黄花塘镇、旧铺镇、盐河镇、陈桥镇、博里镇、吕良镇、朱码镇、前锋镇、万集镇、唐集镇、马甸镇、复兴镇、王店乡、建淮乡、红窑镇、仁和镇、石湖镇、流均镇、平桥镇

续表

	理想市区通勤区	可接受市区通勤区	
	15~30 分钟	30~45 分钟	45~60 分钟
滁州	汊河镇	大英镇、腰铺镇、独山乡、襄河镇、乌衣镇、沙河镇、雷官镇、滁州市区（街道）、十字镇、大柳镇、三城镇、施官镇、汊涧镇、六镇镇、水口镇、郑集镇、新街镇、舜山镇	张铺镇、冶山镇、张山镇、施集镇、马厂镇、金集镇、拂晓镇、张八岭镇、自来桥镇、三合镇、武岗镇、新安镇、二郎口镇、黄泥岗镇、大通镇、大墅镇、古河镇、大桥镇、半塔镇、桐城镇、天长市区（街道）、石梁镇、珠龙镇、石沛镇、杨郢镇、池河镇、石坝镇、三界镇、永丰镇、章广镇
马鞍山	马鞍山市区（街道）、年陡乡、姑孰镇	霍里镇、太白镇、丹阳镇、沈巷镇、黄池镇、乌溪镇、向山镇、陶厂镇、铜闸镇、护河镇、清溪镇、乌江镇、大陇乡、塘南镇	白桥镇、湖阳乡、村头镇、石杨镇、姥桥镇、环峰镇、石桥镇、运漕镇、新市镇、功桥镇、博望镇、昭关镇、香泉镇、历阳镇、善厚镇
芜湖	火龙岗镇	峨山乡、二坝镇、芜湖市区（街道）、六郎镇、湾沚镇、陶辛镇、籍山镇、许镇镇、家发镇、工山镇、弋江镇、汤沟镇、花桥镇	白茆镇、平铺镇、三里镇、红杨镇、高沟镇、陡沟镇、繁阳镇、荻港镇
宣城	向阳镇、金坝、宣城市区（街道）、浑天湖农场、五星	孙埠镇、文昌镇、黄渡镇、朱桥乡、杨柳镇、沈村镇、新田镇、蔡村镇、姚村乡、溪口镇、寨亭镇	昌桥乡、港口镇、东夏镇、桃州镇、水阳镇、建平镇、云岭镇、誓节镇、汀溪、狸桥镇、柏垫镇、霞西镇、榔桥镇、养贤乡、宁国市区（街道）、琴溪镇、新发镇、水东镇、梅渚镇、幸福乡、东亭乡、榔桥镇

"市区通勤区"范围的界定结果既从实践角度印证了"市区通勤区"的理论概念，也可进一步印证前文关于创新型都市圈形成过程中"二元时间位，一元空间位"时空结构的推论。研究以南京都市圈的实际情况为基础，进一步阐释这一时空结构（图 7–8）。

城市 O 代表都市圈内的核心城市南京市，与代表非核心城市中的镇江市 A 和滁州市 B 开通了高铁线路，则三市的"市区通勤区"之间的时间位关系因高铁的开通由 F_0 状态转为 F_1 状态，即位于第一时间位，未与南京市开通高铁线路的非核心城市全域均位于 F_0 状态的第二时间位。镇江市 A 和滁州市 B 的"市区通勤区"由第二时间位升级为第一时间位（A′、B′）后，它们与南京市"市区通勤区"内街镇单元的通勤时间将接近从南京市"市区通勤区"范围外到"市区通勤区"范围内的通勤时间的情况。就南京都市圈创新人才的实际城际通勤情况而言，就会存在其在镇江市区居住要比在六合区居住到南京鼓楼区上班用时更短的情况，这一时空关系完全颠覆了传统基于空间距离"住得远、到得晚"的普遍认识，且在都市圈层面协调了创新人才的公共服务需求。

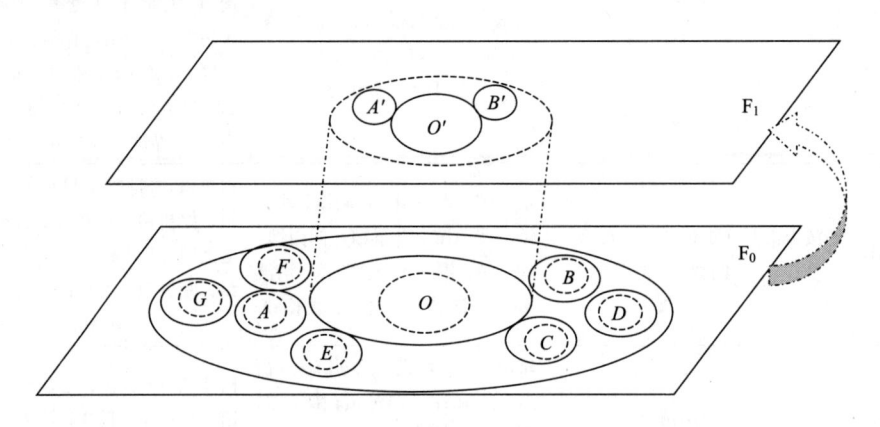

图 7-8 南京都市圈"二元时间位"形成示意

研究对比南京都市圈"市区通勤区"内的空间单元与校核后的都市圈内部统合圈、分合圈和辅合圈空间评价单元可见，相比"市区通勤区"范围的划分结论，研究确定的南京都市圈统合圈、分合圈和辅合圈中的评价单元数量相对较少，且多数均位于"可接受市区通勤区"范围内。深言之，即"市区通勤区"的划定拓展了创新型都市圈基础结构中三大圈层的实际空间范围，使得三大圈层内的评价单元不再是空间上的"点状零散"分布，而是有着"环状成片"的拓展基础。其中，能够进入"市区通勤区"且被界定在三大圈层内部的评价单元在都市圈的诸多评价单元中具有极为"全面"的优势，是都市圈内部包括创新活动在内的各种经济社会活动最为集中、公共服务配置能级较高的空间单元，亦颇有潜质成为创新型都市圈内部原始创新载体（即都市圈核心城市）发生裂变现象的首选聚变生长点（在核心城市与非核心城市内均有分布）。

二、"神经元链接模式"的引导

根据以上可达性评价和"市区通勤区"范围界定的结果，亦可以推知南京都市圈建设创新型都市圈在时间位升级方面的发展方向，即加快都市圈内部不同城市之间的快速交通线路建设，以便尽快形成创新型都市圈的快速交通网络，支撑都市圈内部要素，尤其是以创新人才为核心的要素流动，进而形成一体化的都市圈创新空间体系。此间，亦要同步提高各城市内部既有市内交通的通勤效率，使之能与在都市圈层面形成的快速交通网络进行高效接驳，进一步细化创新型都市圈内部的要素流通渠道框架。

在此基础之上，研究将依托城际快速交通网络与都市圈内部各城市市内主要交通通道组成的高效交通体系，满足创新人才职住平衡和公共服务需求的组织模式称为创新型都市圈内部空间单元的"神经元链接模式"，其中每个空间单元均可以类比神经元（图7-9），相互对应情况见表7-4。其运行过程为：创新型都市圈内部不同城市既进行着城市自身"市区通勤区"内部以创新人才为代表的要素城内流通，同时也进行着相互之间的城际流通，这恰如神经元的细胞体、树突和轴突结构，一方面在自身内部进行信息的接收和反馈，另一方面也与其他神经元保持着互通。

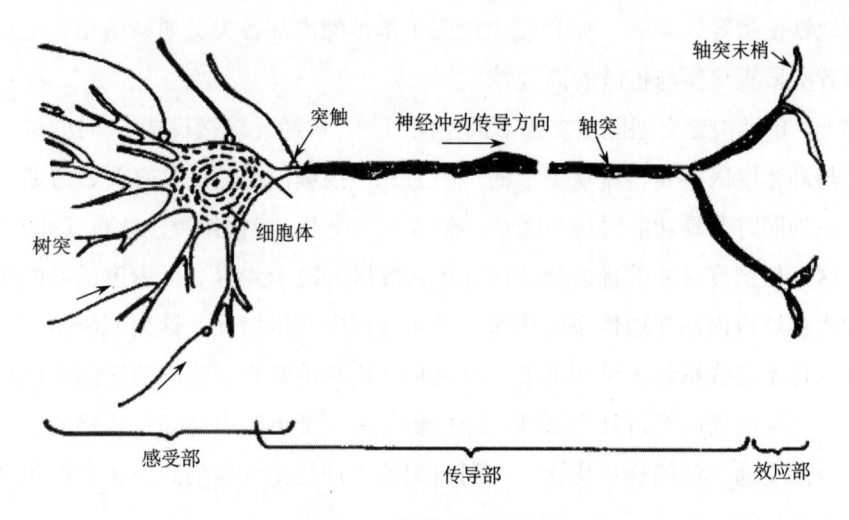

图 7-9　神经元结构示意

表 7-4　都市圈中地级市单元与"神经元"结构的类比对应关系

神经元结构组成部分	城市组成部分
细胞体	"市区通勤区"
树突	市内交通体系
轴突	快速城际交通

在"神经元链接模式"中，快速交通网络为都市圈内的创新要素搭起了城际互动的骨架，加之以地铁、轻轨以及公交快线等为代表的市内交通体系和跨界地区的城际公共交通体系的有序配置，形成了创新型都市圈区别于传统都市圈的要素流动模式，其特点在于经济社会发展要素能够在都市圈内部更加高效地集聚与扩散，创新人才也能够基于自身的职住通勤与公共服务需要进行更加自由的选择，从而加快创新要素在创新载体都市圈区域范围内的聚变与裂变过程。就南京都市圈的实际情况，目前已在开展相关的配套规划与建设，如《江苏省沿江城市群城际轨道交通网规划（2012~2020年）》涉及的南京—高淳线（南京南站—禄口机场段—高淳段）、南京—和县线（南京南站—黄里段）、南京—天长线（林场站—金牛湖段）等轨道线路的建设，加之已建的宁杭高铁、沪宁城际和今后更多新建的城际高铁线路，可实现南京—高淳、南京—溧水、南京—六合、扬州—仪征等城市中心城区与郊县区或卫星城镇之间的联系，创新型都市圈的"快速交通网络"表征业已成形，且目前南京市已在考虑在跨界区实现与相邻城市的轨道系统对接（如南京与镇江句容之间通过宁句地铁衔接等），这在一定程度上增强了都市圈内部各类交通系统相互衔接的紧密性和各类要素集聚与扩散的高效性。

综上，借助快速交通网络支撑下的空间组织"神经元链接模式"，时间维度上中密度区与高密度区不是传统认识上的"独立式"接壤，而是在具有要素流通与功能互动关系的同时兼具功能对接与融合。在这一过程中，空间维度上1区（高密度区）对于2区（低密度区）的辐射和3区（中密度区）对于4区（低密度区）的积极辐射作用也在城市内部交通体系的构建与升级过程中逐步增强。这为创新型都市圈的创新空间体系形成搭起了结构框架，且这种结构基础既有着明确的空间表现形式，也反映了各类要素的经济社会属性。今后随着南京都市圈内部高铁线路的日渐密集和城市内部交通系统的逐步优化，空间组织的"神经元链接模式"将在创新型都市圈的发展中趋于完善。

第三节　基于"神经元链接模式"的公共服务"区域网"引导

南京都市圈公共服务领域的一体化是同城化推进的主要内容。传统都市圈因城市间相对较高的发展独立性，公共服务的跨城共享现象并不普遍，且从政府管理视角出发，对公共服务跨城影响力的管理引导并非是其重点，此间核心城市的高能级公共服务在服务能力和影响空间范围方面的潜力并未得到完全有效的开发或合理组织。而伴随创新人才城际出行活动频率的逐渐增多和对城际关系认识的逐步改变，创新型都市圈的核心城市同级公共服务的服务能力和影响空间范围必然要高于其他城市，而非核心城市之间也会因为经济发展水平、人口数量等各方面的差异在服务能力和影响空间范围上表现出不同。基于此现实条件，依托都市圈空间的"神经元链接模式"，促成覆盖都市圈全域且服务都市圈创新人才乃至全部居民的公共服务网络，正是构建都市圈创新空间体系、引导创新型都市圈形成的必由之路。

目前，就中国各地推进的同城化进程而言，结合管理领域的区域协调行动（如区域领导小组、发展论坛管理体制机制构建及其出台的相关引导规划和政策文件）可见，主要涉及以信息互通为主体的软环境建设和以设施共享为主体的硬环境协调。前者以日常通勤、通信服务、信息服务、医疗服务等领域（表 7–5）的城际关联关系引导为代表，是目前推进困难相对较小、进展速度和发展成效较快的内容；后者需要更多的磋商与行动周期，目前尚停留在以交通设施建设与共享为主要内容的发展

表 7–5　国内部分地区以"同城化"为指导的区域一体化进程

	内容	广佛	郑汴	沈抚	太榆	港深	京津	厦漳泉	丹东东港	长株潭
设施共享	跨界公交	◎	◎	◎	◎				◎	◎
	机场/高铁/地铁/轻轨	◎		◎		◎	◎			
	取消收费站	◎		◎						◎
	路桥建设									
管理协调	协调机制 成立领导小组	◎						◎	◎	◎
	区域合作论坛	◎	◎	◎	◎	◎	◎	◎	◎	◎
	发展规划 同城化规划	◎	◎	◎				◎	◎	◎
	协调区规划									
信息互通	日常通勤 一卡通	◎				◎	◎			◎
	通信服务 取消电话漫游	◎		◎					◎	◎
	信息服务 网络专栏							◎		
	医疗服务 医保互认	◎						◎		

资料来源：根据《同城化发展战略的实施进展回顾》（王德等，2009）和东南大学王兴平教授的"长三角地区城市同城化效应研究"项目成果整理而得。

阶段，其他领域的公共服务设施建设相对缓慢。南京都市圈的进展情况与之类似，其同城化推进情况从前文对南京都市圈历年市长峰会和发展论坛主题的梳理结论中可证实。

结合南京都市圈空间组织的"神经元链接模式"结论，都市圈层面的公共服务"城市网"整合，尤其是公共服务配套设施的整合，最为直接的一个选择即是依据公共服务设施既有配置现状与规划，促进市县（高能级）公共服务能级体系的跃迁（图 7-10）。以快速交通网络为支撑的创新型都市圈建设随着城际高铁网络的日臻完善，基于公共服务在不同城市之间同级不同服务能力与空间影响范围的现实状况，正为都市圈内高能级公共服务设施的服务能力与影响空间范围发展潜质的再挖掘，以及都市圈公共服务体系的构建提供了契机。

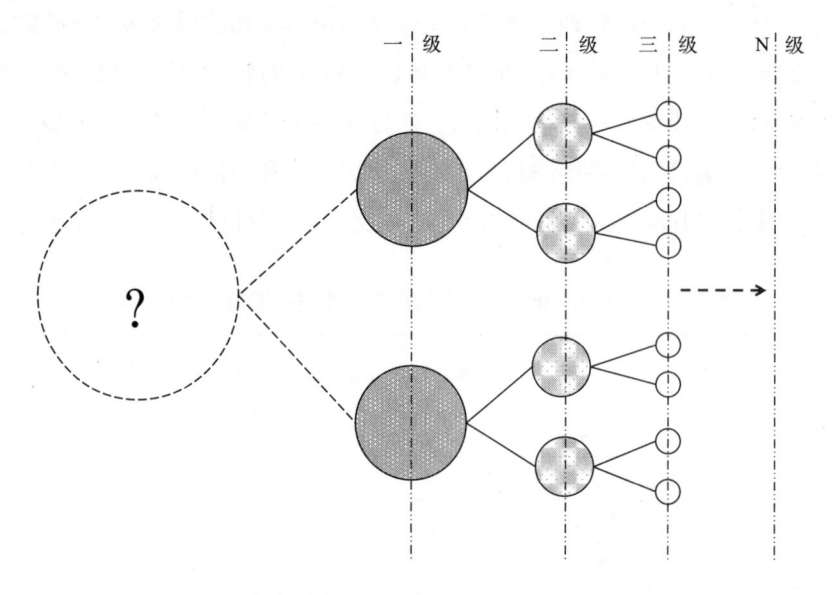

图 7-10 都市圈内公共服务（体系）能级的跃迁示意

在公共服务能级跃迁的过程中，最为集中的体现是核心城市"市区通勤区"内（即统合圈）的市级公共服务由原来的城市级上升为都市圈级（表 7-6）。而由于创新型都市圈内的空间单元的时空关系变化，与核心城市贯通快速交通线路且有着相似经济社会效率对接潜质的非核心城市（即分合圈）亦有可能出现都市圈级的公共服务领域，分担核心城市负荷压力并提升自身的影响力与影响范围。位于核心城市边缘的低密度区也可能因城市自身交通可达性的提升而影响临近非核心城市的边缘地区，出现市级公共服务设施。

表 7-6　创新型都市圈内部公共服务能级在各空间维度的配置情况

	高密度 1 区（统合圈）	低密度 2 区	中密度 3 区		低密度 4 区
			分合圈	辅合圈	
都市圈级	●		○		
（地级）市级	●	○	●	●	
区、县级	●	●	●	●	●
街、镇、乡级	●	●	●	●	●
社区、村级	●	●	●	●	●

注：●代表某区（圈层）范围内配置了某层级公共服务，○代表某区（圈层）范围内可能出现某层级公共服务的配置。尽管在目前城市公共服务层级设置中存在着以上层级列表外的更多特定层级，但并不影响本研究提出的公共服务能级跃迁结论，故在此表中仅以五个能级为例进行说明。

具体到南京都市圈具有升级为能够集聚更高等级公共服务潜质的空间单元，研究基于综合校核后的统合圈、分合圈和辅合圈三大圈层内部所涉及空间单元，以及"市区通勤区"范围界定的结论，立足公共服务的集聚式配置特点，形成如下结论（表 7-7、图 7-11）。

表 7-7　南京都市圈内部都市圈级和（地级）市级公共服务及设施承载单元列表

公共服务能级		承载单元
都市圈级	一级	南京市区（街道）
	二级（潜在）	镇江市区（街道）、扬州市区（街道）、马鞍山市区（街道）、句容经济开发区、扬中市（新坝镇）、溧水县（永阳镇）、高淳县（淳溪镇）、丹阳市（云阳镇、后巷镇）、句容市（宝华镇）、仪征市（真州镇）
（地级）市级		滁州市区（街道）、宣城市区（街道）、淮安市区（街道）、芜湖市区（街道）、扬中市（八桥镇、西来桥镇、油坊镇）、扬中市区（街道）、丹阳市（界牌镇、新桥镇）、芜湖县（湾沚镇）、天长市区（街道）、繁昌县（繁阳镇）、广德县（桃州镇）、宁国市区（街道）、洪泽县（蒋坝镇、高良涧镇）、含山县（环峰镇）、南陵县（籍山镇、许镇镇）、郎溪县（建平镇）、全椒县（襄河镇）、泾县（榔桥镇）、宝应县（安宜镇）、来安县（新安镇）、涟水县（涟城镇、梁岔镇）、当涂县（姑孰镇）、和县（历阳镇）、句容市（华阳镇）

注：在承载单元目录之中，目前部分单元已承载了市级公共服务及其配套设施；括号内的乡镇、街道即为各县（县级市）承载对应等级公共服务的单元。

地级市的市区以街道为主要潜在升级单元，剔除了其所包含乡镇，原因在于地级市市区内的乡镇多位于市区的边缘地带，在影响能力和辐射范围方面，若配置较高等级的公共服务，在目前高等级公共服务供不应求的现实条件下，其利用效率会低于位于同一市区的街道，且如果在街道配置了高等级公共服务，借助"神经元链接模式"中市内交通体系通勤效率的提升，市区边缘地带的乡镇即可被覆盖。县（县级市）内部存在的潜在公共服务能级升级的乡镇多是县（县级市）的公共服务中心，在县（县级市）内部公共服务具有一定自成体系特征的前提下，伴随县域通勤效率的提高，使县（县级市）公共服务中心承载更高等级公共服务亦颇有必要性。

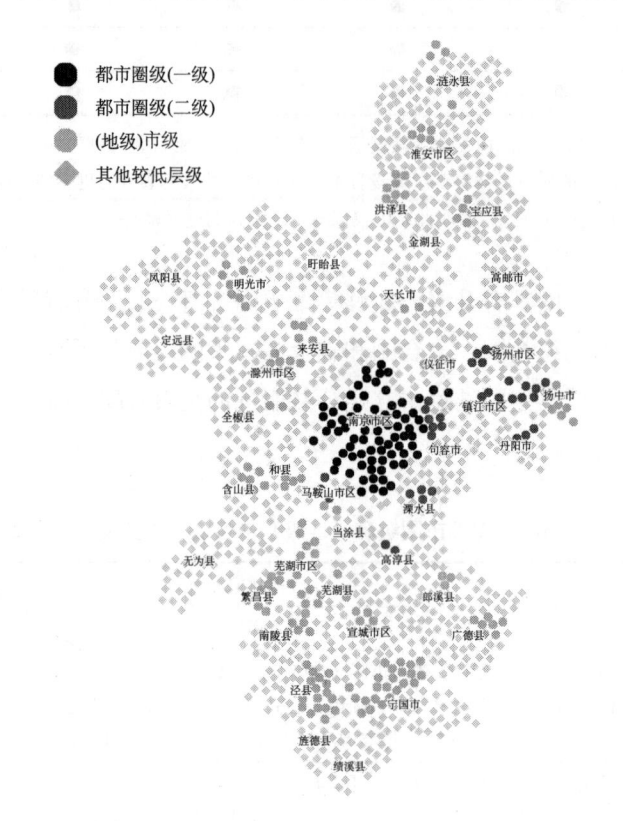

图 7-11　南京都市圈内部都市圈级和（地级）市级公共服务及设施承载单元分布

与此同时，因公共服务设施自身的不可移动性和目前公共服务与城镇体系相匹配的特征，在以由内向外圈层式能级递减为特点的创新型都市圈公共服务网络构建过程中，与统合圈、分合圈和辅合圈三大圈层集聚相对较高能级的公共服务同步推进，低能级公共服务（以街道/乡镇级和社区/村级为主体）为实现有限资源在整个都市圈范围内的高效使用，在本身的配置"质量"提升的过程中亦应以不同圈层内部经济社会效率高、人口密度大、可达性好的若干空间单元为集聚单元，这是对公共服务自身的"集中式"配置与使用特点这一着力点的体现。

此外，面对公共服务设施"就地使用"的特点，在提高区域公共服务网络服务效率的创新型都市圈建设进程中，政府一方面需要加大"集中"公共服务供给的数量与质量，另一方面还需要进一步提高"神经元链接模式"的通勤效率，进而使得公共服务能够便捷地惠及以创新人才为代表的人力资源，并拓展至整个创新型都市圈内的全部居民，实现居民的"都市圈人"梦想。与之呼应，最新版《南京市总体规划》在第七章"社会服务设施规划"第 28 条总体目标的设定中，就有"以服务南京都市圈和更大区域为目标，继续提高大型商业及社会服务设施的标准和服务水平，加大基层社区和农村地区便民型设施的建设力度，进一步优化城乡公共设施布局，提高公共设施的服务质量"的内容，这一目标印证了上述创新型都市圈建设中对于公共服务网络构建的诉求。此外，不但核心城市自身的边缘地区，而且同处城市边缘区的不同城市交界地区，在公共服务软环境建设的支撑下，也在通过打破行政界线的城际公交发展实践，提高空间维度上低密度区的公共服务供给和使用效率，马群客运站—汤山站—句容市、中华门车站—秣陵站—乌山站—溧水站、中华门车站—铜井站—马鞍山站等线路的开通即是佐证。

第八章　南京都市圈的创新空间体系检验：
创新载体网络

南京都市圈基于自身内部反映不同空间单元融合潜质的基础空间结构，借助快速交通网络的支撑和公共服务网络的保障，为创新人才的创新活动在特定空间上的开展和都市圈层面创新空间以载体形式发生聚变与裂变现象提供了必要的要素与条件支持，并形成了对应的承载都市圈创新发展的空间结构。考虑到研究在创新型都市圈形成路径推演过程中确立的三大网络表征之间的关联关系，本章首先对南京都市圈的创新载体分布特点和规律进行梳理，以确立创新载体网络形成的基础并验证前文创新人才诉求结论的正确性；其次，结合现有时空关系条件和公共服务配套影响下的创新载体在都市圈整体层面的空间拓展方向和分布现状，明确创新载体网络支撑下的都市圈创新空间体系，并检验其是否与快速交通网络校核下的基础空间结构和"神经元链接模式"下的公共服务"区域网"具有一致性。由此，在引导南京都市圈今后的创新空间体系优化的同时，验证作为创新型都市圈所具有的"创新载体网络"表征和其他两大网络之间的关联关系，其间，南京都市圈的创新型都市圈形成演化路径也将相应得到佐证。

第一节　创新载体的空间分布特点与规律

创新型都市圈的形成既需要市场作用下创新要素在不同空间层次上进行集聚与扩散，亦需要政府作为行为实施主体对要素承载空间进行有序引导，这已成为现阶段城市与区域创新发展研究的共识。现阶段城市与区域发展中承载创新活动的基本单元（主体）主要有科研院所、高新企业和各类科技服务平台等。这些创新活动单元的选址以自身发展诉求为主要考虑内容，同时也受一定的政府政策或行动影响。空间作为最具有实际可操作性的抓手，通常是政府行为所针对的直接目标，由此，以创新空间的组织为突破口，政府有机会成为实施引导空间主动行为的最佳角色。

相应地，确立空间这一着力点之后，政府便能够开展对创新活动的系统引导，协调企业、市场等主体在都市圈创新发展中的相关活动（图8–1）。由此可见，明确创新活动的承载空间——创新载体的特点与规律，是确保城市与区域在创新发展进程中能够有效利用相关支撑要素和配套机制的关键。

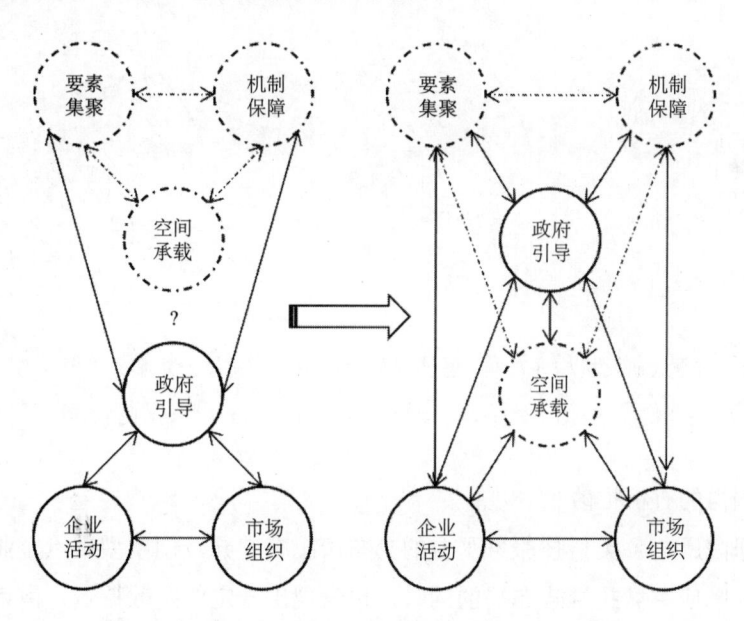

图8–1　以空间为抓手的创新载体网络引导过程示意

一、创新载体的空间分布特点

任何社会现象的发生与发展均不能脱离"空间"而单独存在。作为研究的主要视角之一——南京都市圈创新活动的进展，对之的梳理也必然需要对承载创新活动的创新载体之特点进行提炼，从而为创新空间体系的构建、为创新人才诉求校核下的基础空间结构和空间组织模式的检验奠定基础。

1. 核心城市市区的创新载体空间分布特点

①主城区的扎堆式布局

以南京都市圈核心城市南京市为例，目前科研院所、各类科技服务平台等创新活动单元的布局情况表现出较为相似的特点，即在主城区范围内呈现集聚状态，重大研发机构和重点实验室的这一分布特征尤为明显，它们多依托南京大学、东南大学、中科院相关研究所等高校及科研机构布局（图8–2），与之有着明确的承接关联关系，并且多位于城市中心（即新街口）附近。整体上，重大研发机构和重点实验室的空间布局特点肯定了城市核心地带及其内部的科研院所本身对于创新活动载体建设的吸引作用。

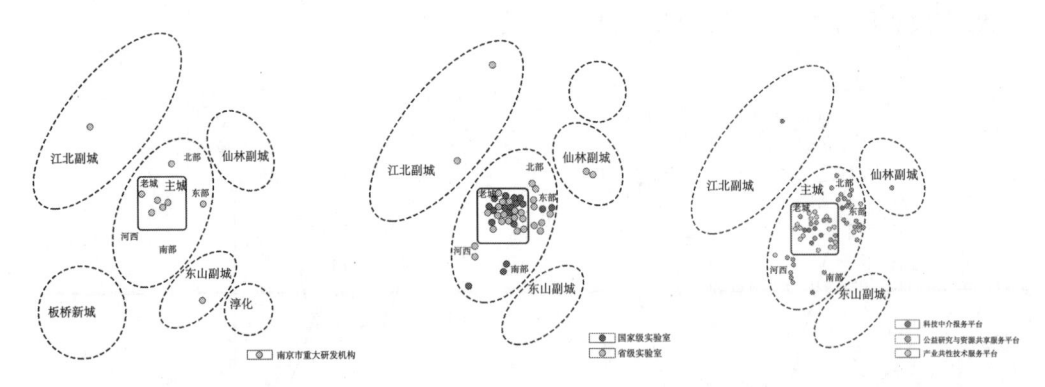

图8-2　南京市重大研发机构（左）、重点实验室（中）、科技公共服务平台（右）分布示意

资料来源：根据江苏省科技厅网站相关文件和南京市城市总体规划图件自绘。

②市区范围内的有机扩散

与科研院所、各类科技服务平台的分布情况有差异，创新型试点企业这类创新活动单元在呼应主城扎堆式布局的同时，也表现出一定的扩散特点，南京市省创新型试点企业布局情况对这一特点的体现颇为显著。第一、二、三、四批省创新型试点企业在主城区范围内集中的同时亦呈现出向主城区外围的圈层扩展的特征（图8-3）。

但需要指出的是，在扩散范围内的创新活动单元据点或是与现有发展较为完善的南京高新区、南京经开区和南京江宁经开区等园区具有空间上的重叠性；或是位于副城或城市其他等级的中心附近，如东山副城、河西、板桥新城等。这些创新单元在向主城区之外进行扩散的过程中亦形成了特定组合形式的集聚载体，并被冠以孵化器、科技园等名称。

与创新单元在城市内部由内向外扩散，并在主城之外以创新载体的形式进行组合式集聚不同，创新单元在主城区这一空间层面的集聚并未呈现出组合特点，而表现为零散式的布局。这些单元中的创新主体——以创新人才为代表的人力资源的公共服务需求借助主城区内高密度的公共服务配给即可就近得到满足，且由于主城区空间多为已建设空间，若进行邻近单元的物理性组合，阻力也相对较大。

整体而言，南京市目前形成的创新载体表现形式已颇为多样，主要有多类型企业集聚的创业园或科技孵化园,如徐庄软件园、栖霞区迈皋桥"330"科技创业大厦(图8-4);某类特定行业的技术型企业聚集科技园或科技孵化器,如江宁无线谷(图8-5);依托某一个实力企业而形成的专业园区,如液晶谷(图8-5)。

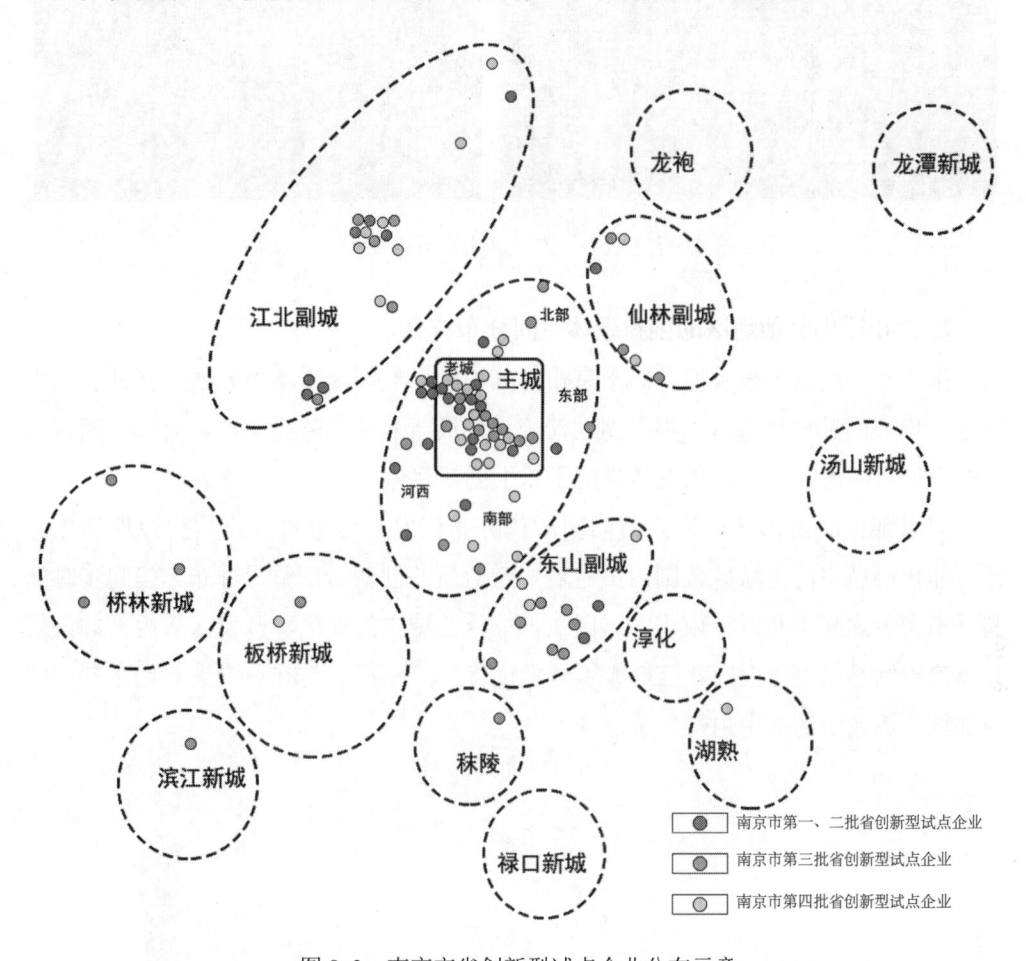

图8-3 南京市省创新型试点企业分布示意

资料来源:根据江苏省科技厅网站相关文件和南京市城市总体规划图件自绘。

图8-4 徐庄软件园(左、中)和栖霞区迈皋桥"330"科技创业大厦(右)外景

图 8–5　江宁无线谷（左）和南京液晶谷（右）外景

2. 都市圈内其他地区的创新载体空间分布特点

作为都市圈内部核心城市的南京市，其内部各类创新活动单元的多样性和集中性进一步佐证了将其选择为都市圈创新载体发展研究样本的典型性，而都市圈内部非核心城市的后续跟进现象更是肯定了以上创新载体分布特点的普适性。

南京都市圈内部其他地区的创新载体分布情况与南京市区兼具相似性和差异性。非核心城市的主城区范围内虽有着一定数量的创新活动单元分布，但起步时间和分布密度均晚于和低于南京主城区；但非核心城市的新区、开发区等内部的创新载体建设则是后来居上，并已形成了数量优势（图 8–6）。这在研究者对南京都市圈内部城市的调研访谈中也得到了印证。

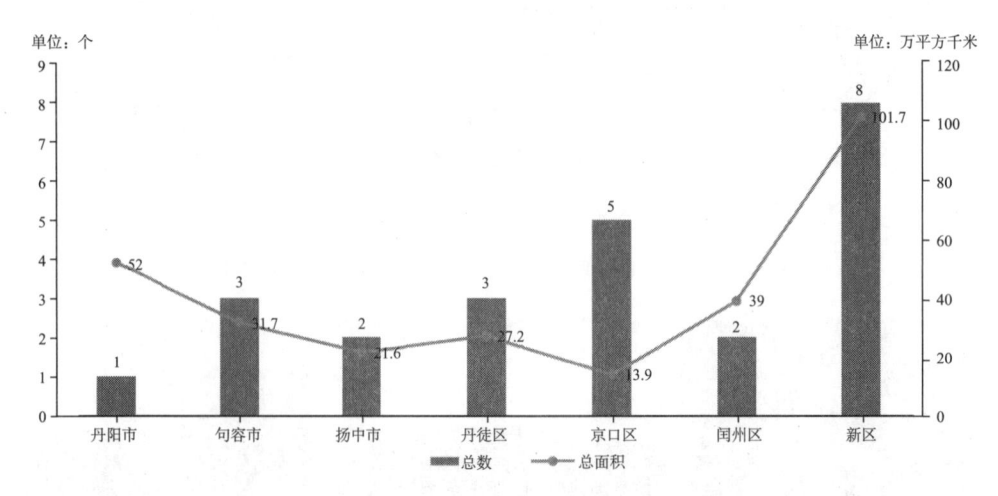

图 8–6　镇江市各区县（市）孵化器数量及孵化面积

资料来源：根据镇江市科技局网站相关文件自绘。

在主城区之外，核心城市和非核心城市的创新载体建设均具有一定的相似性，具有依托开发区、新城（新区）以及相对独立建设但服务配套齐全地区等分布的特征。

①依托开发区的创新载体建设

开发区良好的基础设施配备以及早先通过优惠政策吸纳的制造型企业，为科技成果的转化提供了天然的试验场，由此，许多新建创新载体在其内部相继建设，如马鞍山经济开发区的马鞍山国家高新技术创业服务中心、留学人员马鞍山创业园、马鞍山高新技术成果展示交易中心等（图 8-7）。这类载体在开发区内部集聚，并与原有的开发区企业交错布局，实现资源与信息共享（图 8-8），成为现阶段开发区发展中的普遍现象。

图 8-7 马鞍山经济开发区的创新载体实景

图 8-8 马鞍山经济开发区与创新载体毗邻的原有子园区及企业实景

②依托新城（新区）的创新载体建设

借助政策优势开展的创新载体建设的另一类依托便是城市新城（新区），它们既可以是依托开发区转型而形成的城市新城，也可以是特定的城市战略性区域。创新载体在空间位置上即是位于新城（新区）的内部或附近，本研究调研的江苏信息服务产业基地（扬州）（图 8-9）便是二者的结合。该信息服务产业基地位于扬州市广陵新城区域内，由市委、市政府投资精心打造，被认为是"扬州城区最后一块、也是最好的一块独具魅力的生态区域"。

图8-9　江苏信息服务产业基地（扬州）实景

需要指出的是，广陵新城既囊括了原有的广陵经济开发区，也引进了诸多其他非生产性载体，如商贸物流园，同时还配备规划了生活片区（图8-10）。

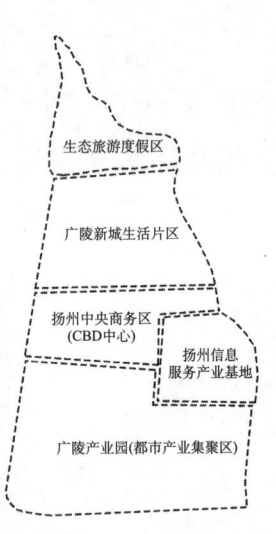

图8-10　广陵经济开发区（左）、商贸物流园（中）和新城规划分区示意（右）
资料来源：左图、中图为笔者自摄，右图根据官方网站资料整理自绘。

与之情况类似，在镇江国家大学科技园，运作主体是由镇江市政府、镇江新区管委会、江苏大学、江苏科技大学共同投资成立的镇江市江大江科大大学科技园股份有限公司，该创新载体位于镇江新区（图8-11）。此外，镇江市的创新载体建设亦具有同马鞍山依托开发区集聚建设的特征，由镇江高新技术产业开发园区与镇江市人事局联合创办的镇江留学人员创业园,与镇江国家大学科技园以及另外一家国家级高创中心实行"三位一体"的合署办公模式。

图 8-11 镇江国家大学科技园实景

③相对独立的创新载体建设

相比借助开发区实现科技成果转化和借助新城实现配套服务补给的依托方式,目前南京都市圈亦出现了相对独立的创新载体建设情况。这类创新载体的建设除了沿用较为普遍的园区建设形式之外,还有新颖的"社区"建设形式,如高淳的紫金(高淳)科技创业特别社区就是一例(图 8-12),它也是都市圈内在县级单元建设创新载体的较为成功的案例。该创业社区还有其他类型的创新载体分布(图 8-13),以获得集聚和共享效应,并在一定程度上弥补县级单元相对薄弱的创新资源积累基础缺陷。该创业社区在功能配置上不仅考虑到创新发展的生产链条空间组织,还考虑了公共服务及居住功能,从而使"社区"名称名副其实。

图 8-12 紫金(高淳)科技创业特别社区实景

3. 小结

通过对南京都市圈创新载体的空间分布特点进行梳理可见,南京都市圈目前的创新活动单元依托开发区、高新区、副城等提供的配套公共服务功能形成创新载体,

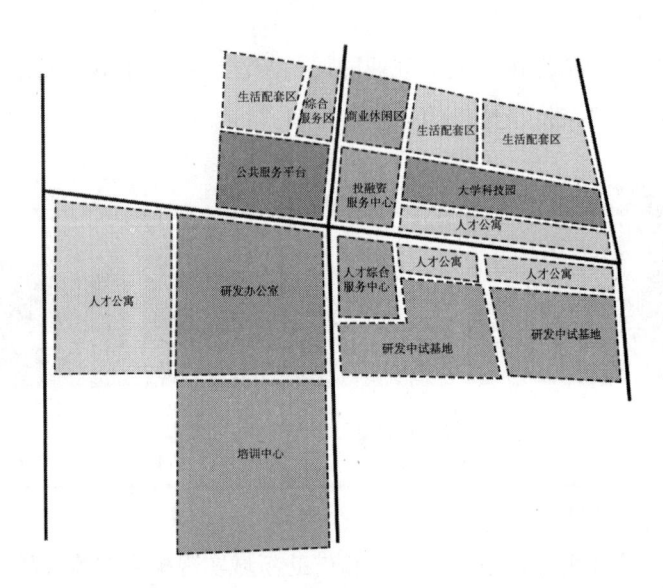

图 8-13　紫金（高淳）科技创业特别社区的功能配置规划示意

多以科技孵化器或科技园区为表现形式，且其内部呈现出了一定的集聚特点。其间，创新活动单元在城市空间上的分布随着数量的集聚，由单独的个体据点进入集群组合，实现关联资源的共享，这既是创新单元自身发展的切实需求，也是空间利用的必然表现。同时，主城区（通常在"市区通勤区"范围内）作为诸多创新活动单元的集聚地，整体扮演着城市与都市圈内部一类特殊创新载体的角色，并与依托开发区、新城以及相对独立的创新载体类型一道在城市与都市圈层面的创新发展实践中发挥引领作用。

二、创新载体的分布规律

现阶段，南京都市圈内部各城市依托创新载体的建设推进自身创新发展的情况已较为多见，由此亦形成了继开发区建设高潮之后的"新一代园区"现象。这些创新载体有着同一特征即是以园区或孵化器的表现形式存在，空间范围远小于既有城市开发区，且功能定位以科技创新与创业为主，与国际上先发地区的小型科技园功能和形式极为相似。

以"新一代园区"为代表的创新载体建设，使得创新活动单元克服自身发展实力相对单薄的短板，促进了都市圈内部创新空间体系的形成。首先创新活动单元在城市层面进行系统化关联，形成系统化的创新空间，继而拓展至都市圈层面，形成

第八章　南京都市圈的创新空间体系检验：创新载体网络 | 181

以创新载体网络为依托的都市圈创新空间体系。对核心城市南京市而言，其创新活动单元（即基本功能单元）布局首先是位于城市的主城区中，然后是拓展到主城区之外若干空间区块（图8-14），这些继主城区之后的集聚区块与主城区相比具有的一个共同点便是有着较为齐备的生活服务配套，尤其是公共服务配置。

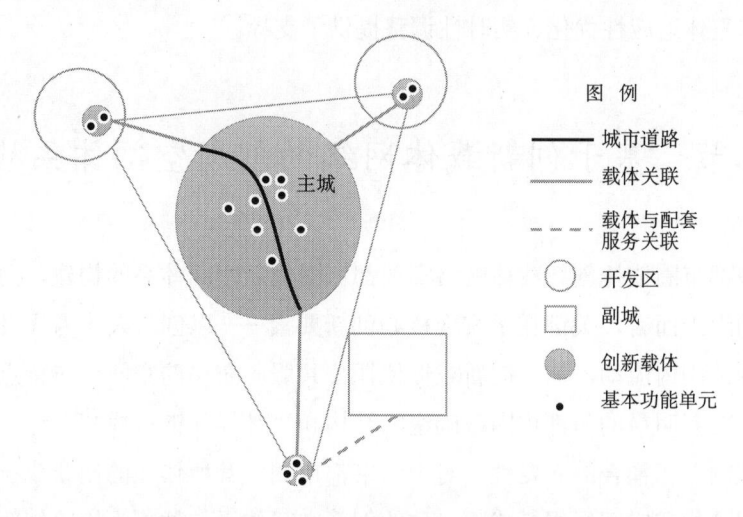

图 8-14　城市层面创新载体的功能关联示意

同时，结合前文非核心城市与核心城市在创新载体分布方面的相似性结论，上述城市内部创新载体的布局规律在南京都市圈内诸多城市的创新载体建设实践中亦同样适用，究其原因在于作为各类创新要素核心且以创新人才为代表的人力资源对公共服务有着明确的依赖需求。推而广之，就都市圈这一空间层次而言，公共服务在都市圈创新空间体系形成过程中所发挥的作用在于既能够引导城市自身创新载体布局，又能够借助城际快速交通网络，促进都市圈内不同城市之间以创新人才为代表的要素"集聚"与"扩散"，进而推动创新载体"聚变"与"裂变"现象的高效有序发生。

另外，对于已形成的创新载体，尽管在类型、大小、阶段等方面存在不同，在具体的功能关联关系构建方面亦会存在相应的层级或是强弱等水平差异，但这并不影响将其纳入都市圈创新空间体系的可行性，相反，更进一步证实了都市圈创新载体网络日渐完善，创新空间体系渐趋成形的发展态势。

在创新型都市圈创新空间体系构建的目标引导下，通过创新载体网络在都市圈层面实现创新空间的管理与统筹，作为南京都市圈创新核心的南京市已经开展了较为成功的实践尝试。在政府引导与市场推动双重作用下形成的紫金（高淳）科技创业特别社区便是其中一个典型案例，目前该创业社区内已形成江宁、吉山、新港、雨花等多家创新创业载体相互联合、统筹发展的网络体系，且扩展和推广到了周边郊县，同时，该网络体系还在进一步向周边城市延伸，研究对该社区进行调研发现，临近南京的镇江市目前已有其相关业务的拓展行动，这也进一步为都市圈层面创新载体网络的整体适应性优化、实时性调整提供了支撑。

第二节 基于创新载体网络的创新空间体系检验

创新型都市圈依托创新载体网络实现都市圈创新空间体系的构建，而对于创新载体网络的组织而言，关键在于实现核心创新要素——以创新人才为代表的人力资源在都市圈范围内流动，加之创新载体依托公共服务布局的空间分布特点，使得创新载体网络有着明显的与都市圈基础空间结构和"神经元链接模式"导引下的公共服务"区域网"相耦合的必要性。对于南京都市圈，其所依托的创新载体能否形成与基础空间结构和空间组织模式相一致的创新空间体系，便成为检验创新型都市圈演化路径的关键。

一、创新载体的空间拓展方向

前文在阐释现阶段南京都市圈创新载体分布特点的同时，亦明确了南京都市圈创新空间组织导向和核心城市南京市市区的创新引领角色，即创新型都市圈创新空间体系的构建必然要求创新载体能够由核心城市市区向整个都市圈范围拓展，因此，判断创新载体的空间拓展方向，便成为研究南京都市圈创新载体网络的首要环节。

创新载体的数量增加对应到空间上则表现为都市圈和城市内部创新空间的拓展，即创新载体的"聚变"与"裂变"现象。对于南京都市圈而言，目前由南京市区向周边地区的创新载体"裂变"已形成两个主要层次：

其一是由南京市区拓展到周边郊县。如前文提及的紫金（高淳）科技创业特别社区，就是创新载体由南京市区走向周边郊县，并在市域范围内形成创新空间体系的集中体现。不仅如此，始终与南京市保持着依附与对接趋向的句容市，其创新载体的建设布局也在向南京市的方向靠拢，如宝华大学生创业园、富达创业园等。与之呼应，南京市也在主城区与句容市之间相继建设了徐庄软件园、南京液晶谷等创新载体,且南京的大学城——仙林大学城即位于这些载体附近。依托市内交通(如南京2号线在仙林大学城设置站点、并配备多路接驳公交)、城际交通(如南京市和句容市之间开通的城际公交线路)以及公共服务的配置,创新人才的"就业—居住—公共服务"需求可以得到满足,进而又为创新载体的建设与发展提供了支撑。

其二则是拓展至都市圈内的其他城市的市区。以南京都市圈内的宁镇扬地区为例,在镇江市区等与南京城际通勤时间相对较短的空间单元中,已有南京市创新资源外溢作用影响下的创新载体建设实践,且另有南京市的南京大学、东南大学等高校在镇江、扬州等城市设立了多家研究院、分院或是以科研团队(人员)入驻的形式成立研究所和科创企业。同时,高铁的"高速、高频"特点为创新要素,尤其是人力资源的城际流动提供了便捷,经研究调研发现,镇江市的科技园区和科技孵化器中已有南京市的创新人才流入现象。

综上所述,南京都市圈的创新载体空间拓展方向与南京都市圈"神经元链接模式"引导下的公共服务能级跃迁方向具有一致性(图8–15),即一是依托市内交通系统的效率升级和系统建设,沿主要交通走廊加快向周边郊县的拓展,也就是向都市圈空间维度抽象模式中的低密度2区拓展;二是依托快速交通网络体系建设,跨越低密度区,直接向中密度区,尤其是位于分合圈层的空间单元拓展。

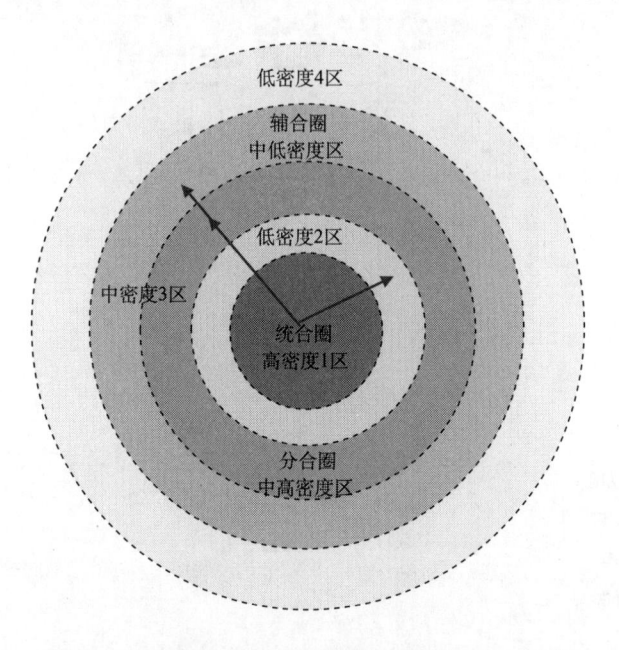

图 8–15　南京都市圈的创新载体空间拓展方向示意

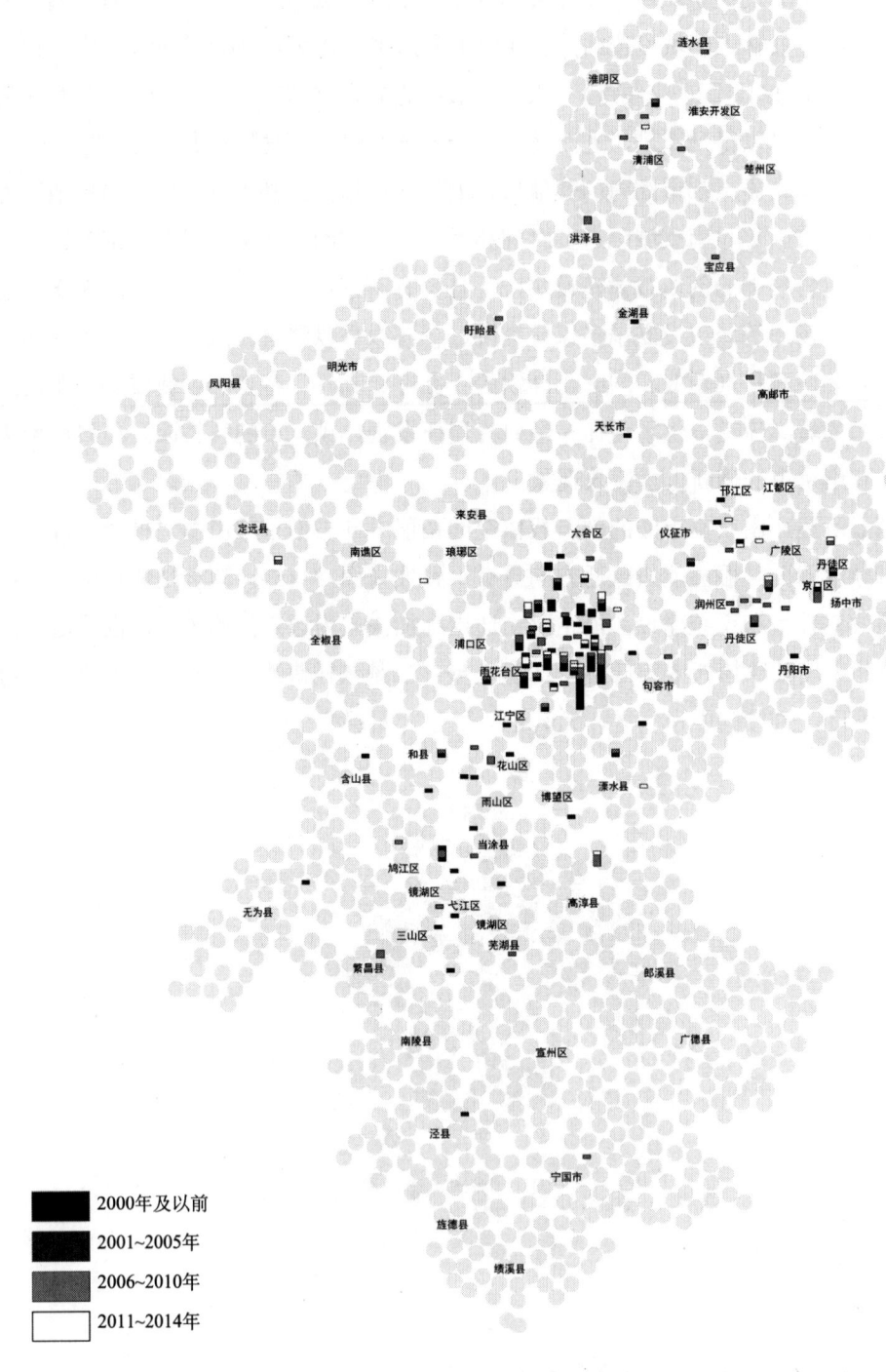

图 8-16　南京都市圈不同街道、乡镇单元内不同年份成立的科技孵化器分布

图例：
- 2000年及以前
- 2001~2005年
- 2006~2010年
- 2011~2014年

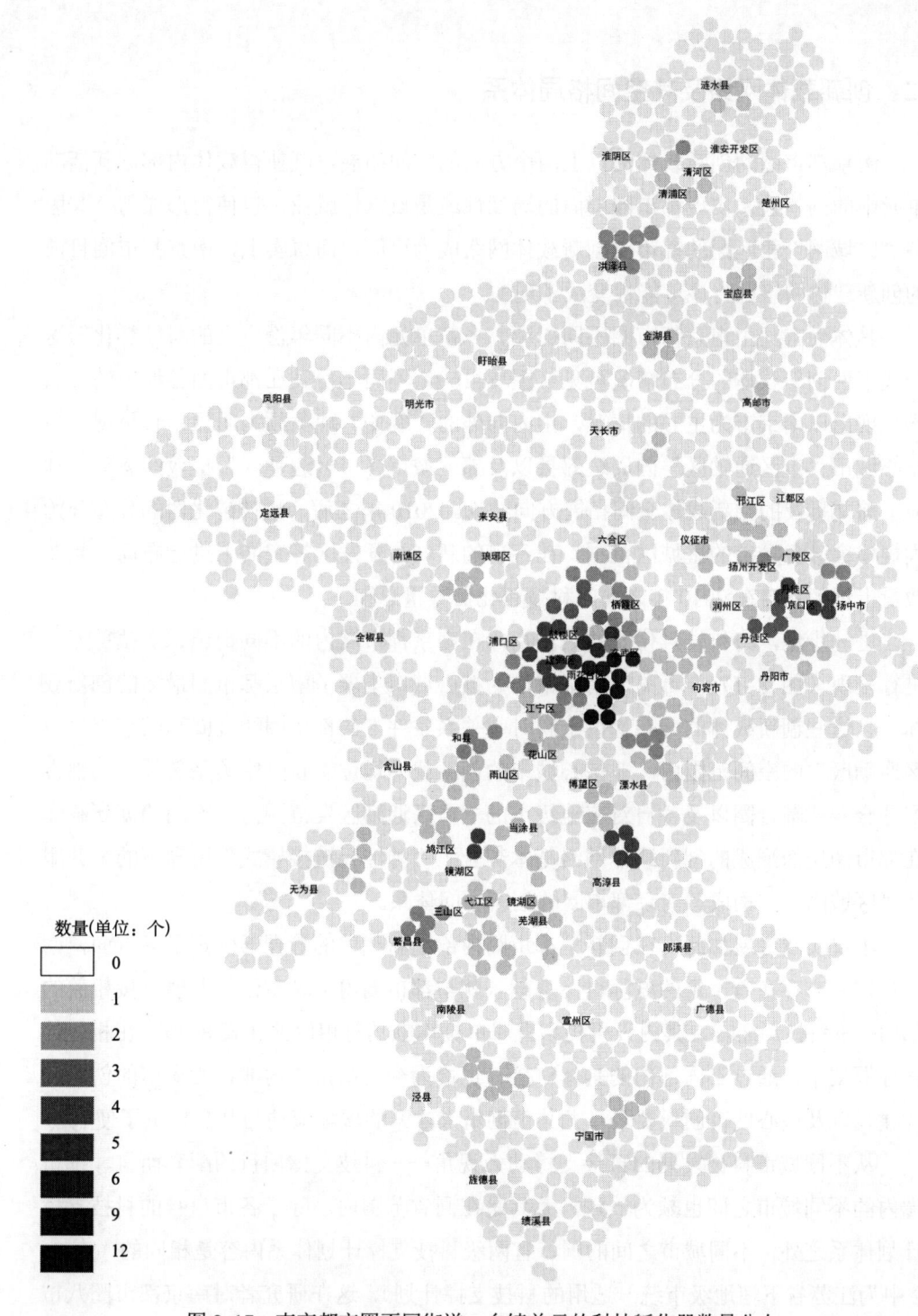

图 8-17　南京都市圈不同街道、乡镇单元的科技孵化器数量分布

二、创新载体网络及其空间格局体系

南京都市圈的创新载体沿以上两个方向的空间拓展，既使得载体内部创新活动单元中的创新人才实现都市圈层面的周期性或是日常性就业，也使得形成与公共服务"区域网"相匹配的都市圈创新载体网络成为可能，而事实上，南京都市圈目前的创新载体网络已将该可能性变成了现实。

具体而言，由南京都市圈不同街镇、乡镇单元内不同年份成立的科技孵化器这一代表性创新载体的分布情况可见（图8-16），不同年份其在都市圈各城市的分布均呈现出以南京市为主导的情况，由内向外的"裂变"现象颇为明显，且呈现出由核心城市"市区通勤区"向周边郊县以及邻近城市"市区通勤区"扩散的态势，呼应了前文提及的创新载体空间拓展方向结论。2010年之后，科技孵化器的分布开始大规模突破各城市的主城区范围，在各自的新城、开发区等空间上进行布局，且在数量上远超各自在2010年之前的科技孵化器数量总和。

进一步地，将科技孵化器的数量指标在南京都市圈内的不同街镇、乡镇单元上进行呈现（图8-17），可见，南京市作为核心城市集聚了南京都市圈最多的创新载体，且这些创新载体的分布均位于新时空关系条件下的都市圈统合圈和南京市"市区通勤区"的空间范围内，非核心城市的创新载体均位于新时空关系条件下的都市圈分合圈或辅合圈以及各自对应地级市的"市区通勤区"范围内。不同的创新载体在都市圈层面形成的创新载体网络基本契合了"神经元链接模式"引导下的公共服务"区域网"，构成了南京都市圈的创新空间体系。

不仅实践进展如此，在创新型都市圈内部创新载体的管理与政策引导方面，南京都市圈亦存在着一定的城际对接基础。就与都市圈内部城市创新发展直接相关的部门——科技局而言，其内设机构和直属单位均颇具有相似性（表8-1）。在相似的管理框架下，通过不同部门的具体对接，也恰为今后都市圈内非核心城市的创新载体建设以及核心城市创新要素（尤其是创新人才）的城际流动与共享提供了便利。

从不同城市科技发展的直接支撑动力视角——科技支撑项目的配套而言，都市圈内的不同城市之间也颇为一致，尤其是在同省范围内。除了各市自身的科技支撑计划体系之外，不同城市之间的国、省两级科技支撑计划体系内容是相同的（表8-2为江苏省下辖地级市统一适用的科技支撑计划），这在研究者对南京都市圈八市的科技部门的调研中也得到了印证。此外，即便城市不同，非核心城市对于核心城市的模仿，以及非核心城市之间的模仿在其发展实践中亦是颇为常见的。

表8-1 南京市科技局与淮安市科技局内设机构和直属单位比较

	南京市科技局	淮安市科技局
内设机构	办公室（市国防动员委员会科技动员办公室） 政策法规处（综合改革协调处） 规划财务处 科技条件与服务业处 高新技术发展及产业化处 科技成果与产学研合作处（综合改革推进处） 城乡科技发展处 国际科技合作处 知识产权综合管理处 知识产权行政执法处 人事处（离退休干部处） 机关党委 派驻监察室	办公室（挂"市国防动员委员会科技动员办公室"牌） 政策法规与科普管理处 科技机构与条件处 高新技术与社会发展处 科技成果与技术市场处（挂"科技保密办公室"牌） 农村科技处 产学研及国际科技合作处 知识产权管理处 发展计划处 监察室
直属单位	南京市地震局 南京市地震预警监测中心 南京市科技信息研究所 南京科学会堂 南京市科技成果转化服务中心	科学技术情报研究所 生产力促进中心 高新技术创新中心

资料来源：根据南京市科技局和淮安市科技局网站相关资料整理。

表8-2 南京都市圈内江苏省下辖地级市的国、省级科技计划

分级科技计划体系	国家科技计划体系	省科技计划体系
主要科技计划名录	863计划 国家科技攻关计划 973计划 科技基础条件平台建设计划 星火计划 火炬计划 国际科技合作计划 其他	基础研究计划 高技术研究计划 科技攻关计划 重大科技成果转化计划 科技产业化计划 社会发展科技计划 科技基础设施建设计划 国际科技合作计划 软科学研究计划

资料来源：根据南京、扬州等城市科技局网站的相关资料整理。

面对参差不齐的创新载体发展状态，南京都市圈内亦尝试出台了针对性的引导政策，如镇江市就曾在 2010 年 8 月发布《关于命名镇江市大学生创业园等创业载体的通知》，尝试对全市范围内的大学生创业园进行整理（表 8-3），以便之后的创新载体发展能够名副其实。

表 8-3 镇江市大学生创业载体名单

载体	大学生创业园	大学生创业见习基地	大学生创业孵化基地	大学生创业培训基地	大学生就业见习基地
名录	①丹阳留学人员创业园 ②句容富达创业园 ③扬中市新坝科技园 ④镇江市丹徒高新技术产业园 ⑤镇江市京口区高新技术创业服务中心 ⑥镇江润州创意产业园 ⑦镇江兴港科技创业园	①丹阳市仅一包装设备有限公司 ②江苏山水建设集团有限公司 ③扬中市青禾高尔夫草坪专业合作社 ④镇江沃尔夫重工部件有限公司 ⑤江苏名通信息科技有限公司 ⑥镇江瑞跃通软件科技有限公司 ⑦江苏虹之谷动漫娱乐有限公司	①丹阳市朝华模具城 ②句容潮人街企业管理有限公司 ③扬中市科技创业中心 ④镇江市丹徒环保科技创业园服务中心 ⑤镇江学府科技创业园 ⑥镇江中小电子电器产业集聚创新服务中心 ⑦镇江亚太五金电器城	①丹阳市就业培训中心 ②江苏省句容市职业技术教育中心 ③扬中市劳动就业培训中心 ④镇江市丹徒区职业技术教育中心 ⑤京口区劳动就业管理中心 ⑥镇江市第三职业技术教育中心 ⑦镇江新区劳动就业培训中心	①江苏恒神纤维材料有限公司 ②江苏申阳电梯部件有限公司 ③江苏康欣医疗设备有限公司 ④江苏彤明车灯有限公司 ⑤江苏正大置业集团有限公司 ⑥江苏华宇农业发展有限公司 ⑦江苏永兴集团 ⑧江苏申模数字化制造技术有限公司 ⑨镇江江大泵业科技有限公司 ⑩镇江市码思软件科技有限公司 ⑪江苏金芙蓉建筑装饰工程有限公司 ⑫镇江科捷锂电池有限公司 ⑬镇江市宝华半挂车配件有限公司 ⑭江苏睿泰投资有限公司 ⑮镇江名和混凝土有限公司 ⑯英科（镇江）机械有限公司

资料来源：根据镇江市人力资源和社会保障局有关信息整理。

相似的管理机构、相对统一的支撑项目以及有效的政策引导对于南京都市圈内创新资源的区域一体化有着积极的促进作用。政策支持或是优惠不会因为城市不同而产生较大差异，加之不同城市的科技管理部门的有效协调，创新要素在都市圈内由核心城市向周边城市的扩散以及各类空间单元内部既有创新要素的互动便更为便利。

第三节 "网络"表征关系的创新空间体系检验小结

创新人才的创新活动必然需要依托特定的空间载体。现阶段无论是作为南京都市圈核心城市的南京市，还是都市圈内部的其他城市，均存在着各类创新人才的活动单元，它们既可以是科研院所，也可以是高新企业，还可以是科研公共平台。这些创新活动单元在特定空间载体上相互组合，"聚变"形成创新活动单元集聚的创新载体，并依托创新人才的城际城内流动和政府引导在都市圈范围内"裂变"形成越来越多的创新载体。就布局特点与规律而言，现阶段各类创新活动单元因其核心竞争力——以创新人才为代表的人力资源在布局选择上对公共服务有着直接需求，所以位于主城区内部的创新活动单元便对公共服务有着直接便捷的可获得性的要求；主城区外的创新活动单元也因其公共服务需求必须能够就近得到满足，通常布局在开发区内部或是临近新城，抑或是配置相应的公共服务独立布局，创新载体因这些创新活动单元的就近组合对应地在特定的都市圈空间上聚变生成。

整体上，因城际快速交通网络的完善和城内交通系统的完善，南京都市圈的创新载体在都市圈范围内呈现出由核心城市市区向周边郊县和周边城市市区两个方向拓展的态势。与此同时，政府亦在同步抓住创新发展的核心要素——以创新人才为代表的人力资源对于公共服务的需求，结合其分布规律，协调各类创新活动单元合理落实于特定的创新载体内，并引导不同创新载体在城市乃至都市圈层面实现有序关联。现阶段，南京都市圈已经逐步实现了创新活动单元的有机组合和创新载体的网络化编织，且就都市圈创新空间而言，已经形成了与快速交通网络和"神经元链接模式"引导下的公共服务"区域网"相耦合的体系格局，由此也证实了南京都市圈作为创新型都市圈的发展成效。

第九章 结论与展望

本研究以创新型都市圈为对象，以"空间"和"网络"作为主要研究视角，结合中国创新型都市圈建设实践，融合城乡规划学、地理学、经济学、社会学等多学科研究方法，提出我国创新型都市圈的研究体系，涉及创新型都市圈的概念、特性、特征、表征、基础空间结构、发展路径等内容，以期能够促进我国创新型都市圈的发展实践，推动我国都市圈尽快融入全球区域创新体系。本研究亦有助于丰富国内外都市圈研究的理论体系。

本研究的结论整体上可归纳为以下五个主要方面：

第一，创新型都市圈的概念、特征与实践线索。创新型都市圈作为一种创新型区域，依托其作为创新组织与发展的载体，是落实国家创新战略和统筹创新主体、载体和城市的系统性和全面性绝佳的功能与空间组织形式。在确立创新型都市圈这一区域概念上，研究既认为其是传统都市圈的升级版本，也认可其本身是一种都市圈类型，并且，创新型都市圈与创新型城市和传统都市圈有着一定的区别和联系。具体而言，与创新型城市相比，创新型都市圈建设有着"创新发展多要素、创新空间多尺度、创新管理多层次"等特性；而与传统都市圈相比，创新型都市圈建设旨在摆脱城市间相对独立的发展模式，形成创新人才的"就业—居住—公共服务"需求在都市圈层面进行全域统筹的局面。

研究立足区域发展理论、创新理论、周期理论和梯度理论等基础理论，基于创新发展的周期性和传递的梯度性，提出"集聚与扩散""聚变与裂变"这两对分析逻辑，认为两者分别从过程和结果两个不同的侧重点揭示了创新活动由创新的核心城市向整个都市圈空间拓展的发展路径。研究明确了创新型都市圈的四大基本特征，即以核心城市（通常为创新型城市）为创新核心和原始创新源的承载地；以网络化的城际高速公路、高铁等快速交通体系为要素流通渠道与发展骨架；以系统化的公共服务及其设施配置为人本诉求体现与发展支持；以体系化的科创园区、孵化器等载体为创新空间主体与发展触点。进一步地，研究演绎并提出了与四大基本特征对应的"核心—网络（快速交通网络、公共服务网络、创新载体网络）"表征假设。

之后，研究还结合国家创新发展的战略背景，梳理出中国都市圈层面开展的快速交通线路及站点的建设、公共服务的有序跟进与配置，以及从核心城市到非核心城市的创新载体组织与布局等实践线索，对比并借鉴国际上先发地区的都市圈（区域）的发展经验，从实践角度验证了创新型都市圈特征的逻辑分析结论。

第二，南京都市圈作为创新型都市圈实证案例的典型性及其创新型都市圈特征绩效与"核心"表征。研究对所选样本都市圈的"经济—人口—土地"规模序列格局进行对比，确立了选择南京都市圈作为实证分析对象的典型性。南京都市圈的"经济—人口—土地"规模序列格局在都市圈层面为创新型都市圈的形成与发展提供了最为基础的宏观经济社会格局和宏观土地利用格局，且分别反映了南京都市圈的要素供给条件和以交通、公共服务等为代表的基础设施供给条件。同时，研究结合对微观主体——创新人才的调查问卷和访谈记录，肯定了通勤时效、公共服务两大诉求对于创新人才职住活动的影响和对于南京都市圈实现以创新人才为代表的人力资源一体化统筹的积极促进作用。进而，研究从创新型都市圈特征的绩效评价视角证实以交通、公共服务为代表的基础设施条件对于都市圈创新能力的提高和城市间创新联系的加强有着积极的促进作用。其间，创新载体汇聚创新人才并支撑都市圈创新发展，以及南京市作为都市圈核心城市担当"创新核心"角色等推论也相应得到验证。

第三，南京都市圈所具有的创新型都市圈建设基础空间结构及其作为创新型都市圈实证案例的演化路径。以南京都市圈的要素供给条件为基础，立足空间的功能属性及其效率视角，研究搭建起南京都市圈由传统都市圈向创新型都市圈转型的圈层式基础空间结构并明确其对应的空间单元。研究将南京市区界定为南京都市圈的统合圈单元，强调单元整体在整个南京都市圈的统领地位和辐射作用，并同步带动核心城市边缘空间的发展；将与统合圈具有高融合潜质的镇江市区、扬州市区、马鞍山市区、芜湖市区及部分县（县级市）的城区和重点建制镇界定为分合圈单元，强调不同单元个体与统合圈的紧密关联以及对于其若干功能的潜在分担作用，与统合圈一道影响核心城市的边缘空间以及自身周边的城市边缘空间；将与统合圈具有次高融合潜质的滁州市区、宣城市区、淮安市区及部分县（县级市）的城区和重点建制镇界定为辅合圈单元，强调对于南京都市圈整体性的强化，依托该圈层辅助统合圈实现对于都市圈边缘空间的服务作用，并具有转化为分合圈的可能；剩余评价单元组成接受三大圈层辐射影响的区域空间。

基于该圈层式基础空间结构，结合创新型都市圈的特征，研究提出南京都市圈的创新型都市圈演化路径。研究认为快速交通带来了都市圈内部的新时空关系及对应的"二元时间位、一元空间位"时空结构，促使城市间包括创新人才要素在内的各类创新发展要素流通效率加快，继而出现城际通勤时间可能小于城内通勤时间的状况，加之公共服务的合理配置，这一状况会导致不同城市的"市区通勤区"之间出现跨城职住现象，其中，"市区通勤区"概念是指由城市中心向外拓展形成的具有一定空间范围的片区。在这一过程中，创新人才的流动、创新活动发生的空间便可由传统的城市层面拓展至都市圈层面，且在都市圈层面实现"就业—居住—公共服务"三大需求的平衡。相应地，都市圈层面的创新空间体系也伴随承载创新人才及其活动的创新空间的拓展渐趋成形。

第四，创新型都市圈形成过程中的三大"网络"表征及其所扮演的角色。其一是以快速交通网络建设支撑时间位升级。基于创新型都市圈的圈层式基础空间结构，考虑实际上将都市圈内部空间单元及创新人才这一创新发展核心要素进行关联的是其内部的交通体系，研究结合南京都市圈的快速交通线路建设实践，开展了以核心城市为中心的都市圈交通可达性分析，对比加入和未加入快速交通线路（高铁）产生的结果，发现空间距离的远近并非决定距离衰减效应的唯一因素。由于快速交通线路的贯通，部分城市中心城区间的通勤时间甚至短于某一城市到其在空间距离上邻近的郊县地区的通勤时间，这一现象随着今后都市圈内部快速交通网络的形成，将更为明显和普遍。同时，研究通过整理南京都市圈开通的快速交通线路频次和具体时间还证实了目前都市圈内部快速交通的"高频、高速"特点，这为都市圈层面的城际职住通勤的出现和创新人才"就业—居住—公共服务"需求的满足提供了支撑。继而，研究结合可达性评价结论，进一步将南京都市圈的基础空间结构进行了校核。

其二是以公共服务网络组织为同城化推进提供保障。基于目前公共服务以城市为单元的组织现状，确立南京都市圈的公共服务"区域网"引导路径。研究立足校核后的创新型都市圈基础结构，对南京都市圈创新人才的调查结论以及南京都市圈街道、乡镇以各自所属地级市中心为中心的可达性评价结果，在时间维度上界定"市区通勤区"范围，并明确南京都市圈内不同城市的"市区通勤区"所涉及的空间单元，形成了"二元时间位、一元空间位"的时空结构。研究指出"市区通勤区"的划定拓展了三大圈层的实际空间范围，使得三大圈层内的评价单元不再是空间上孤立的"点状零散分布"，而是"环状成片分布"，创新型都市圈是"圈层"与"网络"

的集合体。研究也证实了能够进入"市区通勤区"且被界定在三大圈层内部的评价单元在都市圈内部诸多评价单元中具有的"全面"优势以及存在的合理性。继而，研究结合以高铁为代表的快速交通网络，以地铁、轻轨以及公交快线等为代表的市内交通体系和跨界地区的城际公共交通体系，提出创新型都市圈内部空间单元的"神经元链接模式"。在空间组织模式支撑下，都市圈内部不同空间单元所承载的公共服务等级相应得到明确，也确定了都市圈内部潜在都市圈级和（地级）市级公共服务及设施承载单元。

其三是以创新载体网络为主体的创新空间拓展。研究明确创新载体是创新活动的承载与集聚空间，其形成是确保城市与区域创新发展进程中能够有效利用创新所需支撑要素的前提。就空间区位而言，现阶段城市的各类创新活动（单元）因其核心竞争力——以创新人才为代表的人力资源在布局选择上对公共服务配套有着直接需求，所以位于主城区内部的创新活动单元应在服务方面有直接便捷的可获得性，而位于主城外或开发区内的创新活动单元，通过集聚形成特定创新载体，其公共服务需求也相应地就近得到满足。随着创新活动（单元）在城市与区域空间上集聚，逐步由单纯的个体据点"聚变"为创新载体，加之创新载体间的信息关联与资源共享，由此便加快了都市圈层面创新载体网络的形成。继而，都市圈内部的创新空间得到拓展，且主要有两个拓展方向，一是沿主要交通走廊加快由市区向周边郊县拓展，二是依托快速交通网络体系建设向中密度区（尤其是位于分合圈）的城市拓展，其间，创新空间体系也渐趋形成。

第五，创新型都市圈三大"网络"表征的关联关系。创新型都市圈是宏观管理视角自上而下从创新国家建设到创新城市建设的重要组成部分，同时也是中微观生产与生活视角自下而上以创新人才为代表的要素流通及其带来的城市创新发展协调互动的重要区域承载形式。快速交通网络启发下的"二元时间位"区别于传统区位观中的地理空间位，也引导了基于都市圈内部新时空关系的创新型都市圈基础空间结构的校核，由此本研究提出创新型都市圈的"神经元链接模式"，这为从区域发展的"人本"诉求出发，构建新时空关系中的都市圈公共服务"区域网"指明了方向。借助快速交通网络的支撑和公共服务"区域网"的保障，为从区域发展"创新"诉求出发、构建新时空关系中的都市圈创新载体网络奠定了基础。三大网络表征的架构以及创新载体网络与公共服务"区域网"相耦合的过程，既是促进创新型都市圈实现以创新活动为代表的经济社会活动一体化目标的过程，也是在都市圈层面要素集聚与扩散和创新空间聚变与裂变式拓展的集中反映。

就本研究的贡献而言，主要体现在以下三个方面：

其一，研究通过逻辑分析和实践考察提炼并验证了创新型都市圈的基本特征。 相比创新型都市圈的关联研究，本研究从基础理论借鉴到分析逻辑选择，再到国内外发展实践考察，针对创新型都市圈，进行了较为系统的提炼与较为广泛的验证，得到四大基本特征，即创新型都市圈的形成以核心城市为创新核心和原始创新源所在地、借助城际和区际快速交通充当以创新人才为代表的各类发展要素的流通渠道、依托创新载体积蓄创新能力并配套公共服务予以保障，且将创新型都市圈的特征通过绩效评价予以检验。

其二，研究将创新型都市圈的特征演绎为"核心—网络"表征，并对应提出了以南京都市圈为案例的创新型都市圈演化路径。 立足空间视角，从发展本身所具有的动态性特点而言，创新型都市圈依托其特征的发展与演化必然还需要形成自身所特有的空间表现成效，而研究提出的"核心—网络"表征便是对这一空间表现成效的集中体现。进一步地，研究针对表征假设，基于南京都市圈的基础空间结构和相关实践基础，指出"核心—网络"表征的形成与耦合过程反映的即是其创新型都市圈的演化路径。

其三，研究以南京都市圈为案例阐释和检验了创新型都市圈三大"网络"表征及其关联关系。 研究依托经济社会效率和人口承载效率评价南京都市圈内部空间单元之间的融合潜质，界定都市圈一体化发展进程中的统合圈、分合圈和辅合圈三大圈层作为创新型都市圈的基础空间结构。继而，结合南京都市圈呈现的时间位升级、同城化推进和创新空间体系构建特点及趋势，梳理出了"快速交通网络、公共服务网络、创新载体网络"三大"网络"表征所对应的空间单元及其相互之间的关联关系，即快速交通网络校核了都市圈的基础空间结构，且为构建新时空关系条件下的都市圈公共服务"区域网"指明了方向，架构了创新型都市圈的"网络+圈层"混合空间结构，并进一步提出创新载体网络与公共服务"区域网"的耦合成就了都市圈的创新空间体系。

需要指出的是，本研究力争构建一个科学的创新型都市圈研究逻辑与框架体系，但是囿于基础资料的完备性和实时性缺陷，以及研究者研究能力的阶段性限制，研究仍然存在着一定的不足之处，后续研究的完善方向具体如下：

其一，创新型都市圈三大"网络"表征演化规律的研究。 伴随都市圈的发展，作为创新型都市圈内部新时空关系支撑的城际/区际快速交通网络这一表征的密度及通勤效率会逐步提升，其间，公共服务网络和创新载体网络也会进一步完善，由此肯定了与创新型都市圈特征相对应的三大"网络"表征本身具有动态变化的特点。与动态性相对应，三大"网络"今后各自的动态发展会呈现出何种规律，是后续研究的一个重要补充方向。

其二，创新型都市圈的分类及其发展模式研究。本研究通过关联理论解析和逻辑推演肯定了创新型都市圈研究的必要性与可行性，并通过南京都市圈的发展实践，梳理了其创新型都市圈的形成路径，使得创新型都市圈能够作为一类明确的都市圈概念进入区域发展理论与实践体系。需要指出的是，随着创新型都市圈建设在中国创新发展实践进程中的不断推进，不同创新型都市圈将有可能因发展基础、地域位置等属性差异而形成四大基本特征之外的其他特征，及与之对应的独特发展模式，这使得创新型都市圈分类和研究各类创新型都市圈的发展模式成为后续关联研究的可选方向。

其三，创新型都市圈规划导控机制的研究。在国家转型与创新发展战略背景下，如何指导现有都市圈向创新型都市圈转变是都市圈这一区域载体今后发展实践所需要面临的迫切问题。本研究在对中国创新型都市圈建设实践进行梳理的过程中指出目前国内的许多都市圈相关规划中已有提及创新型都市圈建设的目标。在此实践需求下，探索创新型都市圈规划及导控创新型都市圈有序健康发展的机制，协调现有各类发展规划与创新型都市圈规划的关系，便成为后续增强创新型都市圈研究成果实践指导性的必要环节。

参 考 文 献

Calthorpe, P. 1993. *The Next American Metropolis: Ecology, Community and the American Dream*. Princeton Architectural Press.

Cooke, P., L. Lazzeretti. 2008. *Creative Cities, Cultural Clusters and Local Economic Development*. Edward Elgar.

Diez, J. R. 2000. Innovative networks in manufacturing: Some empirical evidence from the metropolitan area of Barcelona. *Technovation*, Vol. 20, No. 3, pp. 139-150.

Eger, J. M. 2012. Integrated and innovative: The future of regions. *Futurist*, Vol. 46, No. 4, pp. 38-40.

Feldman, M. P. 1994. The university and economic development: The case of Johns Hopkins University and Baltimore. *Economic Development Quarterly*, Vol. 8, No. 1, pp. 67-76.

Hall, P. 1998. *Cities in Civilization*. Pantheon.

Landry, C. 2000. *The Creative City: A Toolkit for Urban Innovators*. Earthscan Publications Ltd.

Laosuwan, T., S. Ritjareonwattu. 2012. An innovative approach to the development of spatial data infrastructures and Web 2.0 technologies. *International Journal of Geoinformatics*, Vol. 8, No. 2, pp. 53-61.

Lim, U. 2004. Knowledge spillovers, agglomeration economies, and the geography of innovative activity: A spatial econometric analysis. *Review of Regional Studies*, Vol. 34, No. 1, pp. 11-36.

MAPC. 2008. Massachusetts community types: A classification system developed by the Metropolitan Area Planning Council. Metropolitan Area Planning Council Public materials.

MAPC. 2009. From plan to action: A metro future summary. Metropolitan Area Planning Council Public materials.

MAPC. 2010. US Census 2000 and 2010: Metropolitan Area Planning Council Analysis. Metropolitan Area Planning Council Public materials.

Mutatkar, R. K. 1995. Public health problems of urbanization. *Social Science & Medicine*, Vol. 41, No. 7, pp. 977-981.

Obeng-Odoom, F. 2009. The future of our cities. *Cities*, Vol. 26, No. 1, pp. 49-53.

Pick, W. M., C. M. Obermeyer. 1996. Urbanisation, household composition and the reproductive health of women in a South African City. *Social Science & Medicine*, Vol. 43, No. 10, pp. 1431-1441.

Pugh, C. 1995. Urbanization in developing countries. *Cities*, No. 6, pp. 381-398.

Tavakoli, M., A. Heydari. 2012. Urbanization in Kurdish cities after the Islamic revolution of Iran, case study Saqqez city. *Sustainable Cities and Society*, Vol. 2, No.1, pp. 45–49.

Sancton, A. 2005. The governance of metropolitan areas in Canada. *Public Administration &*

Development, Vol. 25, No. 4, pp. 317-327.

Sangster, J., S. Furber, P. Phongsavan, *et al.* 2013. Where you live matters: Challenges and opportunities to address the urban-rural divide through innovative secondary cardiac rehabilitation programs. *Australian Journal of Rural Health*, Vol. 21, No. 3, pp. 170-177.

Shome, S. 2013. India's urbanization and business attractiveness by 2020. *Cities*, Vol. 31, pp. 412–416.

Van Geenhuizen, M., P. Nijkamp. 2009. Place-bound versus footloose firms: Wiring metropolitan areas in a policy context. *Annals of Regional Science*, Vol. 43, No. 4, pp. 879-896.

Walcott, S. M. 2002. Analyzing an innovative environment: San Diego as a bioscience beachhead. *Economic Development Quarterly*, Vol. 16, No. 2, pp. 99-114.

Wang, H., Q. He, X. Liu, *et al.* 2012. Global urbanization research from 1991 to 2009: A systematic research review. *Landscape and Urban Planning*, Vol. 104, No. 3- 4, pp. 299-309.

Zuckerman, M. B. 2013. Let's learn from America's innovative cities. *U.S. News Digital Weekly*, Vol. 5, No. 23, pp. 22.

〔美〕亨利·埃兹科维茨著，王孙禺等译：《麻省理工学院与创业科学的兴起》，清华大学出版社，2007年。

安同良、施浩、Ludovico Alcorta："中国制造业企业R&D行为模式的观测与实证——基于江苏省制造业企业问卷调查的实证分析"，《经济研究》，2006年第2期。

〔美〕阿瑟·奥沙利文著，苏晓燕等译：《城市经济学》，中信出版社，2003年。

包佳迪："浙江产业结构高级化与新型城市化——与全国数据的对比"（硕士论文），浙江工商大学，2012年。

〔英〕彼得·纽曼、安迪·索恩利著，刘晔等译：《规划世界城市：全球化与城市政治》，上海人民出版社，2012年。

曹广忠、刘涛："中国省区城镇化的核心驱动力演变与过程模型"，《中国软科学》，2010年第9期。

常荔、邹珊刚、李顺才："基于知识链的知识扩散的影响因素研究"，《科研管理》，2001年第5期。

陈莞："大都市圈创新系统要素配置研究"（博士论文），上海交通大学，2009年。

陈建军、陈国亮、黄洁："新经济地理学视角下的生产性服务业集聚及其影响因素研究——来自中国222个城市的经验证据"，《管理世界》，2009年第4期a。

陈建军、雷征："'两型社会'视角下武汉城市圈新型城市化道路的探索"，《农业现代化研究》，2009年第5期b。

陈良文、杨开忠、沈体雁等："经济集聚密度与劳动生产率差异——基于北京市微观数据的实证研究"，《经济学》（季刊），2008年第1期。

程必定："新型城市化与城市群——中部崛起之路"，《城市》，2007年第10期。

创新城市评价课题组："中国创新城市评价报告"，《统计研究》，2009年第8期。

邓冰、俞曦、吴必虎："旅游产业的集聚及其影响因素初探"，《桂林旅游高等专科学校学报》，2004年第6期。

丁娟："创新理论的发展演变"，《现代经济探讨》，2006年第6期。

都阳、屈小博："城市产业发展、就业需求与人口流动：中国与国际经验"，《现代城市研究》，2013年第3期。

杜辉："'创新型城市'的内涵与特征"，《大连干部学刊》，2006年第2期。

樊杰、刘毅、陈田等："优化我国城镇化空间布局的战略重点与创新思路"，《中国科学院院刊》，2013年第1期。

范剑勇:"市场一体化、地区专业化与产业集聚趋势——兼谈对地区差距的影响",《中国社会科学》,2004年第6期b。

范剑勇:"产业集聚与地区间劳动生产率差异",《经济研究》,2006年第11期。

范剑勇、王立军、沈林洁:"产业集聚与农村劳动力的跨区域流动",《管理世界》,2004年第4期a。

方创琳:"改革开放30年来中国的城市化与城镇发展",《经济地理》,2009年第1期。

丰志勇:"我国七大都市圈创新力比较研究",《南京社会科学》,2012年第5期。

傅兆君、王超、赵方舟:"基于区域产业竞争力的长三角创新型城市群建设研究",《南京邮电大学学报》(社会科学版),2013年第1期。

盖文启、朱华晟:"产业的柔性集聚及其区域竞争力",《经济理论与经济管理》,2001年第10期。

高传胜、刘志彪:"生产者服务与长三角制造业集聚和发展——理论、实证与潜力分析",《上海经济研究》,2005年第8期。

高鸿业:《西方经济学》,中国人民大学出版社,2006年。

辜胜阻:"就业、公共服务、安居为城镇化三要素",http://cyol.net/news/content/2013-03/12/conten t_8043427.htm,2013年3月12日。

郭正模:"宏观区域的经济梯度及其实证方法探讨",《社会科学研究》,1989年第5期。

国家发展改革委:"国家发展改革委关于批准设立沈阳经济区国家新型工业化综合配套改革试验区的通知(发改经体〔2010〕660号)",http://www.gov.cn/zwgk/2010-05/11/content_1603648.htm,2010年5月11日。

韩丽、吕拉昌、韦乐章等:"广东城市创新空间体系研究",《经济地理》,2010年第12期。

何天祥:"中部地区创新型城市群创新能力评价",《统计与决策》,2010年第12期。

贺灿飞、魏后凯:"信息成本、集聚经济与中国外商投资区位",《中国工业经济》,2001年第9期。

湖北省金融学会、孝感市金融学会:"'1+8'武汉城市圈金融创新与发展论坛综述",《金融研究》,2008年第3期。

胡斌、陈晓红、王小丁:"创新型城市群创新能力评价研究——基于长株潭'两型社会'综合配套改革试验区的实证分析",《经济问题探索》,2009年第5期。

胡树华、杨洁:"国内主要城市群创新能力的评价",《统计与决策》,2010年第24期。

胡晓鹏:"长三角城市群创新能力比较研究",《南京社会科学》,2006年第9期。

胡序威:"沿海城镇密集地区空间集聚与扩散研究",《城市规划》,1998年第6期。

胡钰:"创新型城市建设的内涵、经验和途径",《中国软科学》,2007年第4期。

黄晶、林学军、李景海:"垂直专业化下珠三角创新型城市群建设",《经济问题探索》,2008年第10期。

黄少安:"制度变迁主体角色转换假说及其对中国制度变革的解释——兼评杨瑞龙的'中间扩散型假说'和'三阶段论'",《经济研究》,1999年第1期。

霍丽、惠宁:"制度优势与创新型城市的形成",《学术月刊》,2006年第12期。

金凤花、余光胜:"上海都市圈创新能力评价研究——基于因子分析和聚类分析",《科技管理研究》,2013年第12期。

金煜、陈钊、陆铭:"中国的地区工业集聚:经济地理、新经济地理与经济政策",《经济研究》,2006年第4期。

旷健玲:"高速铁路建设与我国新型城镇化发展的关系研究",《全国商情》(经济理论研究),2012年第9期。

李程骅:"城乡一体化战略下的产业空间互融机制研究",《学海》,2011年第6期。

李国平、许扬:"梯度理论的发展及其意义",《经济学家》,2002年第4期。
李国平、赵永超:"梯度理论综述",《人文地理》,2008年第1期。
李平:"技术扩散中的溢出效应分析",《南开学报》,1999年第2期。
李小建:《公司地理论》(修订版),科学出版社,1999年。
李小建、李二玲:"产业集聚发生机制的比较研究",《中州学刊》,2002年第4期。
李郇:"珠三角社会转型背景下的新型城市化路径选择",《规划师》,2012年第7期。
李阳、党兴华:"中部地区都市圈创新网络空间优化路径研究",《经济问题》,2013年第2期。
梁琦:"跨国公司海外投资与产业集聚",《世界经济》,2003年第9期a。
梁琦:"中国工业的区位基尼系数——兼论外商直接投资对制造业集聚的影响",《统计研究》,2003年第9期b。
林毅夫、董先安、殷韦:"技术选择、技术扩散与经济收敛",《财经问题研究》,2004年第6期。
林元旦:"区域经济非均衡发展理论及创新",《中国行政管理》,2004年第6期。
刘爱梅、高晓梅:"以'人的城镇化'解'半城镇化'困局",http://theory.people.com.cn/n/2013/0303/c40531-20658056.html,2013年3月3日。
刘世锦:"产业集聚及其对经济发展的意义",《改革》,2003年第3期。
刘顺忠、官建成:"区域创新系统创新绩效的评价",《中国管理科学》,2002年第1期。
刘修岩:"集聚经济与劳动生产率:基于中国城市面板数据的实证研究",《数量经济技术经济研究》,2009年第7期。
刘修岩、贺小海:"市场潜能、人口密度与非农劳动生产率——来自中国地级面板数据的证据",《南方经济》,2007年第11期。
柳卸林、胡志坚:"中国区域创新能力的分布与成因",《科学学研究》,2002年第5期。
〔美〕戴维·鲁斯克著,王英等译:《没有郊区的城市》,上海人民出版社,2011年。
陆大道:《中国工业布局的理论与实践》,科学出版社,1990年。
罗小龙:《长江三角洲地区的城市合作与管治》,商务印书馆,2011年。
罗勇、曹丽莉:"中国制造业集聚程度变动趋势实证研究",《经济研究》,2005年第8期。
吕拉昌、李勇:"基于城市创新职能的中国创新城市空间体系",《地理学报》,2010年第2期。
吕拉昌、谢媛媛、黄茹:"我国三大都市圈城市创新能级体系比较",《人文地理》,2013年第3期。
马晓强、韩锦绵:"由城市创新转向创新型城市的约束",《西北大学学报》(哲学社会科学版),2008年第3期。
马亚明、张岩贵:"技术优势与对外直接投资:一个关于技术扩散的分析框架",《南开经济研究》,2003年第4期。
倪鹏飞、白晶、杨旭:"城市创新系统的关键因素及其影响机制——基于全球436个城市数据的结构化方程模型",《中国工业经济》,2011年第2期。
宁越敏、武前波:《企业空间组织与城市—区域发展》,科学出版社,2011年。
宁越敏、严重敏:"我国中心城市的不平衡发展及空间扩散的研究",《地理学报》,1993年第2期。
牛文元:"中国新型城市化战略的设计要点",《中国科学院院刊》,2009年第2期。
瞿頔:"长三角都市圈创新体系的演化与评价"(硕士论文),上海交通大学,2008年。
世界银行:"东亚创新型城市的研究报告",2005年。
石忆邵:"创意城市、创新型城市与创新型区域",《同济大学学报》(社会科学版),2008年第2期。
石忆邵、卜海燕:"创新型城市评价指标体系及其比较分析",《中国科技论坛》,2008年第1期。
舒元、才国伟:"我国省际技术进步及其空间扩散分析",《经济研究》,2007年第6期。

苏雪串："城市化进程中的要素集聚、产业集群和城市群发展"，《中央财经大学学报》，2004年第1期。

〔美〕爱德华·索亚著，李钧等译：《后大都市：城市和区域的批判性研究》，上海教育出版社，2006年。

王德、宋煜、沈迟等："同城化发展战略的实施进展回顾"，《城市规划学刊》，2009年第4期。

王缉慈：《现代工业地理学》，中国科学出版社，1994年。

王缉慈：《创新的空间——企业集群与区域发展》，北京大学出版社，2001年。

王开明、万君康："论知识的转移与扩散"，《外国经济与管理》，2000年第10期。

王仁祥、邓平："创新型城市评价指标体系的构建"，《工业技术经济》，2008年第1期。

王纬、邓学来："河北省创新型城市建设的理论与实践研究"，《第六届中国科技政策与管理学术年会论文集》，2011年。

王兴平："创新型都市圈的基本特征和发展机制初探"，《南京社会科学》，2014年第4期。

王子龙、谭清美、许箫迪："产业集聚水平测度的实证研究"，《中国软科学》，2006年第3期。

魏后凯："论中国城市转型战略"，《城市与区域规划研究》，2011年第1期。

魏守华、王缉慈、赵雅沁："产业集群：新型区域经济发展理论"，《经济经纬》，2002年第2期。

文晓灵："国内创新型城市建设的探索"，《前线》，2006年第2期。

吴勤堂："产业集群与区域经济发展耦合机理分析"，《管理世界》，2004年第2期。

吴学花、杨蕙馨："中国制造业产业集聚的实证研究"，《中国工业经济》，2004年第10期。

吴玉鸣、徐建华："中国区域经济增长集聚的空间统计分析"，《地理科学》，2004年第6期。

吴志华、周小芳："创新型都市圈建设与新型工业化——2006南京都市圈发展论坛会议综述"，《南京财经大学学报》，2006年第6期。

夏禹龙、刘吉、冯之浚等："梯度理论和区域经济"，《科学学与科学技术管理》，1983年第2期。

〔英〕约翰·伦尼·肖特著，郑娟等译：《城市秩序：城市、文化与权力导论》，上海人民出版社，2011年。

谢科范、张诗雨、刘骅："重点城市创新能力比较分析"，《管理世界》，2009年第1期。

解学梅："都市圈协同创新机理研究：基于协同学的区域创新观"，《科学技术哲学研究》，2011年第1期。

解学梅、曾赛星："都市圈技术创新主体协同的演化博弈分析"，《上海交通大学学报》，2009年第9期。

杨冬梅、赵黎明、闫凌州："创新型城市：概念模型与发展模式"，《科学学与科学技术管理》，2006年第8期。

杨华峰、邱丹、余艳："创新型城市的评价指标体系"，《统计与决策》，2007年第6期。

杨桃珍："产业转移与中国区域经济梯度发展"（硕士论文），武汉大学，2005年。

叶南客："可持续城市：都市圈与生物圈的双重管理"，《江苏社会科学》，1999年第6期。

余斌、曾菊新、罗静："区域竞争优势与特色产业发展的空间组织创新——以武汉城市圈为例"，《华中师范大学学报》，2007年第2期。

于涛方、吴志强："1990年代以来长三角地区'世界500强'投资研究"，《城市规划学刊》，2005年第2期。

张虹："创新型城市群与产业集群耦合发展研究"（硕士论文），湖南科技大学，2009年。

张鸿雁："'大上海国际化都市圈'的整合与建构——中国长三角城市群差序化格局创新研究"，《社会科学》，2007年第5期。

张建:"长三角创新型都市圈建设的对策研究"(硕士论文),东南大学,2006年。
张立柱、郭中华、李玉珍:"山东省城市创新能力评价及'四大创新圈模式'构建",《科学学与科学技术管理》,2006年第6期。
张莉、唐茂华:"京津冀都市圈发展新格局与合作机制创新研究",《天津社会科学》,2012年第6期。
张威:"中国装备制造业的产业集聚",《中国工业经济》,2002年第3期。
赵丽岗:"要素密度、技术梯度与中国城市生产率差异",《经济体制改革》,2014年第1期。
赵明:"我国区域经济增长的收敛性分析"(硕士论文),山西财经大学,2010年。
甄峰:"创新地理学——一门新兴的地理学分支学科",《地域研究与开发》,2001年第1期。
周密:"提高京津冀都市圈科技创新能力的对策",《经济纵横》,2006年第9期。
周纳:"长株潭创新型城市群建设评价与实证研究",《湖南社会科学》,2011年第4期。
朱凯、胡畔、王兴平等:"我国创新型都市圈研究:源起与进展",《经济地理》,2014年第6期。
朱孔来、张莹、花迎霞等:"国内外对创新型城市评价研究现状综述",《技术经济与管理研究》,2010年第6期。
朱英明:"产业集聚研究述评",《经济评论》,2003年第3期。
邹德慈:"构建创新型城市的要素分析",《中国科技产业》,2005年第10期。

附　　录

附表 1　南京都市圈各建制镇人口密度梯队划分结果

梯队	建制镇名录
第一梯队	淮安市楚州区淮城镇、高邮市高邮镇、涟水县涟城镇、洪泽县蒋坝镇、淮安市淮阴区王营镇、丹阳市云阳镇、仪征市真州镇、丹阳市界牌镇、镇江市新区大路镇、无为县无城镇、金湖县黎城镇、凤阳县临淮镇
第二梯队	扬州市邗江区西湖镇、丹阳市新桥镇、高淳县淳溪镇、当涂县姑孰镇、丹阳市后巷镇、涟水县高沟镇、扬州市邗江区施桥镇、盱眙县盱城镇、扬中市新坝镇、扬州市江都区浦头镇、扬中市八桥镇、扬州市邗江区瓜洲镇、洪泽县高良涧镇、扬中市西来桥镇、扬中市油坊镇、扬州市邗江区八里镇、淮安市楚州区车桥镇、全椒县襄河镇、扬州市广陵区湾头镇、洪泽县老子山镇、涟水县梁岔镇、扬州市江都区仙女镇、马鞍山市雨山区向山镇、淮安市楚州区南闸镇、宝应县安宜镇、淮安市楚州区马甸镇、扬州市广陵区杭集镇
第三梯队	高邮市龙虬镇、扬州市江都区宜陵镇、高邮市车逻镇、淮安市楚州区朱桥镇、扬州市江都区大桥镇、淮安市楚州区席桥镇、淮安市楚州区上河镇、涟水县石湖镇、和县历阳镇、扬州市江都区郭村镇、扬州市江都区吴桥镇、淮安市淮阴区丁集镇、扬州市江都区真武镇、镇江市新区丁岗镇、淮安市楚州区平桥镇、涟水县陈师镇、南陵县籍山镇、高邮市马棚镇、洪泽县东双沟镇、淮安市楚州区径口镇、凤阳县府城镇、溧水县永阳镇、镇江市新区姚桥镇、溧水县拓塘镇、洪泽县朱坝镇、淮安市楚州区施河镇、来安县新安镇、丹阳市吕城镇、繁昌县繁阳镇、无为县赫店镇、淮安市楚州区流均镇、扬州市邗江区朴席镇、南京市六合区瓜埠镇、南京市六合区龙袍镇、淮安市楚州区钦工镇、无为县石涧镇、涟水县红窑镇、高淳县古柏镇、淮安市楚州区季桥镇、洪泽县三河镇、高邮市三垛镇、涟水县成集镇、丹阳市皇塘镇、和县白桥镇、淮安市楚州区溪河镇、扬州市邗江区槐泗镇、涟水县大东镇、仪征市青山镇、涟水县岔庙镇、高邮市汤庄镇、扬州市邗江区杨庙镇、宝应县望直港镇、丹阳市访仙镇、镇江市丹徒区辛丰镇、淮安市淮阴区西宋集镇、郎溪县建平镇、无为县白茆镇、涟水县东胡集镇、淮安市楚州区苏嘴镇、涟水县朱码镇、宝应县径河镇、丹阳市陵口镇、扬州市江都区武坚镇、马鞍山市雨山区银塘镇、扬州市广陵区头桥镇、仪征市新集镇、广德县桃州镇、扬州市江都区邵伯镇、芜湖县六郎镇、丹阳市延陵镇、涟水县五港镇、当涂县博望镇、淮安市楚州区博里镇、宝应县小官庄镇、淮安市淮阴区吴城镇、扬州市广陵区沙头镇、镇江市丹徒区谷阳镇、淮安市清浦区盐河镇、芜湖县陶辛镇、淮安市淮阴区昊集镇、镇江市丹徒区宝堰镇、天长市秦栏镇、当涂县石桥镇、丹阳市导墅镇、扬州市广陵区泰安镇、南京市六合区玉带镇、扬州市江都区丁伙镇、宝应县曹甸镇、南陵县许镇镇、凤阳县武店镇、丹阳市洱陵镇、扬州市广陵区李典镇、涟水县保滩镇、宝应县黄腿镇、涟水县义兴镇、淮安市淮阴区徐溜镇、淮安市楚州区林集镇、仪征市新城镇、洪泽县共和镇、含山县运槽镇、扬州市江都

续表

梯队	建制镇名录
第三梯队	区丁沟镇、丹阳市司徒镇、南陵县弋江镇、淮安市楚州区仇桥镇、南京市六合区东沟镇、含山县环峰镇、淮安市淮阴区渔沟镇、无为县蜀山镇、涟水县前进镇、丹阳市坤城镇、绩溪县华阳镇、淮安市淮阴区棉花庄镇、无为县泥汉镇、无为县襄安镇、郎溪县东夏镇、繁昌县新港镇、淮安市淮阴区码头镇、无为县福渡镇、当涂县黄池镇、定远县定城镇、扬州市江都区樊川镇、淮安市淮阴区五里镇、无为县开城镇、淮安市楚州区顺河镇、涟水县唐集镇、定远县炉桥镇、金湖县塔集镇、无为县陡沟镇、淮安市楚州区复兴镇、淮安市淮阴区王兴镇、无为县汤沟镇、当徐县新市镇、高淳县阳江镇、高邮市八桥镇、无为县泉塘镇、芜湖县湾沚镇、宝应县范水镇、无为县刘渡镇、扬州市邗江区杨寿镇、涟水县南集镇、明光市柳巷镇、宣城市宣州区文昌镇、凤阳县西泉镇、和县姥桥镇、宝应县鲁垛镇、芜湖市三山区峨桥镇、高邮市送桥镇、无为县红庙镇、当涂县塘南镇、扬州市江都区小纪镇、芜湖市鸠江区沈巷镇、当涂县乌溪镇、仪征市刘集镇、宝应县夏集镇、宝应县西安丰镇、无为县高沟镇、含山县林头镇、高邮市临泽镇、淮安市淮阴区三树镇、镇江市丹徒区高桥镇
第四梯队	镇江市丹徒区世业镇、高淳县砖墙镇、淮安市清浦区武墩镇、洪泽县西顺河镇、扬州市邗江区方巷镇、盱眙县管镇镇、句容市郭庄镇、高淳县固城镇、无为县二坝镇、高淳县漆桥镇、淮安市淮阴区南陈集镇、宣城市宣州区孙埠镇、仪征市陈集镇、繁昌县荻港镇、凤阳县官塘镇、明光市潘村镇、无为县姚沟镇、含山县铜闸镇、溧水县洪蓝镇、高邮市卸甲镇、南京市六合区冶山镇、仪征市马集镇、宝应县射阳湖镇、洪泽县万集镇、南京市六合区新篁镇、和县乌江镇、淮安市清浦区和平镇、镇江市丹徒区上党镇、金湖县陈桥镇、高邮市汉留镇、郎溪县南丰镇、宣城市宣州区水阳镇、宝应县柳堡镇、当涂县丹阳镇、高邮市天山镇、宝应县山阳镇、凤阳县板桥镇、高邮市周山镇、无为县牛埠镇、高淳县东坝镇、仪征市大仪镇、高邮市甘垛镇、淮安市淮阴区赵集镇、南京市六合区马集镇、句容市天王镇、高邮市郭集镇、南京市六合区马鞍镇、和县功桥镇、芜湖县红杨镇、盱眙县鲍集镇、南京市浦口区乌江镇、定远县连江镇、金湖县涂沟镇、芜湖县花桥镇、天长市金集镇、宣城市宣州区向阳镇、仪征市月塘镇、南京市浦口区石桥镇、高邮市周巷镇、洪泽县黄集镇、宁国市港口镇、高淳县娅溪镇、金湖县银集镇、高邮市界首镇、全椒县古河镇、凤阳县枣巷镇、溧水县石揪镇、句容市华阳镇、当涂县护河镇、含山县仙踪镇、宣城市宣州区沈村镇、宝应县广洋湖镇、和县西埠镇、当涂县太白镇、南陵县家发镇、天长市汊涧镇、泾县泾川镇、繁昌县孙村镇、洪泽县仁和镇、盱眙县铁佛镇、金湖县前锋镇、高邮市横径镇、句容市茅山镇、郎溪县毕桥镇、无为县严桥镇、句容市后白镇、南京市浦口区永宁镇、句容市白兔镇、含山县清溪镇、来安县汊河镇、天长市冶山镇、郎溪县梅诸镇、天长市郑集镇、扬州市邗江区公道镇、来安县大英镇、郎溪县涛城镇、定远县大桥镇、滁州市南谯区乌衣镇、天长市铜城镇、定远县永康镇、凤阳县大溪河镇、盱眙县马坝镇、繁昌县平铺镇、溧水县东屏镇、含山县陶厂镇、金湖县阆桥镇、和县香泉镇、天长市仁和集镇、句容市下蜀镇、定远县朱湾镇、金湖县金南镇、定远县蒋集镇、句容市边城镇、溧水县白马镇、繁昌县峨山镇、来安县水口镇、来安县雷官镇、宣城市宣州区洪林镇、南陵县工山镇、金湖县金北镇、定远县张桥镇、凤阳县刘府镇、南京市六合区竹镇镇、滁州市南谯区腰铺镇、全椒县二郎口镇、天长市新街镇、来安县施官镇、全椒县大墅镇
第五梯队	宣城市宣州区水东镇、凤阳县大庙镇、天长市石梁镇、定远县仓镇、天长市永丰镇、洪泽县岔河镇、凤阳县总铺镇、盱眙县官滩镇、泾县丁家桥镇、天长市杨村镇、宣城市宣州区狸桥镇、溧水县晶桥镇、含山县昭关镇、淮安市楚州区范集镇、南京市浦口区星甸镇、高邮市司徒镇、宣城市宣州区古泉镇、定远县吴坪镇、南陵县三里镇、明光市管店镇、定远县池河镇、金湖县戴楼镇、定远县藕塘镇、盱眙县淮河镇、来安县半塔镇、来安县舜山镇、金湖县吕良镇、溧水县和凤镇、天长市大通镇、凤阳县小溪河镇、和县善厚镇、盱眙县黄花塘镇、郎溪县新发镇、定远县界牌集镇、盱眙县明祖陵镇、盱眙县观音寺镇、和县石杨镇、广德县新杭镇、定远县三和集镇、宣城市宣州区寒亭镇、明光市古沛镇、滁

梯队	建制镇名录
第五梯队	州市南谯区黄泥岗镇、定远县桑涧镇、宣城市宣州区杨柳镇、盱眙县桂五镇、明光市涧溪镇、盱眙县旧铺镇、天长市张铺镇、句容市宝华镇、郎溪县十字镇、全椒县马厂镇、滁州市南谯区沙河镇、全椒县武岗镇、明光市石坝镇、定远县西册店镇、泾县云岭镇、明光市苏巷镇、广德县邱村镇、广德县誓节镇、全椒县六镇镇、旌德县旌阳镇、宣城市宣州区新田镇、盱眙县河桥镇、明光市桥头镇、南陵县何湾镇、泾县琴溪镇、凤阳县红心镇天长市万寿镇、全椒县十字镇、绩溪县长安镇、南陵县烟墩镇、盱眙县仇集镇、旌德县三溪镇、全椒县西王镇、宣城市宣州区周王镇、绩溪县上庄镇、广德县柏垫镇、芜湖市弋江区火龙岗镇、明光市三界镇、明光市自来桥镇、宁国市仙霞镇、泾县蔡村镇、旌德县俞村镇、滁州市南谯区施集镇、泾县黄村镇、明光市女山湖镇、明光市张八岭镇、滁州市南谯区章广镇、全椒县石沛镇、宁国市中溪镇、绩溪县扬溪镇、旌德县蔡家桥镇、旌德县白地镇、滁州市南谯区珠龙镇、凤阳县殷涧镇、宣城市宣州区溪口镇、泾县桃花潭镇、旌德县庙首镇、宁国市梅林镇、宁国市霞西镇、绩溪县伏岭镇、绩溪县临溪镇、泾县榔桥镇、滁州市南谯区大柳镇、泾县茂林镇、绩溪县金沙镇、宁国市胡乐镇、宁国市甲路镇、宁国市宁墩镇

附表2 南京都市圈各建制镇"镇区化"率梯队划分结果

梯队	建制镇名录
第一梯队	盱眙县盱城镇、淮安市淮阴区王营镇、高邮市高邮镇、金湖县黎城镇、当涂县姑孰镇、扬州市邗江区八里镇、郎溪县建平镇、仪征市真州镇、淮安市楚州区淮城镇、丹阳市云阳镇、马鞍山市雨山区向山镇、绩溪县华阳镇、扬州市江都区邵伯镇、滁州市南谯区沙河镇、宝应县安宜镇、洪泽县高良涧镇、定远县定城镇、泾县泾川镇、凤阳县临淮镇、镇江市丹徒区辛丰镇、天长市秦栏镇、溧水县永阳镇、宁国市中溪镇、扬州市江都区仙女镇、全椒县襄河镇、扬州市广陵区杭集镇、明光市管店镇、来安县新安镇
第二梯队	高淳县淳溪镇、明光市女山湖镇、扬州市邗江区西湖镇、句容市宝华镇、淮安市楚州区范集镇、仪征市新城镇、丹阳市新桥镇、扬州市江都区宜陵镇、涟水县涟城镇、无为县高沟镇、仪征市青山镇、和县历阳镇、高邮市界首镇、扬州市江都区武坚镇、扬州市邗江区瓜洲镇、高淳县娅溪镇、无为县无城镇、繁昌县孙村镇、洪泽县蒋坝镇、洪泽县朱坝镇、郎溪县新发镇、扬州市广陵区李典镇、丹阳市坤城镇、绩溪县上庄镇、南京市浦口区乌江镇、含山县环峰镇、芜湖县湾沚镇、繁昌县繁阳镇、淮安市楚州区钦工镇、南陵县许镇镇、盱眙县马坝镇、丹阳市后巷镇、高淳县东坝镇、扬州市江都区丁沟镇、宝应县曹甸镇、含山县林头镇、镇江市丹徒区宝堰镇、高邮市车逻镇、南陵县籍山镇、扬州市江都区丁伙镇、句容市后白镇、丹阳市吕城镇、盱眙县官滩镇、扬州市广陵区湾头镇、宁国市港口镇、丹阳市珥陵镇、盱眙县管镇镇、丹阳市陵口镇、扬州市江都区小纪镇
第三梯队	句容市天王镇、来安县汉河镇、扬中市油坊镇、南陵县弋江镇、宣城市宣州区水东镇、仪征市陈集镇、天长市铜城镇、淮安市楚州区施河镇、丹阳市访仙镇、金湖县闵桥镇、天长市冶山镇、扬州市邗江区施桥镇、无为县襄安镇、芜湖市鸠江区沈巷镇、全椒县古河镇、高邮市天山镇、扬州市广陵区沙头镇、洪泽县岔河镇、金湖县塔集镇、凤阳县府城镇、扬州市邗江区槐泗镇、旌德县三溪镇、扬州市江都区大桥镇、无为县姚沟镇、广德县桃州镇、宣城市宣州区孙埠镇、宁国市仙霞镇、高邮市临泽镇、和县乌江镇、南陵县三里镇、高邮市三垛镇、丹阳市界牌镇、高邮市送桥镇、仪征市马集镇、明光市张八岭镇、宝应县范水镇、丹阳市皇塘镇、溧水县白马镇、定远县三和集镇、宝应县柳堡镇、涟水县高沟镇、高邮市司徒镇、盱眙县河桥镇、宝应县小官庄镇、和县香泉镇、扬州市邗江区方巷镇、郎溪县十字镇、无为县二坝镇、天长市石梁镇、仪征市新集镇、宁国市胡乐镇、丹阳市延陵镇、淮安市楚州区溪河镇、旌德县庙首镇、涟水县梁岔镇、定远县炉桥镇、和县白桥镇、滁州市南谯区腰铺镇、高淳县

续表

梯队	建制镇名录
第三梯队	固城镇、扬州市邗江区公道镇、当涂县丹阳镇、仪征市大仪镇、高淳县漆桥镇、涟水县义兴镇、高邮市郭集镇、洪泽县老子山镇、南陵县工山镇、天长市汊涧镇、南京市浦口区永宁镇、当涂县塘南镇、扬中市新坝镇、南京市六合区新草镇、高邮市八桥镇、扬州市邗江区杨庙镇、溧水县和凤镇、镇江市丹徒区上党镇、明光市苏巷镇、淮安市淮阴区吴城镇、镇江市新区大路镇、南京市六合区瓜埠镇、淮安市楚州区林集镇、明光市三界镇、凤阳县武店镇、高邮市汉留镇、金湖县吕良镇、来安县大英镇、宝应县西安丰镇、扬州市江都区真武镇、南京市浦口区星甸镇、盱眙县桂五镇、宝应县望直港镇、洪泽县三河镇、洪泽县东双沟镇、宁国市甲路镇、盱眙县仇集镇、含山县仙踪镇、当涂县博望镇、繁昌县荻港镇、南京市六合区竹镇镇、泾县榔桥镇、涟水县石湖镇、高邮市汤庄镇、句容市边城镇、扬中市八桥镇、和县善厚镇、天长市永丰镇、扬中市西来桥镇、溧水县洪蓝镇、宝应县鲁垛镇、盱眙县观音寺镇、洪泽县西顺河镇、天长市仁和集镇、镇江市丹徒区高桥镇、盱眙县黄花塘镇、扬州市江都区吴桥镇、滁州市南谯区大柳镇、镇江市丹徒区谷阳镇、来安县半塔镇、定远县朱湾镇、当涂县乌溪镇、当涂县石桥镇、无为县汤沟镇、镇江市丹徒区世业镇、涟水县朱码镇、定远县张桥镇、丹阳市导墅镇、淮安市清浦区武墩镇、溧水县晶桥镇、盱眙县明祖陵镇、滁州市南谯区乌衣镇、高淳县阳江镇、和县西埠镇、宣城市宣州区杨柳镇、金湖县银集镇、淮安市楚州区苏嘴镇、宝应县黄腿镇、含山县铜闸镇、含山县运槽镇、句容市白兔镇、扬州市江都区郭村镇、无为县石涧镇、高淳县古柏镇、天长市杨村镇、仪征市刘集镇、繁昌县新港镇、淮安市楚州区朱桥镇、无为县泥汊镇、淮安市楚州区车桥镇、无为县福渡镇、涟水县南集镇、句容市茅山镇
第四梯队	高邮市横径镇、盱眙县淮河镇、高邮市卸甲镇、定远县藕塘镇、高邮市马棚镇、南陵县何湾镇、和县石杨镇、定远县永康镇、宣城市宣州区溪口镇、淮安市淮阴南陈集镇、南京市六合区龙袍镇、淮安市淮阴区王兴镇、马鞍山市雨山区银塘镇、淮安市楚州区季桥镇、无为县蜀山镇、南京市六合区玉带镇、广德县誓节镇、淮安市淮阴渔沟镇、凤阳县大溪河镇、郎溪县毕桥镇、淮安市楚州区平桥镇、高邮市周山镇、泾县丁家桥镇、宣城市宣州区周王镇、淮安市楚州区径口镇、洪泽县共和镇、句容市华阳镇、淮安市淮阴区五里镇、句容市下蜀镇、明光市古沛镇、宣城市宣州区文昌镇、天长市金集镇、宁国市梅林镇、溧水县石揪镇、涟水县岔庙镇、和县姥桥镇、天长市新街镇、淮安市楚州区上河镇、涟水县唐集镇、洪泽县黄集镇、宣城市宣州区狸桥镇、全椒县武岗镇、滁州市南谯区珠龙镇、明光市潘村镇、郎溪县南丰镇、南京市六合区东沟镇、涟水县大东镇、丹阳市司徒镇、泾县茂林镇、当涂县太白镇、扬州市邗江区杨寿镇、芜湖县红杨镇、来安县水口镇、洪泽县仁和镇、绩溪县伏岭镇、凤阳县刘府镇、宣城市宣州区新田镇、淮安市淮阴区码头镇、宣城市宣州区寒亭镇、定远县池河镇、镇江市新区丁岗镇、扬州市江都区樊川镇、含山县陶厂镇、南陵县家发镇、镇江市新区姚桥镇、淮安市楚州区席桥镇、淮安市淮阴区西宋集镇、郎溪县东夏镇、仪征市月塘镇、宣城市宣州区洪林镇、金湖县金南镇、明光市桥头镇、洪泽县万集镇、宝应县径河镇、南京市六合区马集镇、无为县牛埠镇、扬州市广陵区头桥镇、宝应县广洋湖镇、定远县界牌集镇、盱眙县铁佛镇、淮安市楚州区复兴镇、明光市自来桥镇、句容市郭庄镇、南京市浦口区石桥镇、宣城市宣州区古泉镇、旌德县俞村镇、高邮市甘垛镇、宁国市宁墩镇、宝应县射阳湖镇、无为县严桥镇、高淳县砖墙镇、郎溪县梅诸镇、芜湖县花桥镇、无为县泉塘镇、溧水县东屏镇、宝应县夏集镇、天长市张铺镇、无为县赫店镇、扬州市江都区浦头镇、淮安市楚州区马甸镇、扬州市广陵区泰安镇、盱眙县旧铺镇、凤阳县西泉镇、高邮市周巷镇、定远县桑涧镇、高邮市龙虹镇、和县功桥镇、来安县雷官镇、淮安市淮阴区棉花庄镇、广德县邱村镇、滁州市南谯区黄泥岗镇、淮安市楚州区南闸镇、无为县白茹镇、旌德县旌阳镇、天长市万寿镇、淮安市楚州区博里镇、明光市石坝镇、淮安市楚州区流均镇、旌德县白地镇、淮安市清浦区盐河镇、盱眙县鲍集镇、当涂县护河镇、南陵县烟墩镇、无为县陡沟镇、溧水县拓塘镇、广德县新杭镇、凤阳县小溪河镇、涟水县保滩镇、淮安市淮阴区三树镇、金湖县金北镇、涟水县成集镇、滁州市南谯区章广镇、含山县昭关镇、天长市郑集镇、郎溪县涛城镇、无为县开城镇、凤阳县枣巷镇

续表

梯队	建制镇名录
第五梯队	旌德县蔡家桥镇、宣城市宣州区水阳镇、绩溪县金沙镇、无为县刘渡镇、全椒县十字镇、宝应县山阳镇、涟水县前进镇、淮安市淮阴区吴集镇、凤阳县总铺镇、涟水县红窑镇、南京市六合区冶山镇、涟水县五港镇、定远县大桥镇、宣城市宣州区沈村镇、绩溪县临溪镇、金湖县前锋镇、绩溪县扬溪镇、淮安市淮阴区徐溜镇、南京市六合区马鞍镇、泾县黄村镇、泾县琴溪镇、涟水县东胡集镇、淮安市楚州区仇桥镇、泾县蔡村镇、凤阳县板桥镇、宣城市宣州区向阳镇、全椒县马厂镇、来安县施官镇、全椒县二郎口镇、定远县连江镇、淮安市楚州区顺河镇、全椒县大墅镇、金湖县涂沟镇、定远县蒋集镇、含山县清溪镇、全椒县六镇镇、天长市大通镇、淮安市淮阴区赵集镇、泾县桃花潭镇、全椒县西王镇、凤阳县大庙镇、涟水县陈师镇、繁昌县峨山镇、定远县仓镇、无为县红庙镇、绩溪县长安镇、扬州市邗江区朴席镇、定远县西册村店镇、凤阳县红心镇、全椒县石沛镇、芜湖市三山区峨桥镇、明光市涧溪镇、金湖县戴楼镇、滁州市南谯区施集镇、金湖县陈桥镇、当涂县黄池镇、芜湖市六郎镇、淮安市淮阴区丁集镇、明光市柳巷镇、繁昌县平铺镇、定远县吴坪镇、广德县柏垫镇、凤阳县殷涧镇、宁国市霞西镇、芜湖市弋江区火龙岗镇、淮安市清浦区和平镇、来安县舜山镇、当徐县新市镇、凤阳县官塘镇、芜湖县陶辛镇、泾县云岭镇

附表3 都市圈内各评价单元名录及与南京市中心的通勤时间区间列表

平均用时	数量	乡镇名录
15~30分钟	11	玉带镇、尧化街道、东山街道、燕子矶街道、马群街道、南京市区（街道）、仙林街道、铁心桥街道、秣陵街道、栖霞街道、梅山街道
30~45分钟	54	东沟镇、拓塘镇、龙袍镇、东屏镇、马鞍镇、沿江街道、葛塘街道、湖熟街道、龙池街道、盘城街道、汤泉街道、泰山街道、龙潭街道、长芦街道、江浦街道、谷里街道、汤山街道、江宁街道、雄州街道、淳化街道、横溪街道、顶山街道、桥林街道、禄口街道、宝华镇、华阳镇、程桥镇、横梁镇、黄梅镇、汊河镇、瓜埠镇、大英镇、句容经济开发区、郭庄镇、独山乡、永宁镇、洪蓝镇、真州镇、新篁镇、八百桥镇、高资镇、辛丰镇、下蜀镇、永阳镇、月塘乡、青山镇、霍里镇、白马镇、蒋乔镇、马集镇、边城镇、马鞍山市区（街道）、后白镇、谢集乡
45~60分钟	79	瓜洲镇、靖安街道、扬州市区（街道）、八里镇、雷官镇、朴席镇、谷阳镇、和凤镇、杨庙镇、象山镇、乌衣镇、姑孰镇、丹阳镇、星甸镇、上党镇、石湫镇、天王镇、丹阳经济开发区、郑集镇、新城镇、汊涧镇、舜山镇、刘集镇、年陡乡、埠城镇、张铺镇、腰铺镇、访仙镇、施桥镇、施官镇、向山镇、甘泉街道、竹镇镇、云阳镇、新街镇、西湖镇、襄河镇、司徒镇、太白镇、漆桥镇、三城镇、乌江镇、水口镇、冶山镇、白兔镇、杨寿镇、镇江市区（街道）、丁岗镇、新集乡、张山镇、方巷镇、滁州市（街道）、陈集镇、淳溪镇、宝堰镇、古柏镇、姚桥镇、旧铺镇、沙河镇、金集镇、晶桥镇、后巷镇、自来桥镇、黄花塘镇、槐泗镇、沙头镇、大路镇、石杨镇、六镇镇、新坝镇、大通镇、大陇乡、博望镇、新安镇、火龙岗镇、护河镇、邵伯镇、半塔镇、安宜镇

续表

平均用时	数量	乡镇名录
60～90分钟	139	八卦洲街道、新桥镇、吕口镇、陵口镇、石梁镇、东坝镇、蒋坝镇、天山镇、真武镇、新市镇、湾头镇、公道镇、天长市区（街道）、大仪镇、杨郢镇、菱塘回族乡、阳江镇、茅山镇、樊川镇、芜湖市区（街道）、黄泥岗镇、西来桥镇、施集镇、王店乡、湖阳乡、香泉镇、马厂镇、武岗镇、十字镇、黄池镇、六郎镇、观音寺镇、送桥镇、乌溪镇、李典镇、桠溪镇、浦头镇、峨山乡、湾沚镇、宜陵镇、珥陵镇、塘南镇、大墅镇、头桥镇、二郎口镇、石坝镇、大柳镇、张八岭镇、二坝镇、永丰镇、沈巷镇、车逻镇、丁伙镇、油坊镇、历阳镇、仇集镇、东双沟镇、苏巷镇、八桥镇、扬中市区（街道）、延陵镇、石桥镇、固城镇、方村镇、善厚镇、涧溪镇、维桥乡、杨树村、古河镇、桐城镇、挂五镇、拂晓乡、陶辛镇、仙女镇、穆店乡、石沛镇、昭关镇、便益乡、秦栏镇、许镇镇、郭村镇、盱城镇、三河农场、新发镇、环峰镇、马棚镇、建平镇、丁沟镇、砖墙镇、三合镇、西埠镇、陶厂镇、泰安镇、高邮经济开发区、三界镇、汊留镇、杭集镇、花桥镇、珠龙镇、水阳镇、万寿镇、家发镇、河桥镇、吴桥镇、梅渚镇、西王镇、界牌镇、东夏镇、共和镇、铜闸镇、古桑镇、小纪镇、白桥镇、华阳镇、平铺镇、章广镇、大桥镇、狸桥镇、龙虬镇、金坝乡、工山镇、高良涧镇、桥头镇、汤沟镇、清溪镇、姥桥镇、宣城市区（街道）、弋江镇、池河镇、籍山镇、仁和集镇、卸甲镇、村头镇、白茆镇、界首镇、浑天湖农场、沈村镇、朱桥乡、向阳镇
90～120分钟	165	五星乡、赵集镇、码头镇、城南乡、袁集乡、丁集镇、周巷镇、周山镇、武墩镇、古沛镇、甘垛镇、枣巷乡、横泾镇、皇塘镇、老张集乡、武坚镇、万集镇、文昌镇、孙埠镇、幸福乡、鲁垛镇、陈桥镇、新渡乡、古集乡、管店镇、明祖陵镇、运漕镇、红心镇、王营镇、岔河镇、汤庄镇、和平镇、高邮镇、昌桥乡、女山湖镇、南马场乡、望直港镇、淮安市区（街道）、功桥镇、王兴镇、席桥镇、导墅镇、明光市区（街道）、小官庄镇、淮河镇、吕良镇、黄塍镇、临泽镇、五里镇、云岭镇、三垛镇、成集镇、杨柳镇、黄渡镇、兴隆乡、氾水镇、蔡村镇、棉花庄镇、朱桥镇、寨亭镇、保滩镇、韩桥乡、新田镇、前锋镇、溪口镇、范岗镇、钦工镇、黄湾乡、红杨镇、陡沟镇、世业镇、黎城镇、三里镇、溪河镇、荻港镇、繁阳镇、定城镇、季桥镇、徐溜镇、姚村乡、郭集镇、铁佛镇、南丰镇、凌桥乡、刘老庄乡、施河镇、仙踪镇、管镇镇、养贤乡、桃州镇、三树镇、车桥镇、金南镇、宋集乡、颖塘镇、官滩镇、榴桥镇、泊港镇、陈师镇、曹甸镇、临淮镇、总铺镇、大溪河镇、柳堡镇、黄集镇、城东乡、泾口镇、港口镇、孙村镇、洪林镇、范集镇、小岗村镇、东亭乡、誓节镇、梁岔镇、山阳镇、二龙回族乡、夏集镇、金北镇、徐杨乡、南集镇、严桥乡、飞里乡、西宋集镇、西安丰镇、鲍集乡、渔沟镇、射阳湖镇、黄码乡、吴城镇、柏垫镇、潘村镇、荽陵乡、丁家桥镇、黄村镇、汀溪乡、福渡镇、琴溪镇、吴集镇、涟城镇、西州店镇、张桥镇、广洋湖镇、苏嘴镇、淮城镇、盐河镇、永康镇、博量镇、桑涧镇、前进镇、霞西镇、仓镇镇、大庙镇、宁国市区（街道）、顺河镇、水东镇、茂林镇、孙村乡、泥汊镇、泾河镇、三溪镇、毕桥镇、能仁乡、涛城镇、十里墩乡

续表

平均用时	数量	乡镇名录
>120 分钟	95	大东镇、新港镇、徐集乡、岔庙镇、无城镇、殷涧镇、义兴镇、俞村乡、长安镇、炉桥镇、板桥头乡、河湾镇、甲路镇、姚沟镇、青龙乡、版书乡、蔡家桥镇、黄营乡、刘府镇、流均镇、胡乐镇、旌阳镇、白地镇、金沙镇、银集镇、朱湾镇、宁墩镇、平桥镇、新杭镇、云乐乡、朱码镇、邱村镇、襄安镇、梅林镇、凌笪乡、方塘乡、吴圩镇、复兴镇、卢村乡、武店镇、官塘乡、东胡集镇、烟墩镇、南极乡、高沟镇、赫店镇、马甸镇、石涧镇、唐集镇、涂沟镇、四合乡、仇桥镇、万家乡、建淮乡、红窑镇、上庄镇、连江镇、六渡镇、蒋集镇、南闸镇、西泉镇、家朋乡、仙霞镇、石湖镇、开城镇、杨滩乡、荆州乡、上河镇、云梯畲族乡、扬溪镇、桃花潭镇、泉塘镇、高桥镇、府城镇、庙首镇、蜀山镇、瀛洲乡、塔集镇、林集镇、柳巷乡、伏岭镇、洪巷乡、中溪镇、兴隆乡、闵桥镇、临溪镇、江心乡、三堡乡、五港镇、红庙镇、仁和镇、昆山乡、牛埠镇、鹤毛镇、严桥镇

附表 4 都市圈内各评价单元名录及其到对应地级市中心的通勤时间区间列表

平均用时	数量	乡镇名录
15~30 分钟	68	八里镇、丁集镇、瓜洲镇、尧化街道、燕子矶街道、南京市区（街道）、马群街道、仙林街道、东山街道、梅山街道、沿江街道、铁心桥街道、葛塘街道、秣陵街道、盘城街道、栖霞街道、江浦街道、扬州市区（街道）、汤泉街道、泰山街道、龙池街道、江宁街道、长芦街道、湖熟街道、蒋乔镇、袁集乡、城南乡、玉带镇、王营镇、淮安市区（街道）、向阳镇、辛丰镇、施桥镇、新渡乡、马鞍山市区（街道）、金坝乡、象山镇、朴席镇、年陡乡、码头镇、火龙岗镇、谷阳镇、宣城市区（街道）、龙袍镇、王兴镇、武墩镇、赵集镇、保滩镇、棉花庄镇、南马场乡、五里镇、西湖镇、老张集乡、姑孰镇、杨庙镇、钦工镇、东沟镇、宝华镇、席桥镇、高资镇、浑天湖农场、汊河镇、司徒镇、沙头镇、凌桥乡、五星乡、拓塘镇、马鞍镇
30~45 分钟	164	古集乡、成集乡、甘泉街道、谷里街道、汤山街道、龙潭街道、雄州街道、顶山街道、桥林街道、横溪街道、淳化街道、禄口街道、霍里镇、太白镇、镇江市区（街道）、上党镇、丹阳经济开发区、方巷镇、埤城镇、峨山乡、徐杨乡、朱桥镇、刘老庄乡、东屏镇、孙埠镇、程桥镇、徐溜镇、宋集乡、永宁镇、大英镇、二坝镇、刘集镇、湾头镇、横梁镇、三树镇、涟城镇、黄梅镇、陈师镇、云阳镇、槐泗镇、新集乡、文昌镇、边城镇、访仙镇、沈巷镇、芜湖市区（街道）、和平镇、腰铺镇、新城镇、季桥镇、杨寿镇、瓜埠镇、独山乡、六郎镇、梁岔镇、邵伯镇、湾沚镇、茭陵乡、真州镇、东双沟镇、襄河镇、乌衣镇、方村镇、高良涧镇、南集镇、沙河镇、城东乡、溪河镇、丁岗镇、句容经济开发区、黄池镇、谢集乡、韩桥乡、马集镇、黄渡镇、乌溪镇、月塘乡、雷官镇、陶辛镇、新篁镇、向山镇、滁州市区（街道）、真武镇、八百桥镇、渔沟镇、下蜀镇、丹阳镇、苏嘴镇、姚桥镇、头桥镇、星甸镇、李典镇、宝堰镇、后巷镇、朱桥乡、西宋集镇、洪蓝镇、郭庄镇、吴集镇、杨柳镇、青山镇、籍山镇、新坝镇、大路镇、岔河镇、陶厂镇、车桥镇、公道镇、白兔镇、许镇镇、铜闸镇、吕口镇、施河镇、十字镇、沈村镇、丁伙镇、新田镇、大东镇、三城镇、工山镇、新桥镇、大陇乡、宜陵镇、黄码乡、陵口镇、弋江镇、后白镇、施官镇、蒋坝镇、蔡村镇、护河镇、汊涧镇、淮城镇、六镇镇、水口镇、前进镇、白马镇、泾口镇、姚村乡、汤沟镇、家发镇、清溪镇、永阳镇、溪口镇、竹镇镇、乌江镇、郑集镇、仙女镇、塘南镇、陈集镇、共和镇、花桥镇、顺河镇、泰安镇、和凤镇、岔庙镇、送桥镇、樊川镇、新街镇、石湫镇、徐集乡、观音寺镇、舜山镇、寨亭镇

续表

平均用时	数量	乡镇名录
45~60 分钟	145	靖安街道、白茆镇、张铺镇、白桥镇、杭集镇、昌桥乡、平铺镇、范集镇、冶山镇、车逻镇、西来桥镇、马棚镇、淳溪镇、阳江镇、天王镇、珥陵镇、义兴镇、八桥镇、张山镇、天山镇、菱塘回族乡、湖阳镇、浦头镇、施集镇、吴城镇、马厂镇、村头镇、黄塍镇、金集镇、黄营乡、扬中市区（街道）、大柳镇、港口镇、黄集镇、石杨镇、黄花塘镇、洪林镇、旧铺镇、望直港镇、汊留镇、油坊镇、姥桥镇、西安丰镇、延陵镇、盐河镇、陈桥镇、鲁垛镇、界首镇、拂晓乡、张八岭镇、小纪镇、东夏镇、桃州镇、高邮经济开发区、郭村镇、曹甸镇、博量镇、吕良镇、自来桥镇、水阳镇、建平镇、三合镇、武岗镇、环峰镇、新安镇、石桥镇、朱码镇、二郎口镇、黄泥岗镇、运漕镇、古柏镇、小官庄镇、丁沟镇、大通镇、大仪镇、大墅镇、漆桥镇、前锋镇、新市镇、吴桥镇、功桥镇、云岭镇、东亭乡、万集镇、暑节镇、东胡集镇、三里镇、山阳镇、古河镇、汀溪镇、狸桥镇、大桥镇、博望镇、柏垫镇、半塔镇、昭关镇、香泉镇、历阳镇、霞西镇、榔桥镇、养贤乡、晶桥镇、唐集镇、马甸镇、龙虬镇、宁国市区（街道）、桐城镇、复兴镇、王店乡、天长市区（街道）、建淮乡、石梁镇、红杨镇、琴溪镇、新发镇、氾水镇、珠龙镇、石沛镇、水东镇、高沟镇、红窑镇、陡沟镇、杨郢镇、仁和集镇、善厚镇、东坝镇、繁阳镇、池河镇、石坝镇、泊港镇、三界镇、周山镇、武坚镇、茅山镇、荻港镇、永丰镇、界牌镇、章广镇、石湖镇、梅渚镇、幸福乡、流均镇、华阳镇、平桥镇、安宜镇
60~90 分钟	107	八卦洲街道、仇桥镇、固城镇、甘垛镇、砖墙镇、汤庄镇、万寿镇、卸甲镇、杨树村、仇集镇、西王镇、黎城镇、孙村镇、三垛镇、金北镇、西埠镇、横泾镇、射阳湖镇、甲路镇、秦栏镇、泾河镇、周巷镇、高邮镇、苏集镇、南丰镇、柳堡镇、红心镇、黄村镇、维桥乡、孙村乡、皇塘镇、穆店乡、涧溪镇、挂五镇、青龙乡、盱城镇、宁墩镇、丁家桥镇、南极乡、临泽镇、俞村乡、梅林镇、桠溪镇、新杭镇、上河镇、便益乡、云乐乡、方塘乡、胡乐镇、导墅镇、茂林镇、范岗乡、卢村乡、广洋湖镇、三河农场、万家乡、颖塘镇、河桥镇、邱村镇、桥头镇、夏集镇、福渡镇、毕桥镇、三溪镇、四合乡、南闸镇、仙踪镇、世业镇、郭集镇、蔡家桥镇、古桑镇、飞里乡、白地镇、杨滩镇、泥汊镇、管店镇、版书乡、仙霞镇、定城镇、旌阳镇、古沛镇、长安镇、金沙镇、河湾镇、明光市区（街道）、姚沟镇、银集镇、家朋乡、枣巷镇、十里墩乡、五港镇、女山湖镇、总铺镇、淮河镇、无城镇、新港镇、云梯畲族乡、板桥头乡、严桥乡、临淮镇、涛城镇、小岗村镇、烟墩镇、荆州乡、黄湾乡、林集镇、二龙回族乡
90~120 分钟	47	三堡乡、明祖陵镇、瀛洲乡、上庄镇、兴隆乡、大庙镇、扬溪镇、铁佛镇、永康镇、金南镇、涂沟镇、襄安镇、中溪镇、大溪河镇、桑涧镇、炉桥镇、六渡镇、能仁乡、西州店镇、赫店镇、仓镇镇、凌笪乡、石涧镇、张桥镇、管镇镇、官滩镇、临溪镇、伏岭镇、桃花潭镇、开城镇、朱湾镇、刘府镇、殷涧镇、武店镇、兴隆乡、鲍集乡、庙首镇、潘村镇、吴圩镇、官塘镇、泉塘镇、洪巷乡、连江镇、蒋集镇、蜀山镇、鹤毛镇、西泉镇
>120 分钟	11	府城镇、塔集镇、高桥镇、红庙镇、昆山乡、牛埠镇、柳巷乡、严桥镇、闵桥镇、江心乡、仁和镇

附件1 南京市高新技术企业空间分布调查问卷

1. 贵公司成立于____年，现有员工_____人，按所有制类型属于_____。
A. 国有企业；B. 集体企业；C. 股份合作企业；D. 联营企业；E. 私营企业；
F. 有限责任公司；G. 股份有限公司；H. 港澳台资企业；I. 外商独资企业

2. 贵公司经营产品的行业类型属于_____。
A. 核燃料加工；B. 信息化学品制造；C. 医药制造；D. 航空航天器制造；E. 电子及通信设备制造；F. 电子计算机及办公设备制造；G. 医疗设备及仪器仪表制造；H. 软件服务

3. 贵公司总部位于_____；研发部门位于_____；生产部门位于_____；销售部门位于_____（可多选）。
A. 南京；B. 镇江；C. 扬州；D. 马鞍山；E. 滁州；F. 宣城；G. 芜湖；H. 淮安；
I. 其他城市（请注明）

4. 贵公司地址_____（是/否）发生迁移？如果有，从_____（城市名）迁入，主要迁入原因是_____（可多选）；如果没有，意向迁往_____（城市名）。
A. 交通方便；B. 市场规模大；C. 租金便宜；D. 招商政策优惠；E. 配套设施完善；
F. 人才资源丰富

5. 与贵公司进行研发合作的高校、科研机构主要位于_____（可多选）。
A. 南京；B. 上海；C. 北京；D. 深圳；E. 杭州；F. 广州；G. 其他城市_____
（请注明）

6. 贵公司招聘的研发人员毕业院校主要位于_____（可多选）。
A. 南京；B. 苏州；C. 无锡；D. 常州；E. 上海；F. 北京；G. 其他城市_____（请注明）

7. 贵公司有研发人员_____人，主要居住在_____。
A. 公司提供的宿舍或公寓；B. 自租房；C. 自有房；D. 旅馆或酒店

8. 贵公司希望所在开发区在_____方面可以继续提高服务水平（可多选）。
A. 完善配套设施；B. 改善周边小环境；C. 扩大经营办公场地；D. 提供信息咨询服务；E. 提供投融资服务；F. 协助企业申报各类资格认证或奖励；G. 其他

附件2 南京市高新技术企业员工调查问卷

1. 您的性别_____（A. 男；B. 女），年龄_____。

A. 20~25岁；B. 26~30岁；C. 31~35岁；D. 36~40岁；E. 41~45岁；F. 46~50岁；G. 50岁以上

2. 您的受教育水平为_____，毕业院校位于_____（填城市名称）。

A. 高中或中专；B. 大专；C. 本科；D. 硕士；E. 博士；F. 博士后

3. 您之前_____（A. 是；B. 否）在其他城市工作过？如是，在_____。

A. 南京市内；B. 镇江；C. 扬州；D. 马鞍山；E. 滁州；F. 宣城；G. 芜湖；H. 淮安；I. 上海；J. 苏州；K. 其他城市_____（请注明）

4. 您目前居住在_____区/县_____街道/镇，属于_____，平时上班的交通方式为_____（可多选）。

A. 公司提供的宿舍或公寓；B. 自租房；C. 自有房；D. 旅馆或酒店

①步行；②自行车；③电动车；④公交车；⑤地铁；⑥私家车

5. 您的家庭居住地（户口所在地）在_____市_____区/县_____街道/镇，您回家庭居住地的频率为_____。

A. 每天一次；B. 每周一次；C. 两周一次；D. 一月一次；E. 两月一次；F. 半年一次；G. 其他

6. 您平时出差的地点为_____（可多选），出差的频率为_____（可多选）。

A. 南京市内；B. 镇江；C. 扬州；D. 马鞍山；E. 滁州；F. 宣城；G. 芜湖；H. 淮安；I. 上海；J. 苏州；K. 其他城市_____（请注明）

①每天一次；②每周一次；③两周一次；④一月一次；⑤两月一次；⑥半年一次；⑦其他

7. 您平时出差的原因为_____（可多选）。

A. 接受上级部门研发培训；B. 指导协助下属分公司产品生产；C. 产品推广和宣传；D. 市场调研；E. 项目谈判；F. 其他_____（请注明）

附件3 ××市创新人才就业空间偏好调查问卷

尊敬的先生/女士：

您好，我们是东南大学"城市认知课程小组"的学生，为了了解××市创新人才的就业空间偏好，以便对创新型园区的建设提供相关建议，特开展此次调查。此调查问卷采用匿名填写，问卷获取的信息将仅用于学术研究，对您的个人情况我们将严格保密，希望我们的调查能得到您的支持与帮助。祝您工作顺利，万事如意！

您的年龄：①≤25 岁；②26～35 岁；③36～45 岁；④46～55 岁；⑤≥56 岁
您的性别：①男；②女
您的职务_____
您的受教育程度：①专科及以下；②本科；③硕士；④博士及以上
您的居住地在_____；户口所在地在_____
个人年收入：①≤4 万；②4～6 万；③6～10 万；④10～15 万；⑤≥15 万

1. 您在此园区工作的时间_____。
   ①1 年以内；②1～3 年；③3～5 年；④5～10 年；⑤10 年以上

2. 您目前的居住地点_____。
   ①园区；②主城区；③近郊区；④远郊区；⑤其他城市_____（请填写）

3. 您日常上班使用的交通工具是_____。
   ①步行；②自行车/电动车；③公交车；④私家车；⑤公司班车；⑥地铁；⑦其他交通工具

4. 您日常上班的通勤时间_____；您认为多长时间比较合适_____。
   ①15 分钟以内；②16～30 分钟；③31 分钟～45 分钟；④46 分钟～1 小时；⑤1 小时以上

5. 您选择在××市就业的主要原因有_____（可多选）。
   ①离家较近；②配套设施先进；③道路交通便利；④薪资待遇丰厚；⑤社会福利好；⑥居住环境舒适；⑦优质创新平台多；⑧创新氛围浓厚；⑨政策条件好；⑩其他_____（请填写）

6. 您选择来此园区就业的主要原因有_____（可多选）。

①企业人事安排；②专业对口；③企业待遇好；④创新平台好；⑤远离市中心；⑥对外交通便捷；⑦配套设施齐全；⑧工作环境舒适；⑨创新氛围浓厚；⑩其他_____（请填写）

7. 您对目前的就业园区满意吗？_____

①很满意；②比较满意；③一般；④不满意；⑤很不满意

8. 您认为当前园区在哪些方面需要改进_____（可多选）。

①对外交通条件；②外部的配套设施建设；③内部的配套设施建设；④建筑功能安排；⑤室内装修效果；⑥外部景观环境；⑦创新氛围；⑧其他_____（请填写）

9. 从区域的角度来看，您认为最理想的就业地区应该是哪个城市？_____（请填城市名称），主要原因_____（选三项）。

①离家较近；②配套设施先进；③道路交通便利；④薪资待遇丰厚；⑤社会福利好；⑥居住环境舒适；⑦优质创新平台多；⑧创新氛围浓厚；⑨政策条件好；⑩其他_____（请填写）

10. 从园区的角度来看，您认为一个理想的创新园区应该具备的最主要的条件是_____（选三项）。

①良好的区位及便捷的交通条件；②完善的外部配套设施建设；③完善的内部配套设施建设；④完善的内部空间环境；⑤优质的创新平台；⑥浓厚的创新氛围；⑦良好的企业待遇；⑧完善的政策引导；⑨其他_____（请填写）

11. 下面是影响个人对创新就业空间选择的一些园区配置要素，请根据您的实际情况选择相应的选项并打"√"。

类型	序号	项目	重要	一般	不重要
外部空间环境	1	远离市中心			
	2	临近市中心			
	3	交通设施			
	4	休闲娱乐设施			
	5	医疗卫生设施			
	6	商业金融设施			
	7	科研院校			
	8	生态环境			

续表

类型	序号	项目	重要	一般	不重要
外部空间环境	9	政府部门			
	10	教育设施			
内部空间环境	1	运动场所			
	2	餐饮服务			
	3	安防设施			
	4	科研设施			
	5	网络通信设施			
	6	停车设施			
	7	建筑功能安排			
	8	室内装修			
	9	景观环境			
	10	物业管理			
人才就业环境	1	个人发展空间			
	2	创新平台建设			
	3	企业待遇			
	4	创新氛围			
	5	人才引进政策			

12. 您对创新型园区今后的发展建设还有哪些建议？

_____

后 记

本书是我的博士论文和国家社科重点基金——"中国创新型都市圈发展的路径设计与规划导控研究"（12AZD100）的系列成果之一，该研究的源起要追溯到导师王兴平教授长期以来引导的研究方向和我自身的学科背景。在导师悉心指导下，我既对中国城镇化进程中开发区及所在城市和区域的转型与创新发展有了扎实的研究素材积累；也对职住平衡、家庭城镇化、基本公共服务均等化等特定研究领域与话题具有一定认知，且在成书之前已形成了多篇公开发表的论文成果。在项目实践环节，我先后主持和参与了多个区域与城乡总体规划、概念规划、战略规划、国土空间规划和国民经济和社会发展五年规划等宏观规划，以及以产业园区为代表的产业空间规划。这些科研与项目积累潜移默化地促成了本书研究主题的成形。

著作付梓，首先要感谢我的导师王兴平教授。导师身体力行、耳提面命、不倦教诲的行动让身为弟子的自己在深感荣幸之余，不敢对学业有丝毫怠慢，导师一丝不苟、兢兢业业、不舍昼夜的学者风范亦激励着我勇敢前行。感谢我的博士后导师王建国院士，先生德高望重又平易近人、道业精深且乐于指教后学。感谢浙江工业大学的陈前虎教授、武前波教授、吴一洲教授、陈玉娟副教授、徐鑫副教授和周骏副教授，他们是我工作、学习和生活中的长者，为我提供了良好的学术环境和工作空间，庆幸我能与他们结伴同行，砥砺前进。感谢南京大学崔功豪教授、北京大学王缉慈教授、东南大学的徐康宁教授、邱斌教授和管驰明副教授等学界前辈长期以来的关怀和指引。感谢东南大学杨俊宴教授、吴晓教授、孙世界教授、董卫教授等老师，本硕博期间我在东南大学的课程学习和项目参与中时常受教于诸位老师。

感谢富布莱特基金会给予的认可和支持，让我作为东南大学和规划行业的第一位中美富布莱特（Fulbright）博士生联合培养项目获得者赴美游学，为本书的撰写积累了素材与基础资料，拓宽了我的视野。在此过程中，我也结识了业界的前沿学者，包括我在麻省理工学院的导师普可仁（Karen R. Polenske）教授、SPURS（Special Program in Urban and Regional Studies）项目负责人桑亚尔（Bish Sanyal）教授以及规划系的其他学者和来自世界各地的 SPURS 研友，并结交了八十多岁的哥伦比亚大学博士罗斯（Charles Rose）老先生、麻省理工学院规划系博士朱祎师兄、四川农业大学高雪松教授、清华大学王辉教授等好友，充实了自己的海外学习与生活。

感谢南京都市圈八市科技局、江苏省科技企业孵化器协会等单位的工作人员在基础资料提供和实践调研等方面给予的支持。

最后，感谢我的家人，人生最好的安慰，莫过于坚如磐石的陪伴。

不忘初心，方得始终。

朱凯

2021 年于杭州小和山下